新时代的奋斗者

——航天科技战线的能工巧匠 ❶

方向明 主编

中国宇航出版社
·北 京·

图书在版编目（CIP）数据

新时代的奋斗者：航天科技战线的能工巧匠. 1 / 方向明主编. -- 北京：中国宇航出版社，2024.4

ISBN 978-7-5159-2014-6

Ⅰ.①新… Ⅱ.①方… Ⅲ.①航天科技－工程技术人员－生平事迹－中国 Ⅳ.①K826.1

中国版本图书馆 CIP 数据核字(2021)第 246506 号

责任编辑　刘　凯　　　**封面设计**　廖果同

出　版 发　行　中国宇航出版社

社　址　北京市阜成路 8 号　　**邮　编**　100830

(010)68768548

网　址　www.caphbook.com

经　销　新华书店

发行部　(010)68767386　　(010)68371900

(010)68767382　　(010)88100613(传真)

零售店　读者服务部

(010)68371105

承　印　三河市君旺印务有限公司

版　次　2024 年 4 月第 1 版　　2024 年 4 月第 1 次印刷

规　格　880×1230　　**开　本**　1/32

印　张　10.625　　**字　数**　258 千字

书　号　ISBN 978-7-5159-2014-6

定　价　45.00 元

本书如有印装质量问题，可与发行部联系调换

《新时代的奋斗者——航天科技战线的能工巧匠》

编 委 会

自序

社会主义是干出来的，新时代是奋斗出来的。党的十八大以来，习近平总书记多次礼赞劳动创造，讴歌劳模精神、劳动精神、工匠精神。中华工匠历史久远，即便在神话时代、传说时代及半信史时代都清晰地留下了他们的伟岸身影，众多文化遗存更不乏他们惊艳世界、恩泽后辈的匠心巨制。我国工匠精神具有悠久的历史，鬼斧神工的商周青铜器、巍峨耸立的万里长城、军威雄壮的秦兵马俑、改写历史的四大发明，无数灿若星辰的匠作；鲁班、蔡伦、黄道婆，一个个伟大的工匠青史留名，让我们由衷感受到作为炎黄子孙的骄傲与自豪。现如今，我们所提倡的“工匠精神”，是在产品里注入创新和活力，它的核心是一种精神、一种信念或者说一种情怀，是尊重自然、安分守己、尽善尽美、以诚相待的职业操守，是把一件事情、一门手艺当作信仰的追求，是单调、机械、重复工作中的一种与众不同的想法。

党的二十大报告提出要“在全社会弘扬劳动精神、奋斗精神、奉献精神、创造精神、勤俭节约精神”。打造“工匠精神”，已成为中国从制造大国向制造强国转型，培育全社会、全民族的价值导向和时代精神的一种迫切需求。在中国航天60多年波澜壮阔的历史征程中，一大批航天科技工作者、航天能工巧匠，创造了“两弹一星”的惊人壮举，并一步步取得了导弹武器、运载火箭、人造卫星、载人航天、月球探测等具有里程碑意义的伟大成就，也孕育出了“两弹一星”精神、载人航天精神、探月精神、新时代北斗精神。这些精神与工匠精神同脉同源，在2021年中国共产党成立100周年之际，一同成为第一批纳入中国共产党人精神谱系的伟大精神，成为当代中国精神的有机组成部分。航天作为国家战略性产业，是综合国力和大国地位的集中体现，航天事业也为大国工匠的成长提供了深厚土壤。2015年以来，集团公司相继选树了高凤林、韩利萍、徐立平、王曙群等多位同志成为大国工匠。

《新时代的奋斗者——航天科技战线的能工巧匠》一书记录了14位航天大国工匠的工作、生活点滴，记述了他们多年积累下来的工作感悟和人生经验，体现了航天大国工匠的意志与情感，更展现出了他们独有的魅力与品格。在他们的故事里，我们看到了在各个时期、各个阶段，党和国家对技能人才队伍建设的高度重视；看到了良好的家风对工匠们耳濡目染的影响；看到了航天文化对一代代航天人理想信念、价值追求、行为习惯产生的润物无声的作用；看到了航天事业提供的矢志报国、建功立业的机会和舞台；看到了完善的培育选树机制为航天技能人才成长所创造的条件。当然，我们还看到了起决定作用的——大国工匠和高技能人才身上具备的理想、勤奋、坚韧、善思、激情等极为珍贵的特质。

党的二十大报告指出，坚持把发展经济的着力点放在实体经济上，推进新型工业化，加快建设制造强国、质量强国、航天强国、交通强国、网络强国、数字中国。强国建设需要尖端技术和先进设备，但更要有一大批能把蓝图变成现实的能工巧匠。再先进的生产技术和生产设备，最终也要靠一线产业工人来实现和操作。航天大国工匠们是推动全面形成高质量发展模式走深走实、见行见效的典型代表。他们拥有先进技术、传统工艺、绝技绝活，具备了与其他行业、其他战线工匠相同的敬业、精益、专注、创新素质。他们对每件产品、每道工序都凝神聚力、精益求精、追求极致；不急于求成，不急功近利，一心一意学习、钻研技术，不放过任何一个疑问。除此之外，在航天大国工匠身上，还凸显出引领、传承的特有品质，这与高质量发展的内涵以及应当遵循的基本原则极为契合。

航天大国工匠的故事中有许多“引领”技术发展、甚至行业发展的典型案例，这是高质量发展中自主创新的量化目标。自主创新是中国航天事业发展壮大的成功密码，自立自强是中国航天事业跨越腾飞的必然路径。当前，全球航天技术发展突飞猛进，抢占科技制高点是推动航天强国建设最核心的任务。作为航天大国工匠，必须具有国际视野，对标世界航天科技发展最前沿的技术，敢于走别人没有走过的路，自主掌控核心和关键尖端加工技术，实现航天技术由“跟跑”“并跑”向“并跑”“领跑”跨越。

航天大国工匠身上传承的要素，是“必须发挥新型举国体制优势”基本原则的一种体现。航天工程是一项系统工程，从其发展之初就充分依靠了社会主义制度集中力量办大事的政治优势。坚持统一指挥和调度，有困难共同克服、有难题共同解决、有风险共同承担，是航天人的行动自觉。

习近平总书记曾勉励广大航天工作者：“广大航天科技工作者要牢牢抓住战略机遇，坚持创新驱动发展，勇攀科技高峰，谱写中国航天事业新篇章，为服务国家发展大局和增进人类福祉作出更大贡献。”他还曾寄语航天战线“伟大事业都始于梦想、基于创新、成于实干”。事业为天，技能为地。匠心筑梦，心手合一。航天大国工匠始终将自己的人生理想，与民族命运和国家荣誉紧紧联系在一起。在他们背后，还有几十万航天人，正用敬业、精益、专注、创新的精神和行动，铸就着中国智造、中国质量和中国品牌，诠释着中国如何从制造大国向制造强国转型的答案。我们期望，航天科技战线上的能工巧匠，在新时代、新征程中，不断弘扬航天精神、劳模精神、劳动精神和工匠精神，以巧夺天工的工匠之手，继续创作更多的超越历史的巅峰之作，也希望广大航天技术、技能人才将工匠精神内化于心、外化于行，焕发劳动热情、释放创造潜能，精心打磨每一个零部件，生产优质的产品，实现职业生涯的增值、人生价值的升华，不断助推航天事业蓬勃发展，加快建设航天强国、支撑世界一流军队建设，建设世界一流航天企业集团，为以中国式现代化全面推进强国建设、民族复兴伟业作出新的更大贡献。

目录

焊花闪烁亮苍穹　箭骋神州向宇河

——首都航天机械有限公司 14 车间特种熔融焊接工高凤林

人物简介

高凤林，男，汉族，1962 年 3 月出生，河北东光人，中共党员，航天特级技师，首都航天机械有限公司 14 车间组长，中华全国总工会副主席（兼职），一院工会副主席（兼职），一院首席技能专家。

他曾获得“全国劳动模范”“全国道德模范”荣誉称号，是央视《大国工匠》节目播出的第一人，当选 2018 年“大国工匠年度人物”，先后荣获“中央国家机关十大杰出青年”“全国十大能工巧匠”“全国技术能手”、中华技能大奖、“全国国防科技工业系统劳动模范”“中国高技能人才十大楷模”、全国五一劳动奖章、“首次月球探测工程突出贡献者”、第二届中国质量奖唯一个人奖、“最美奋斗者”等荣誉称号和奖项，享受国务院政府特殊津贴，被誉为“火箭发动机焊接第一人”。

他始终将自己美好的人生年华与国家、集体的荣誉和利益紧密结合在一起，扎根生产一线40余年，攻克了发动机推力室、喷管等系统部组件一系列焊接技术世界级难关，并在急难险重任务中发挥了关键作用。他先后荣获了国家科学技术进步奖二等奖、军队科学技术进步奖二等奖等科技成果奖20多项。他的创新成果已成功应用于“长三甲”系列、“长七”“长八”等运载火箭，成功解决“长五”和“长五B”大推力运载火箭关键焊接技术制造瓶颈难题，为北斗导航、月球探测、火星探测、空间站建设等国家重大工程任务的实施作出了突出贡献。

工匠故事

与航天结下不解之缘

高凤林出生在一个工人家庭，5岁时父亲就去世了，多病的母亲带着他和3个兄弟生活。一天，下班很晚才回来的母亲兴冲冲地把他们兄弟几个拉到街上，母亲指着天上那颗移动的星星说：“看，快看呢！那就是我们国家放上去的卫星。”这时，街上的喇叭已传出《东方红》乐曲，高凤林不解地问：“卫星是怎么放上去的?”母亲茫然了，但马上摸着高凤林的脑袋说：“快快长吧，长大了你就知道了。”这以后又看到过几次，每次母亲都显得十分兴奋。直到长大后，高凤林才明白，那是一种民族自豪感的流露。因为那是中华民族智慧的象征。

由于家境窘迫，高凤林的小学和中学学费有时都是母亲单位给交的，是党培养了他。当他以优异的成绩从中学毕业面临抉择时，母亲一句："报考七机部技校吧，去解你小时候的迷惑与梦想吧。"从此，高凤林便与航天结下了不解之缘。

两年的技校学习，使高凤林对航天有了初步的了解，特别是在火箭发动机车间实习期间，焊接工段工段长（新中国第一代氩弧焊工）给这些实习生讲中国航天艰难的创业发展历程，讲25天生产完成25台发动机，即可歌可泣的"双二五"，讲产品成败的深远影响，讲党和国家对航天事业的关怀和鼓励……。从中，高凤林体验到了工人师傅的艰辛与伟大，在人才济济的焊接组中学习技艺，使他产生了一种无形的力量，不刻苦学习、不加倍努力，怎么能成为他们当中合格的一员！自身的努力加上师傅们的悉心培养，使高凤林的专业技术提高很快，并被评为"三好学生"。分配时，当得知高凤林没有被分到发动机车间时，车间党支部书记、焊接工段工段长、班组长硬是找有关部门把他要了回来。当高凤林怀着激动的心情到车间报到时，党支部书记的谆谆嘱托让他至今难以忘怀："我们珍惜你是块材料，航天事业的发展需要像你这样的年轻人，你一定要努力，不要辜负了我们对你的期望啊！"从那时起，高凤林就暗下决心，一定要干出个样儿来，不辜负领导、师傅们对自己的希望。

勤学苦练过硬本领

要真正成为航天工人队伍中的一员，还需要经过艰苦的锤炼。为了掌握过硬的技术，高凤林一面虚心向老师傅求教，一面勤学苦练，就连吃饭时也拿筷子练送丝，喝水时端着盛满水的缸子练稳定性，休息时举着铁块练耐力，还冒着高温观察铁水的流动规律。

1980 年以后，车间人员流动加快，两年间带他的师傅换了四五位，正是在这种特定的条件下，使高凤林师从多门。于是他细心观察、耐心体味，不但学到了师傅们良好的思想品质，技术上也汲取了各家之长，为今后的成长打下了坚实的基础。

1983 年，在车间领导和班组师傅的大胆启用下，高凤林积攒已久的能量终于迸发出来。在当年 331 工程及团组织活动中，由于表现出色、进步很快，高凤林被评为公司优秀团员，并作为车间仅有的一名青年荣立了公司 331 工程三等功。在国家以发展经济为重点的过程中，公司、车间也在不遗余力地寻求民品的突破。

1984 年，高凤林被抽调到公司支柱民品项目大型真空系列炉工段系统组。大型真空炉是填补我国热处理工业空白的一种产品，以前只有日美等少数工业发达国家能生产，我国只能进口或采用落后的盐浴炉进行生产。在广大科技人员和工人师傅的艰苦努力下，终于研制出这一系列产品，但由于效率不高，无法满足国内外市场的大量需求。其中系统部分是工作源，抽真空、炉内的各种连带机械动作都要靠系统来完成，而系统的连接是空间结构，以前的方法是师傅们采用放大样做实物来进行生产，有时一个实物需反复来做才能连接在炉上，既浪费了人力、拖延了进度，又加大了对原材料的消耗。高凤林在虚心地向老师傅学习了放大样的技术后，觉得这种工艺操作方法比较落后，记得上学时就看过的电影《青年鲁班》，电影里描写的虽是建筑空间，但有一点是共通的，就是一切空间都能用几何和计算来表述。顺着这一思路，他运用平时积累的知识，经过反复试验和摸索，平生第一次向传统落后的生产工艺发起了挑战。在征得师傅的同意后，在师傅略带疑惑的目光中，高凤林仅用了 3 个多小时就完成了通常要用 2~3 天才能完成的一台分系统焊接组装任务。领导和师傅们看在眼里，喜在心上，连说“好样的，好样的”，并戏称他是“系统专家”。

1985 年，全车间虽然仅 37 名一线工人，但完成了 45 台真空炉的焊接组装任务，其中重要的系统组装部分，高凤林和另一名青年同志提前一个月完成了真空、液压、充气三大系统的焊接组装任务，提高工效 5 倍以上，节约原材料 50%，每年仅原材料一项就可节约资金 70 万元左右。为鼓励高凤林的成长，在车间师傅们的极力推荐下，单位领导把青年中唯一一个晋级名额给了他。所以，高凤林常说：“我的成长无时无刻不在党和人民的关心培养之下。”

高凤林总觉得人不能没有追求，而当人生的追求只有和社会的需要同步时，才能真正体现出自身的价值和人生的意义。

受社会大环境的冲击，一些青年不安心本职工作，社会环境的影响或多或少地使高凤林在思想上产生了一些波动，组里的老师傅似乎看出了这一点，主动找他谈心，告诫他凡是有成绩的，无不排除干扰，持之以恒，航天产品离不开高素质的操作工人，可要当好一名工人也不是件容易的事。怎样才能当个好工人呢？师傅说，必须要上 4 个台阶，首先要干得好，还要明白为什么能干好，要能说出来，并且要写出来。老师傅的一席话是嘱托，更是鞭策，从此，高凤林更加不懈地努力，追求在航天操作岗位上的发展。

攻克多面技术难关

地面全箭振动试验对火箭的研制极为重要，在“长二捆”的研制中，研制团队专门设计建造了当时亚洲最大的全箭振动塔，其中振动大梁的焊接是关键。材料特殊，为L175，焊缝强度要求不小于基材强度的90%，一级焊缝。这种材料常温硬度高、韧性好，含合金元素多，焊接时极易产生合金元素烧蚀，造成基材强度下降，影响材料的机械性能。工作要求高、难度大。高凤林和老师傅、技术人员仔细研究、认真分析后，为减小合金元素烧蚀，决定采用多层快速连续堆焊，使金属在熔融状态下尽可能减少停留时间，但又不能冷却过快造成金属组织结构变坏。这就需要连续不断地在高温下操作，焊件表面温度达几百摄氏度，双手被烤得发干、发焦、发糊，起了一串串的水泡。为了按时保质完成任务，高凤林咬牙坚持着，终于出色地完成了任务，获得了部院领导的好评，而他的手上至今还有因严重烤伤而留下来的疤痕。

长征三号甲运载火箭模盒的焊接是一项难度极大、工艺复杂程度极高的焊接，它超薄且要求工装简单、方便，精密度高，否则零件易产生波浪变形；同时对焊缝外形及内在质量要求很高，要逐一进行氦气检漏。应某研究所焊接研究室的邀请，高凤林参加了这一课题的研究，利用积累的经验，根据实际情况，从工艺过程、夹具设计到焊接生产提出了很多建议，与科技人员一道，在不到半年的时间里，把这一急需的技术攻克下来。由于他不计个人得失、不分分内分外，不仅得到了研究室领导的赞誉，而且和科技人员成了知心朋友。他们说：“小高既帮我们解决了问题，工作又勤奋、朴实，这样的朋友我们爱交。”他们还表示将继续加强合作。在报请所在单位领导同意的情况下，为填补国内空白，高凤林又协助开发研制了大型超薄波纹管。这种产品以前只有少数发达国家能够生产，我国则完全依赖进口，这一产品的研制成功，表明我国此项技术已达到国际先进水平，并已成功用于上海单晶硅生产厂。

接连的成功并没有使高凤林沾沾自喜，而是越来越感到知识的可贵。身边的同学一个个或参加高考，或上电大、职大，而他却由于繁重的生产任务及大量的社会工作，失去了很多的学习机会。后来，他利用一次献血休假的机会，于1988年考取了职大业余班，开始了长达4年艰苦的业余学习。其间，他边学习边实践，又攻克了某型发动机身部生产等难关。某型发动机是用于“长三甲”三子级内壁为铸铜、外壁为电镀镍的新型发动机，生产工艺复杂，焊接难度大，不易熔合，易开裂。为此，某研究所试制了三种抗裂焊丝，但苦于无法比较。经分析，高凤林决定采用大电流急收弧的方法，造成应力集中，使三种焊丝的抗裂性能一目了然。高凤林为该发动机常温冷焊铺平了道路，并且在发动机冷焊方法上也有独到之处。

某型发动机发生器的生产，材料为GH1131，焊接过程中极易造成未熔合、缩裂等缺陷。为此，他提出了拉开间隙加内腔气保护等新的工艺措施，使产品焊接合格率达到了100%，其中与技术人员合作制造的拉间隙器获院科技进步奖。事实证明，只有时刻把握机遇的航帆，才能驶向理想的驿站。

在国家“七五”攻关项目东北哈尔滨汽轮机厂大型机车换热器的生产中，熔焊是一大关键，有关人员经过一年多的试验也未能取得突破。多次的失败，使单位领导一筹莫展，领导找到高凤林说："小高啊，我们是没有办法了，看你的了，你一定要把这块硬骨头给啃下来。"在半年的时间里，高凤林天天趴在冰冷的产品上，关节麻木了、青紫了，他坚持着，从早到晚，一趴就是几个小时。就这样，经过艰苦的努力，终于把压在单位一年多的两组 18 台产品顺利交付。

为庆祝航天事业创建 35 周年，部里举办了航天系统青工技术比赛，为使高凤林能参赛并取得好成绩，公司、车间领导破例给他挤出时间进行训练。那时也正是高凤林所学专业进行考试和课程设计及新型号产品进行攻关的紧张时刻。为了能全身心地投入，他吃住在公司里，白天穿梭于攻关现场、训练场、课堂，晚上抱着两摞厚厚的书籍学习到凌晨三四点钟，由于过度紧张和劳累，不到 30 岁的高凤林头发竟一把把地往下掉。终于，功夫不负有心人，在院两次理论选拔赛上，他都获得了第一名，并最终在全航天系统青工技术比赛中取得了实操第一、理论第二的好成绩；课程设计考试一次通过；产品攻关进展顺利。艰辛的努力，换来了丰硕的成果，1991 年，高凤林被破格晋升为国家级技师。

多年的工作经历告诉高凤林，只要全身心地投入到工作中，在工人岗位上也是可以大有作为的。1991 年入党后，他更加严格要求自己，不断进取。

某重点型号发动机隔板的生产，以前经常出现缩裂、堵塞等缺陷，1993 年更是在 X 光透视中检查结果均不合格，须全部返修。对这一严重质量隐患，已是焊接组长的高凤林，看在眼里，急在心上，果断地向领导和技术人员提出必须改进旧的生产工艺，采用气托内保护，使焊缝不产生渣化下塌造成通道堵塞。领导和技术人员觉得有道理，决定采用。这一措施果然奏效，1994 年的产品 X 光透视合格率一跃升为 100%，得到了检验部门的奖励。

有了领导和师傅们的理解和支持，高凤林在长三甲三级氢氧发动机螺旋管束式大喷管攻关中更是大胆施展所学知识，提出了多项改进措施，特别是在首台大喷管焊接中。大喷管由壁厚 0.33 毫米、大头 4 毫米 ×4 毫米、小头 2.5 毫米 ×3 毫米的变截面、密密麻麻排列的 248 根方管组成，单根 3100 多毫米，仅焊缝长度就有近 900 米，而且不允许有任何烧穿和焊漏，否则损失将达百万元。在首台大喷管焊接中，高凤林在同事们的配合下，连续奋战 30 多天，由于长时间操作，腰、手臂近乎麻木，晚上回家要用热敷的方式才能减轻痛苦，但一想到这是新型号大推力发动机，它的成功将使我国火箭的运载能力大幅度提高，高凤林第二天又干劲十足地出现在工作现场，被大家誉为“青年生力军，我们的攻关尖兵”。焊接终于完成了，可 X 光透视却判定多处焊缝背部有裂纹，大喷管将被判死刑。为此，高凤林认真地分析了材料的性能、大喷管的结构特点，结合所学的知识，果断地提出这可能是假裂纹！公司发动机总师决定请冶金处抛切分析、认真断定，结果证明就是假裂纹。那是由于焊漏与方管壁的夹角所造成的假象，并报请院总师系统研究通过，将第一台大喷管推上了试车台。

在大喷管大小端焊接过程中，超薄方管的壁厚仅有 0.33 毫米，操作难度大、结构复杂、焊接中多次发生泄漏，高凤林经过不断分析、研究，终于找出最佳工艺措施，利用高强脉冲焊，减小热输入，减少变形，攻克了这道难关，连续多台气密、液压试验一次通过，为确保发动机推力性能不因泄漏而受损作出了贡献。他同时提出了利用高阶线性方程进行反变形控制的理论，在该项产品接受中国焊接协会评审时，获得了极高的关注度。高凤林也因此荣获部、院科学技术进步奖一等奖，国家科学技术进步奖二等奖。

回顾多年来安心本岗、立志成材并取得佳绩的原因，高凤林深切地感到是心系航天的动力、是党组织和领导的关怀、是师徒间的情真意切以及亲人的理解与支持，促使着他克服困难，不断进取，把无悔的青春献给祖国的航天事业。

每当高凤林看到用自己辛勤的汗水生产出的产品穿云破雾、遨游太空时，激动与兴奋、平凡与伟大交织的心情让他感到似蜂蜜般甜美，似甘露般滋润。

在一项填补国内空白产品——钛合金自行车的生产攻关中，某研究所在与台方准备合资建生产线的过程中，钛合金车架的焊接是一大难关，距台方一个月的期限越来越近，而难题还没有被攻下来。这不仅关系到合作的成功与否，而且是检验大陆有无此项关键技术的生产能力问题。紧急中，研究室主任亲自到公司找领导协商，点名让高凤林去援助。他果然不负众望，只用一天半时间就攻克了难关，4天之内生产了3台样车。如期而至的台商看到漂亮的样车后，连声赞叹："没想到大陆有如此生产能力，佩服！"经受振动试验达20多万次，大大超过设计2万次国际标准的振动要求。台商激动地拉着高凤林的手说："到我这里来吧，我这里好温暖呀，工资高、产品销往欧美亚，而且还可以解决你的住房，你不感到荣耀吗？"高凤林回答道："困难是可以解决的，工资待遇嘛，我相信航天事业发展了定会赶上、超过你们；至于说荣耀嘛，你说它能有我们制造的火箭把卫星送入太空荣耀吗？"听了高凤林的话，那位老板失望地摇摇头……

组织关心　家人支持

组织、领导和师傅们给了高凤林无微不至的关怀，发展他入党、鼓励他担当支部宣传委员和青年委员，单位领导还多次家访，为高凤林解决后顾之忧。由于工作和学习的繁忙，高凤林无暇顾及婚姻大事，领导在车间大会上宣布："我们有的同志为了工作顾不上搞对象，我要给他介绍，大家也要帮忙。"此后，在公司、车间领导以及广大职工的关心下，终于促成了高凤林美满的婚姻。组织上还帮助他解决了住房问题。高凤林跟过好几位师傅，每位师傅都爱徒如子。与女友初次见面，四五个师傅带着师母帮助相看，弄得介绍人大惑不解："你们怎么来了这么多人，别把人家姑娘吓着。"高凤林的母亲病了，师傅、师母们结伙去看望；冬天，几位师母主动给他织毛衣；由于工作忙加上母亲体弱需要照顾，有时他自己的穿衣都成问题，师傅们就拉着他到商店相互参谋着为他购置衣服……提到自己的领导、师傅，高凤林总是充满感恩的心，他说："有这样的领导、师傅，我怎么能不努力工作呢？"

当然，他的成长也离不开家人的理解与支持。提到家人，高凤林打趣地说："用一句'挽不回的爱情苦、还不清的感情债'来形容是再合适不过了。"与女友从恋爱到婚后的生活更是充满着甘苦。恋爱时，正是某型号攻关的关键时期，高凤林每天加班到晚上八九点，星期日也不能休息，有时他们这对情侣一个星期也见不上一面，偶尔见一面也是待个十几分钟就匆匆离去。但当女友知道他是因为攻关而没有时间陪她时，女友理解地说："你去吧，我等着你。"终于喜结连理，大家纷纷前来祝贺，新婚的妻子也娇嗔地对高凤林说："这下你可以好好地休息休息，陪陪我了。"但刚到第三天，公司新工艺所所长就登门探望，一是代表全所表示祝贺，二是说明某大型军品遇到了难题，希望高凤林能尽快帮助解决。他二话没说，跟着所长就回到了公司。妻子怀孕了，想让高凤林陪她多遛遛弯，高凤林说："没时间呀！这样吧，上下班你就别骑车了，走着权当散步了。"高凤林家离工作单位往返走路近一个半小时的路程，晚上回家望着妻子那肿胀的双腿，高凤林心痛了……直到孩子出生，当他被人叫下生产岗位，拉着赶到妻子身旁，望着她因痛苦、极度疲倦而苍白的脸庞时，高凤林的心颤抖了，"我欠她的实在太多太多了……"没过多久，高凤林年迈的母亲不慎烫伤了双脚，没办法，他只能利用午休时间，急匆匆到单位食堂给母亲打出全天的饭菜送回家去，帮着洗涮、换药。因为晚上还要连续加班，母亲的养育之恩，多么想报答，但一想到国家的需要，他只能有所牺牲。

梅花香自苦寒来。当看到一本本荣誉证书，报纸上、电视里

有关高凤林的报道时，母亲和妻子欣慰地告诉他："去干你的事业吧，不用顾及家里。"高凤林说："我取得的成绩里有她们的一半。"

1996年春节，李鹏总理来公司视察，高凤林作为航天工业总公司唯一的一名先进代表，随部领导接受了总理的接见。他因激动而汗湿的双手与总理的手握在一起，激动的心情久久不能平静。高凤林备受鼓舞：总理带来了全国人民的重托与希望，接见了我这个普通工人，我在心里暗下决心，一定要在今后的工作中以十倍、百倍的努力去奋斗、去拼搏，以更好的实际行动回报党和人民的关怀，把青春、把终身都献给祖国的航天事业！

重大项目　攻坚克难

为了适应航天技术发展的需求，一院开展了大运载氢氧发动机的前身——××的研制。这是院研制的唯一一套发动机系统，而且是高压补燃结构，为了获得较高的强度，采用电铸镍外壁，镍锰组织结构。然而，在发动机氢进口结合器焊接完成、进入压力强度试验过程中，却发现在结合器焊缝附近沿轴向存在 13 处纵向长度 60 ~ 70 毫米的大裂纹，有关专家急忙会诊，判定为氢致裂纹。面对着被设计部门称为只此一件的“金娃娃”，别无替代的发动机身部如果被判定氢致裂纹，无法补焊，只能报废，那样就意味着，整个研制周期要往后拖 2~3 年。高凤林经过认真查看，根据发动机结构裂纹形态和组织结构机理仔细分析，确定应该是结构应力裂纹，可以挽救。在向院两总系统汇报后，得到了“一定要挽救这台‘金娃娃’发动机”的指示，经过艰难操作、努力攻关，终于成功地对这台发动机身部进行补焊，使研制工作得以顺利进行。

由于这种新型发动机大量采用了新结构、新材料，给研制工作带来了很多困难，其间突破了很多材料复合异性接头焊、镍基合金富氩多层保护焊等理论禁区，使该型号发动机的研制得以顺利进行。然而，就在曙光即将来临之际，高凤林突然接到总师的通知：用于发动机氢、氧泵前阀的一整套 26 件波纹管经有关单位和研究所半年多的试验仍无法取得突破，甚至采用最先进的真空电子束焊也无济于事，一整套 26 件波纹管全部泄漏无法使用，而且也是仅此一套，必须在原基础上进行修复。为此，集团请专家会诊，也没有得到很好的答案。紧急中，发动机总师找到高凤林说：“小高啊，集团有指示，要求院里年底之前必须实现该型发动机的试车，并确定力保实现发动机的‘三转一把火’，现在因为氢泵、氧泵的波纹管组件不能过关，研制根本无法进行，这是关系到该型号发动机能否争取到国家立项的大问题呀。”听到总师焦急的话语，高凤林也感到压力与责任重大，于是他连夜查找资料，分析机理，制定可行性工艺方案，不分昼夜地进行攻关。与他配合的试验人员有的实在熬不住要回去休息，高凤林体谅他们，打压试验就自己来。就这样，连续一个多月，高凤林天天连续攻关做试验到凌晨5点多钟，回家稍微闭一下眼，洗漱一下，吃点早饭，就又回到现场，继续试验攻关。功夫不负有心人，经过一个多月的努力，高凤林终于拿出了全套合格的波纹管组件，为院确定实施的“三转一把火”作出了贡献。

大运载先进上面级××的前身在当年争取国家立项的关键时刻，出现了发动机内壁烧蚀。发动机总设计师焦急地请求援助，因为如果不能赶在年底之前完成验证性试车，拿到关键数据，国家立项又得推迟一年，发动机如果返厂处理根本没有周期，且经济损失巨大。紧急中，高凤林带领相关人员奔赴101站试车台，面对10米开外的大型液氢储罐（随时有爆炸的危险）和脚底下几十米的山涧，在做好相关准备工作的同时，在故障点无法观测、操作空间非常狭小、只能硬塞进一只手臂的极端困难情况下，高凤林运用高难技巧和特殊工艺进行艰难的施焊。时间在一点一点地流逝，那天正好是中秋节，眼看太阳就要下山了，故障点还没有被排除。高凤林心里也焦急起来，满身汗如雨下。赶来助阵的发动机总设计师掩饰住焦急的心情，打趣地说：“高师傅，这道考试题可是够大的，这可是国际级的大考呀！怎么样，有难度吧！”他回应道：“看来今天要栽在这里了！”高凤林擦拭一下汗水，镇定一下思绪，又重新冲刺，终于赶在夕阳的余晖消失之前排补成功。在场的所有人员无不欢欣鼓舞，为此，设计所特别给公司送来感谢信，发动机总设计师也激动地说：“我一定请你去王府饭店吃大餐。”高凤林笑着如释重负地回应道：“行了吧！您以后还是少给我出点这么大的考试题吧！”

随着攻克一项项难题，高凤林更深切地感到，成功总是垂青于运用知识、积极实践，并坚持不懈努力追求的人们。

某重点型号系列发射车的生产，高凤林更是利用所学知识创造性地应用于实践。从横梁、辅梁、支耳等五大部件创造性地运用复合焊技术进行冷焊，到发射车后梁、起竖臂的变形控制，不但使产品质量大幅度提高，而且使生产效率提高 5 倍以上。保证了发射车批产的要求，受到了工艺部门及客户的一致好评，其中发射车横梁的冷焊与变形控制论文，以第一完成人的身份获院科技进步奖一等奖。

2004 年，高凤林作为 110 位来自全国各条战线上的优秀代表之一，其中 55 位高层次科研人员、55 位高技能人员参加由中组部代表党中央组织的北戴河休假活动，受到党和国家领导人的亲切接见，并与杨利伟、许振超等 6 位先进模范人物代表大家发言。高凤林心情无比激动，他认为自己只是做了应该做的分内之事，党和人民却给了他这么高的荣誉，在发言时，他激动地表示："作为一名来自航天战线的职工，我有信心、有能力做好本职工作，出色地完成党和人民交给我们的任务，请党中央放心，我一定按照党和人民的要求，拿出让党和人民满意的产品。"

此后，在各级领导和同事的支持和帮助下，高凤林和团队成员又攻克了一系列难关，出色地保证了运载火箭系列和重点型号批产的需求。其中，泵前阀组件的生产，以前在其他单位生产，合格率只有百分之三十几，由于工艺布局的调整和批产的需求，这一产品调整到了车间钎焊组进行生产，但经近一年的摸索也未能取得突破。经过研究，最后决定把这一任务交给高凤林的班组来完成。阀座组件是由上法兰为 LF6 铝合金、下阀座为 LD10 铝

合金、中间为不锈钢波纹管软钎焊而成，这一工艺对他们组来说，属于跨行业生产，在这之前，他们都是进行熔焊的。高凤林回忆道："说老实话，我们不是不愿意接受这一任务，实在是在这之前我们对结构软钎焊一点概念也没有。"面对组织的需求，高凤林硬着头皮上，组织组内精兵强将开展前期攻关工作，效果不甚理想。面对大家的畏难情绪，他不断鼓励大家，失败是成功的阶梯，一定要从失败中分析原因，找出成因机理。于是高凤林亲自带领大家做实验，分析过程，查阅大量国内外资料，最后，终于和其他单位一道，在复杂的近 30 道工艺流程中，从阀的特型结构、钎接填充金属、钎剂的影响与制备，以及晶间组织结构，钎接零件表面膜和过渡膜的处理等过程中，分析出主要影响因素，然后进行优化控制和改进，使该产品的合格率由原来的 30% 左右，提高到 98.7%，满足了批产的需求。院专家评审时，对高凤林团队的这一成果表示惊叹。高凤林认为，这一成功，再次揭示了发挥个人潜能，注重团队合作，加强创新交流，是不断走向成功的基础。随着科技产品技术内涵的提升，走合作创新、团队创新、集智创新之路，将是型号成功的关键所在。

帮丁肇中解决难题

2006年11月底已是严冬季节，高凤林突然接到公司领导的电话，说："丁肇中有一个项目遇到了困难，他们打听到了你的消息，请你出面去协助解决。"不一会儿，丁老的秘书传真过来一张结构图纸，让高凤林先看看。傍晚时分，秘书便来到车间说："由16个国家和地区参与的ASM-02暗物质与反物质探测器项目，预计2009年或2010年用美国最后一班航天飞机发射升空。目前遇到了一个很大的难题，想请您前往解决。丁老已经亲自给吴院长打过电话，吴院长表示积极支持丁老对前沿科学的探索活动，您做好准备吧。"一会儿，公司领导打来电话说："小高啊，刚才院长来电话，让你明天前往兰州协助解决丁老的项目难题，你要拿出看家本事，不能掉链子呀。"高凤林说："领导您放心吧，我会尽力而为。"

第二天一早，在公司领导的安排下，高凤林便飞赴兰州，中午时分抵达，接待他的是上海交大的副校长，他边吃午饭边向高凤林解释："丁老这次组织的ASM-02暗物质与反物质探测器，是由美国国家能源部资助的，美国国家航空航天局为主执行机构，16个国家和地区参与的合作项目。前边已经来了两拨项目设计、策划论证人员，一拨是国际上的，一拨是国内的，每批10多位，设计和策划的项目实施方案，最终都没能通过国际联盟总部的评审认可，这次请你来，也是帮助看一下，是否还有更好的解决办法。"

听到这里，高凤林感觉压力陡增，丁老请的两批专家学者，想必都是顶尖高手，项目设计策划最终都没有通过，工程难度确实复杂。上海交大作为该项目低温超导部分的主设计承建方，兰州真空设备有限责任公司作为制造方。来到兰州真空设备有限责任公司后，公司总经理接待了高凤林，看到这次只来了一个人，不屑地说："你们前边来了两批人，都没能解决问题，这次来了一个人，能干吗！干脆按我们的方案干吧。"上海交大副校长说："丁老对这个项目很谨慎，不能出问题，否则影响和损失巨大。"听了他们的对话，高凤林要求立即奔赴现场，了解设计结构、工艺状态和加工手段。液流氦以它极强的渗透力，不适用于任何带密封的螺接方式，只能焊接，而焊接带来的变形目前还无法克服。第二天早上的论证会上，在听取了承制方的汇报后，高凤林确实感到了问题的严重性。根据这种复杂特殊结构的特定要求，随着承制方汇报的深入，高凤林的方案也渐渐浮出水面，当听完汇报后，他指出该方案按照现代传统的控制方法是无可挑剔的，但对待这种特殊结构，确实存在重大隐患，必须改变设计方案。当高凤林把自己的方案和盘托出后，现场的设计、工艺、总师等人员无不点头赞许，上海交大副校长也欣慰地说："怎么样，这次请到高人了吧，看来丁老的疑虑是正确的。"会后交谈中，上海交大副校长对高凤林说了三句耐人寻味的话，他说："一是兵不在多，而在精；二是请专家也得请对了点；三是你为什么来了就能解决问题，你是既有深厚的理论知识，又有丰富的实践经验，你是两个角度看问题，看来高技能人才是大有用武之地呀！"

两个月后，丁老的秘书打来电话说：高凤林的方案已经获得国际联盟总部的认可，现在马上要进入项目实施阶段，丁老准备委任高凤林以NASA特派专家的身份前往督导项目的实施。院长、公司领导也对高凤林表示支持，“一定要为中国航天人争光!”

祖国授予的荣誉

2007年年底，高凤林和其他优秀人员一道作为探月工程突出贡献者，接受党和国家领导人的接见，高凤林感到无上荣光，那是党和国家对一名普通操作工人的认可。

2009年10月1日，由于高凤林在我国探月工程、载人航天工程和长征五号运载火箭等型号产品研制中贡献突出，被推荐为全国英模人物，与中央领导人在人民大会堂一同观看大型音乐舞蹈史诗《复兴之路》；国庆当天，他登上了游行彩车，接受中央领导和祖国人民的检阅。

现在，高凤林已成为航天制造的“明星”，他所率领的班组，聚集了众多像他一样的航天高技能人才。

高凤林，是智能员工的时代坐标，是航天制造的“明星”。

因为有了他们，我们的祖国，我们的民族，变得越来越有尊严。

工作感悟

高凤林1980年从总装厂技校毕业、参加工作，他在40多年的工作时间里取得了很多成绩，而他始终认为这些成绩的取得，离不开个人的努力，离不开同事的帮助，更离不开组织的关心和培养。作为央视《大国工匠》节目播出的第一人，高凤林对工匠精神有着自己的感悟。

《大国工匠》系列节目中“大国工匠”的成功之路，不是进名牌大学、拿耀眼文凭，而是矢志不渝、默默坚守在平凡的岗位上，追求职业技能的完美和极致。央视这个节目让普通劳动者走进镜头，它释放出一个信号，那就是国家对工匠精神的呼唤。

2016 年 4 月 26 日，在知识分子、劳动模范、青年代表座谈会上，习近平总书记发表重要讲话，指出技能是立业之本，人不管天赋如何，只要勤勤恳恳，脚踏实地，都有创造价值的机会。弘扬工匠精神，打磨精品，劳动人民只要敢想敢干，就能用诚实的劳动创造美好的未来。

在 2016 年两会上，国务院总理李克强在《政府工作报告》中提出“改善产品和服务供给要突出抓好提升消费品品质、促进制造业升级、加快现代服务业发展三个方面。鼓励企业开展个性化定制、柔性化生产，培育精益求精的工匠精神，增品种、提品质、创品牌。”科技部部长万钢对工匠精神作了进一步阐释：工匠精神实际是一种敬业精神，就是对每个人所从事的工作锲而不舍，对质量的要求不断提升，在每一个工作岗位上的每一件事都不能放松。另外，创新也是工匠精神的一种延伸。小到对每一个工作环节的高质高效的创造，大到一个新产品新技术的开发，也是工匠精神。工匠精神首次出现在《政府工作报告》中，党和政府积极倡导工匠精神。

2020 年 11 月 24 日，在全国劳动模范和先进工作者表彰大会上，习近平总书记指出，劳模精神、劳动精神、工匠精神是以爱国主义为核心的民族精神和以改革创新为核心的时代精神的生动体现，是鼓舞全党全国各族人民风雨无阻、勇敢前进的强大精神动力。

高凤林认为，弘扬“工匠精神”，既需要“大国工匠”榜样的激励，但更离不开党和政府的高效作为。国家将工匠精神提高到全社会、全民族的价值导向和时代精神层面上，这说明打造工匠精神，已成为中国从制造大国向制造强国转型，培育全社会、全民族的价值导向和时代精神的一种迫切需求。

高凤林在岗位上践行工匠精神也有几点自己的认识和思考。

一是爱岗敬业，无私奉献。这是从思想层面上来讲的。人的追求只有和社会的需要同步时，才能真正体现出自身的价值和人生的意义。高凤林从事的工作是祖国的航天事业，这是党的事业、国家的事业和全国人民的事业，这份事业为他提供了施展才华的机会和舞台，而他就扎根在这个事业的生产一线上建功立业。拥有矢志报国的理想信念，让高凤林能够很享受这份常人眼中很枯燥的工作，也让他在岗位上不断超越自我。如今，党和国家提出了由航天大国向航天强国进军的目标，“强国”成为航天企业大国工匠的坚定信念和神圣职责，不仅要献身航天，更要立志建设航天强国。

二是持续专注，开拓创新。这是从行为层面上来讲的。大家所熟知的“1 万小时”定律，是任何人从平凡变成超凡的必要条件。”高凤林本人也曾经历了艰苦的锤炼，日积月累地苦练基本功。工作以来，经他的手焊接了 140 多发火箭的发动机，焊接的焊缝总长度达到 12 万多米。由丁肇中教授主持、16 个国家和地区参与研制的暗物质与反物质探测器项目，国内外两拨“顶尖策划人员”都没有攻克的难关，他一天一夜就拿出了解决方案。这些都证明，产业工人通过持之以恒的学习和实践，一样可以站在世界科技之巅。

三是精益求精，追求极致。这是从目标导向或结果层面上来讲的。在新材料钛合金自行车研制中，高凤林生产的样车经过了振动试验20万次，超过国际标准10倍以上，并已成功应用到“长征五号”钛合金构件上。这个成果同他的另外两项创新成果，一举拿下了德国纽伦堡国际发明展览会的三项金奖。在大推力氢氧发动机研制中，他攻克了一系列难关，并提出了高阶方程反变形公式和线积分校核补偿方法，该项目获得了国家科学技术进步奖二等奖。

四是推陈出新，薪火相传。当前，我们国家正在实施制造强国战略，大力推进智能制造。最好的设备也需要人来控制、实施，人才能实现最大的柔性制造、最好的智能制造。也正是在这样的理念下，依托高凤林所在团队授予的首批全国劳模和工匠人才创新工作室，培养出了越来越多的“智能”工人。工作室19名成员中3名成员被评为特级技师，3名成员被评为高级技师，6名成员被授予“全国技术能手”荣誉称号。

劳模精神、劳动精神和工匠精神，是永不褪色的时代精神，高凤林始终认为，大国工匠只是产业工人队伍中的优秀代表，在全国各省、各行业产业，都有很多值得学习的工匠榜样。

撰稿：宁丽红、孙铭烽、徐洁、齐飞

后墙不倒看总装　生命铸箭上九霄

——天津航天长征火箭制造有限公司火箭装配工崔蕴

人物简介

崔蕴，男，汉族，1961 年 8 月出生，山东济南人，中共党员，航天特级技师，天津航天长征火箭制造有限公司总装车间副主任、火箭装配工。

崔蕴于 1982 年 9 月在首都航天机械有限公司总装车间参加工作，从一名普通的火箭装配工成长为“全国技术能手”、独当一面的技能大师。2013 年年底，崔蕴从北京来到天津滨海新区，担任天津航天长征火箭制造有限公司总装车间副主任、火箭装配工，身先士卒，从无到有，从小到大，开创了我国新一代运载火箭总装总测工作新天地。

崔蕴享受国务院政府特殊津贴，2019年荣获全国五一劳动奖章，2020年被党中央、国务院评选为“全国道德模范提名奖”，被中华全国总工会、中央广播电视总台联合授予2019年“大国工匠年度人物”，被国家人力资源和社会保障部、工业和信息化部等五部委联合授予“长征五号运载火箭首次飞行任务突出贡献者”，被天津市文明办等单位评为“天津市道德模范”，首批天津市十大“津门工匠”之一，首批天津市十大“海河工匠”之一，并拥有以个人名字命名的、国家财政部与人力资源和社会保障部联合批准的“崔蕴国家级技能大师工作室”。2019年10月1日，崔蕴作为英雄模范和“大国工匠”代表，应邀到天安门城楼下观摩新中国成立七十周年阅兵式、群众游行等活动。

“魂牵梦绕，一生痴迷火箭；瘦弱身躯，担起擎天重任”。他用生命铸箭，多次作为抢险队员参与射前抢险，特别是在1990年“长二捆”火箭燃料泄漏抢险中造成75%的肺部腐蚀，命悬一线，但他矢志不渝，坚守火箭总装总测第一线。他作为中国新一代运载火箭“总装第一人”，在我国新一代运载火箭长征五号、长征七号等型号的研制过程中发挥了中流砥柱的作用，更为中国航天带出了一支能打胜仗、敢打胜仗的年轻队伍，为2016年“长征五号”“长征七号”两型火箭的首飞成功，以及2019年年底长征五号火箭复飞成功立下汗马功劳，为中国航天下一步登月返回、火星探测、空间站建设等重点工程实施奠定重要基础，为加快航天强国、制造强国建设作出重要贡献。

工匠故事

用生命制造火箭，诠释航天报国初心

崔蕴出生于军人家庭，父亲解放前参加革命，解放后参军，是我国无线电事业的老前辈。从小受党的教育，长期的耳闻目染，崔蕴对国家有着天然的责任感，立下“保家卫国”的志向，对航天事业和军工行业有着天然的亲近感，参军或者到军工企业去工作是他的必然选择。当崔蕴第一次看到杂志上火箭的照片时，就被牢牢地吸引住了。从那时起，航天的梦想便在他的心里埋下了种子，在人生的关键阶段，他放弃许多高薪工作的诱惑，毅然选择到航天总装厂，做一名普通的火箭总装工人，制造咱中国人自己的火箭。

最美逆行者，铺就通天路。崔蕴用生命履行承诺，将自己的精力和心血全部投入到一发发火箭的总装测试工作中，号称“拼命三郎”。

1990 年 7 月 12 日，崔蕴经历了生死考验。时隔多年，提到这个日子，他的心头还是会不由地一颤。

我国首发“长二捆”发射前，助推器出现泄漏，迫切需要抢险排除故障。由于助推器充满四氧化二氮这一有毒气体，进助推器去抢险就意味着和死神较量。望着从火箭助推器里冒出的橘红色烟雾，崔蕴仿佛看到死神在舞动。那是一种伴有强烈的刺激味道的毒气——四氧化二氮，它会烧伤皮肤，破坏肺泡，使人窒息死亡。为了保住价值数亿元的国家资产，崔蕴没有犹豫，主动报名，作为突击队员冲进助推器，在呼吸非常困难的情况下，在舱

内连续工作了近一个小时。那时，崔蕴和他的同事还没有过抢险经历，经验不足，没有完备的防护措施。他戴上“猪鼻子”滤毒罐，往身上淋了些碱水就冲进舱里抢险。舱内四氧化二氮的浓度很高，即使戴着“猪鼻子”滤毒罐，依旧让他呼吸困难，干两下就得打开舱盖狠吸两口空气，再折回去继续抢险。

最终，崔蕴和同事圆满完成排除故障工作，保住了火箭。然而崔蕴却重度昏迷，被送进医院抢救，生命危在旦夕。在国家动用一切可动员的医疗资源，医生给他用了 10 倍于常人的解毒剂量之后，崔蕴终于逃脱死神眷顾，奇迹般地活了过来，然而其 75% 的肺部已经被毒气腐蚀。

在“长二捆”成功发射的当天，崔蕴带着氧气瓶，被医生护士抬到了医院的楼顶，一边听着“长二捆”发射的轰鸣声，一边眼泪啪哒啪哒地往下掉。几天里，从在病床上听到了一名亲密队友壮烈牺牲的惨痛消息，到见证了这枚火箭的首飞成功。这冰火交融的滋味，崔蕴一辈子都忘不了。

正是在这短短的几天，崔蕴深刻地认识到，航天事业的高风险、高难度。从此，他开启疯狂的学习模式。在西单图书大厦一坐就是一天，一边看，一边记，一边琢磨。对于不明白的问题，他一定要打破砂锅问到底。在他看来，一名合格的火箭装配工，除了铣工、车工、焊工、电工等手上技术，脑子里还必须装着材料力学、理论力学等不同学科的理论。有时，为了一个问题，他跑到设计员那里，一泡就是一天，就是要彻底解开心底的那些“疙瘩”。

经过医生诊断，崔蕴无法再从事繁重的型号生产工作，否则将随时危及生命。领导考虑他的身体，把他调到管理岗位，但崔蕴太热爱这份事业了，为了能回到装配一线，他几近疯魔，每天坚持锻炼身体，他绕着北京所有环路都走了一圈，最长的一次走了16个小时，就这样，“逼”着医生和领导，终于放他回到了最爱的“战场”。

一次，在某型火箭发射前，凭借多年积累的理论知识和抢险经验，崔蕴还及时救下了命悬一线的队友。当时，身兼工艺员的总装一组组长崔蕴正在指挥操作人员抢修故障。一名队友在进舱时，身体轻晃了一下。这一晃被细心的崔蕴看在眼里。他心里突然一紧，“不好！”来不及解释，崔蕴一把掀起队友的空气面罩紧急切断气源，接着抱住他滚倒在地上，然后马上爬起来狠掐队员人中，又接连扇了他四五个耳光，直到队员口鼻冒出大量白沫最终清醒了过来。由于事情发生得太快，现场人员还以为两人在打架，有的甚至过来拉架。事后人们才知道，崔蕴从那一晃中看出了氮气中毒的迹象。原来，由于工作人员一时疏忽，导致该名队员空气面罩的气源竟错接成了无色无臭的氮气。在掀下面罩后，这个队员已几近昏迷，一条腿掉进火箭与发射塔架的间隙，随时有可能从40米的高空摔落。幸好崔蕴第一反应完成了那一系列的连抱带滚的操作，避免了危险发生。

为了确保长征七号合练箭的海运安全，型号总指挥征询崔蕴意见，可否带队从天津港押运产品到海南文昌。然而海运途中瞬息万变，一旦身体发生意外，后果不堪设想，但崔蕴以国家利益为重，亲自坐镇押船，经过七个昼夜，圆满完成产品运输任务。

在新一代运载火箭每次发射前的倒计时过程中，面对“冰箭”里液氢液氧推进剂低温冻伤人的可能，面对紧急排故带来的巨大思想压力，崔蕴作为抢险队队长，犹如“定海神针”，带领年轻队员在火箭发射塔架上恪尽职守，舍生忘死，一直坚持到发射前的最后一刻，最后一个撤离。2021 年 4 月 26 日，在长征五号 B 遥二运载火箭发射天和核心舱倒计时 51 小时，火箭一级氢地面增压单向阀突发故障。年近 60 岁的崔蕴不顾病弱身体，亲自进舱指导阀门更换，舱内空间狭小，环境恶劣，需要半蹲进行操作，他一蹲就是 4 个小时。最终经过 16 个小时的奋战，火箭顺利排故，发射如期进行。

展大国工匠风采，不辱航天强国使命

跬步千里，成就飞天梦。崔蕴受党教育多年，从事火箭总装测试工作近 40 年，经验丰富，技术精湛，业务过硬，摸索并熟练掌握各种型号运载火箭的总装、总测及发射试验等环节的工作诀窍，能够结合型号总装特点，做到传承与创新并举，准确进行故障定位和机理分析，保证火箭研制工作的顺利进行，充分展现了中国力量、中国精神。熟悉崔蕴的人都说，他是为了火箭而生，对火箭的痴迷程度无人能比。500 多件装配工具他全能熟练运用，大到发动机，小到螺丝钉，把火箭的结构牢牢“刻”在脑子里。在同事眼里，没有他解决不了的问题。但了解崔蕴的人都知道，他赢在坚持，几十年如一日的坚持。拿崔蕴的话说，“就是魂牵梦绕，醒着、睡着脑子里都得是火箭”。

新一代运载火箭的总装车间坐落于天津，我国自主研发的第一枚大型运载火箭“长征五号”就是在这里进行最后的总装、测试。总装是火箭诞生前的最后一道关卡，崔蕴是这道关卡的总把关人，也是人们第一时间想到的最合适人选。“新一代运载火箭总体装配带头人，非老崔莫属！”2013 年，崔蕴不顾家人对他身体的担忧，担任天津航天长征火箭制造有限公司总装测试车间副主任，挑起了新一代运载火箭总装的大梁，义无反顾地投入到新一代运载火箭总装测试的组织管理和生产牵头工作中。

沧海横流，方显英雄本色。2014 年起，新一代运载火箭长征五号、长征七号均进入关键研制阶段，特别是长征五号火箭具有“大直径、大推力、无毒、无污染”的特点。崔蕴守初心，担使命，带领年轻的总装测试团队不断开展攻关创新，创造性应用自动化对接等先进技术，推行零缺陷和标准化管理模式，成功攻克型号研制过程中的一个个“拦路虎”。

作为我国唯一参与了所有液体型号捆绑型运载火箭研制全过程的特级技能人才，崔蕴参与总装过的火箭已有 70 多发。然而面对直径大了一倍、95% 都是新技术的“长征五号”，过去总装传统火箭所采用的工具和装配方式，已经完全不能满足总装需求。长征五号运载火箭箭体上有 5 万多个零部件，螺钉数目更是巨大，品种繁多、装配要求不一，任何一个微小的安装失误都可能导致火箭最后的发射失败。例如，“长征五号”的燃料贮箱体积增大，贮箱壁使用了全新的工艺和材料，壁厚最薄的地方只有2毫米，如果把一个贮箱等比缩小到一个鸡蛋壳大小，它的厚度只有鸡蛋壳的十万分之四。在装配时严禁触碰，这就更增大了装配难度。新一代运载火箭直径比常规型号大很多，传统装配方式很难在此施展，国内没有任何经验可以借鉴。

就在大家一筹莫展的时候，崔蕴凭借着几十年来对火箭各系统性能的了解，逆向思维，提出了一个让所有人都意想不到的办法：“只有旋转才能解决这个问题。”不过，让一个重达20吨的庞然大物滚转起来，在大家看来，这个想法很惊艳，然而想要实现却着实困难。崔蕴迎难而上，开始钻研这项工作，每天来得最早，走得最晚。除了吃饭睡觉就是在研究这个，白天在车间里忙完型号工作，晚上他自己又在办公室里戴着花镜画图。在一次次的摸索中，寻找解决路径，上百次的试验，无数次地修改图纸和方案，甚至自行车的辐条原理也被他大胆借鉴到了二级火箭的滚转环安装当中。

整整两个月时间，崔蕴带领团队做了上百次试验，图纸和方案也改了无数次，直到两个月后终于让这些庞然大物转了起来，终于攻克了长征五号大直径火箭装配难的关键问题，人员在地面就可以进行各项装配工序，实现了多人多点同时操作，总装工作效率提高了两到三倍，为后续更大直径运载火箭研制工作奠定坚实的理论基础和实践案例。

通过技术上和管理上的大胆创新，崔蕴带领团队有效保证了火箭出厂时间节点的“后墙不倒”。基于高超的技艺，崔蕴对所从事的火箭研制工作具有较强的洞察力和预见性。长征七号运载火箭第一次在海南发射基地合练过程中，助推器在被吊装向芯级箭体靠拢捆绑时发生偏离，如果硬性操作将会损害芯级箭体，当时现场员工束手无策，关键时刻，崔蕴提前安排制作的几个海绵包裹派上用场，成功解决了突发问题。

2014 年年初，“长征七号”一级动力试车总装进入攻坚阶段。因为是新一代运载火箭第一个点火的产品，崔蕴作为现场负责人，每天都是第一个到现场，最后一个离开现场，忙着协调、指挥，又得时不时地处理现场技术问题，工作强度特别大，他又是个急性子，有一天下午，因为连日来的满负荷工作，在现场大家看到他满脸通红，知道他血压肯定又上来了，大家非常担心，劝他赶紧去休息，可他就是不走，还跟大家急了“我走了谁看着！你们谁也别管我，谁再说就按消极怠工处理!”大家听了这个，强忍住担心，更加卖力地干活，终于发动机完美对接，大家都松了口气。赶紧找崔蕴，他正迈着像灌了铅似的双腿，往门口慢慢走着。晚上，大家正在现场装管子，惊讶地发现他又出现了。原来，他只是看了个医生，拿了点降压药就又来了。

崔蕴对火箭是热爱到骨子里的。他这个人爱较真，有时候大家都很不理解，不管是生产上还是技术上，明明觉得很不起眼的小事，到他那里就像把天捅了一样，时不时就被他“吼一顿”，有时候感觉很委屈，有时候他也自觉过分了，会给大家道个歉，但是道完歉，最后总得说一句“别看我道歉了，下次你们再不重视，再犯这种低级错误，我照样骂你们”。

献大师高超技艺，引领行业创新发展

天津航天长征火箭制造有限公司承担着“长征五号”“长征

七号”的研制和生产任务。两型火箭都是新型号，总装测试车间面临着任务重、设计变更多、操作难度大，以及人员经验缺乏的难题。崔蕴从事弹箭体总体装配工作多年，熟练掌握了运载火箭的总装、总测及发射试验等环节的操作技能和理论知识。崔蕴结合型号总装特点，及时发现总装过程中的问题并予以纠正，对现场工艺状态进行有效的把控，并对出现的故障给出意见，及时处理问题，保证进度。

“工欲善其事，必先利其器”，扎根一线三十余年的崔蕴深深明白这个道理。为了提高工作效率，保证产品质量，他先后设计并制造各类工装三十多台（套）。此外，崔蕴不断推进车间的信息化、自动化、标准化进程，紧跟时代步伐，积极引入了数字化全析教学方式、大部段自动对接装置、一体化工艺技术文件等，有效地提高了劳动生产率和产品质量。2017 年，崔蕴携发明“一种液体控量节流装置”参加德国纽伦堡国际发明展，获得银奖。

因技术精湛，崔蕴多次被委派代表中方与国外技术人员合作发射铱星。在发射铱星的八发火箭靶场操作过程中，他一直担任星箭对接中美联合操作中方指挥，他自己编写了吊装、对接、测量和测试操作流程，圆满地完成了任务。美方在评价时说：“中国、美国和俄罗斯三方发射铱星，中国的对接操作技术是第一流的，用时也是最短的！”崔蕴为我国航天人争得了荣誉！

运载火箭三级箱体为共底蜂窝结构，需要对共底管路进行氦质谱检漏的工作，原工艺方案为先充氦气，再用压缩空气充至一个绝压后检漏，该方案氦气在共底内很难混合均匀，同时因每个共底容积各不相同，所以氦气的浓度也无法准确计量，数据可靠性低，工作时间长。崔蕴经过反复研究试验后改良操作方案，采用了一个工艺气瓶，在工艺气瓶内将氦气、压缩空气混合均匀后，再充入共底，保证了检测点在氦检漏仪上显示数据的真实准确性，极大提高了劳动生产率，经数十发火箭的装配证明，此操作方法相当成功。

“长征七号”是我国新一代的运载火箭，它的氧化剂是液氧，所以相关设计人员在设计循环预冷试验储箱时，所有连接法兰的密封圈采用传统火箭液氧箱的密封形式，在进行试验箱装配过程中，崔蕴通过长征七号火箭动力系统学习，发现经发动机加温后的储箱增压氦气温度远远高于铟丝密封圈的溶解温度，后经型号两总决定，改变密封形式，重新研制密封圈，避免了一次在试验过程中因密封圈失效，液氧泄露的灾难性事故。

在“长征五号”试验阶段，崔蕴引入了大部段自动对接设备。国内现役运载火箭的总装全部沿用传统的“目视、人喊、手工推”的操作方式。长征五号运载火箭直径达 5 米，最大部段质量达 5 吨，传统操作方式很难保证装配精度。崔蕴凭借箭体六个自由度在手动调姿工艺中的拆分经验，确定了“先调角度、再调位置、最后对接”的工艺方法，并将其固化为数字化调姿对接程序，全面提升了运载火箭总装过程中的测量精度、对接精度和对接质量。更重要的是，这项技术实现了航天领域大部段对接装配由“手动模式”向“自动模式”的转变，开创了自动化对接的先河。

传工匠劳模精神，打造航天铁军团队

劳动者最美，劳模精神代代传。2006 年以后，以“长征五号”“长征七号”为代表的燃料更环保、推力更大、设计理念更先进的新一代运载火箭相继立项，生产总装地点选在了天津滨海新区。全新的火箭、全新的队伍、全新的厂房……一切都是新的，如同白纸一样，生产总装团队急需一位经验丰富的“老马”带路。公司领导对崔蕴说：“爱动脑、善思考，技艺超群，技能、管理、工艺、调度都在行，新一代运载火箭总体装配带头人，非你老崔莫属！”

“长征五号”“长征七号”任务经常交替甚至叠加。忙的时候，必须依靠高强度的工作节奏，来保证总装进度。最忙的时候，常常工作到凌晨才下班，如果任务需要，就在零点后继续加班。这么高的工作强度，持续了2个月。这些总装员工只有20多岁，和崔蕴的孩子差不多大。但产品交付的节点不容更改，必须按时完成总装。搞航天的都知道这么一句行话，叫：“后墙不倒！”这后墙指的就是总装团队，无论多难，都要按时间节点交付产品。那时，崔蕴每天早晨第一个来到单位，最晚一个离开。他说：“有我这个半大老头子带头往前冲，孩子们也都拼了。”正是这样，崔蕴和他的团队创下了一个个佳绩：用“树型尾段总装工作平台方案”“滑轮组提拉芯一级方案”……一个又一个总装方案的提出，解决了从内部管路气密试验到外部芯级箭体装配的一个个总装难题。崔蕴和他的团队成功地扛起了新一代运载火箭的总装大旗，护卫着一发发新型火箭直入苍穹。

火箭总体装配和测试工作是一个庞大的系统工程，只有把手上的工作做到极致，才能最终成功造出火箭。崔蕴深知这个道理。在崔蕴看来，新一代运载火箭的总装总测工作要有更高的标准。他一方面立足几十年的总装总测工作经验建立起一套严格的新工作标准，另一方面也肩负起了带队伍、带技术的责任。高标准体现在对员工的要求上。崔蕴的徒弟张琳卿说："我工作 8 年了，一发火箭差不多 10 本工作日志，记到现在有一百多本。师傅经常检查笔记，如果他觉得你是对付的，可真是'翻脸不认人'。"对此，崔蕴严肃地说道："火箭总体装配这个行业犯不得错，一旦有失误的话，不仅给国家带来财产损失，还要付出生命的代价。"

崔蕴对徒弟严格，对自己更狠。"长征五号""长征七号"任务经常交替甚至叠加。高强度的工作节奏，车间很多年轻员工都扛不住。可崔蕴总是坚持做到每天最早来到单位，最晚一个离开。为同时保障两个型号火箭研制进展，崔蕴从海南飞抵天津后，又匆匆乘车来到北京。连续高强度工作 1 个多月，抵不住过度劳累，他满脸涨红地瘫坐在工作间的座椅上。但极度虚弱的他在坚持交代完工作后，才肯回家休息。"可没过两天，他就又赶来上班了。"崔蕴的徒弟王璐心疼地说。还有一次，团队要对长征五号火箭管路总体做气密试验检查。受高质量的气源限制，车间必须用氮气来检查。试验需要经过皂泡涂抹、酒精清理、充气检查等多个阶段，历时时间长，涉及管路多，氮气大量吸入还会引起缺氧窒息，崔蕴放心不下。最终，他和团队成员们一起在岗位上连续坚守了近36个小时，直到气密试验合格的最后一刻才休息。

在繁重的型号总装测试工作之余，依托“崔蕴国家级技能大师工作室”，崔蕴进行了多项技术创新和技术改进。

为了敦促员工不断学习，勇于争先，在工作室的组织管理上，崔蕴决定不走寻常路，摒弃固定成员的管理方式，采用末位淘汰制。工作室定期举行员工培训，不定期地进行理论及实操等多方面考核，工作室人员以此进行轮换，激励员工不断学习专业技能。崔蕴组织制作总装技能应知应会多媒体教材，坚持在生产一线中做好技术、技能的传、帮、带作用，针对总装车间技能人员队伍年轻的情况，他由浅入深、手把手地教授他们正确的装配操作方法和操作技能，数十次在车间进行火箭（导弹）的工作原理及各系统与装配操作的关系等讲座，力主将个人高超的技艺转化为航天事业集体财富。新一代两型运载火箭结构、整流罩合罩等一系列内容，他都毫无保留地教给了这群孩子们。他向年轻人分享经验，不藏私、有耐心，崔蕴曾多次说过，要尽自己的最大努力将这些孩子们培养成为一批合格的航天人。他不仅在平时做好技术上的“传帮带”，还特别重视青年人的思想工作，定期组织大家学习党章，积极发展新同志入党。新一代两型火箭进展取得阶段性突破或成功，大家都欢天喜地时，他却不忘提醒大家，新航天之路艰辛且漫长，不能因为一次两次的成功就沾沾自喜，飘飘然地觉得这项工作很容易，要严肃认真地对待产品，航天容不得半点马虎。当研制过程出现困难时，他一边积极找寻解决方案，一边也不忘给这些孩子们打气，让大家不要灰心丧气，他说：“我们此时走过的是一片未知的领域，我们是新一代运载火箭事业的拓荒者，能够发现问题说明我们还有很大的进步空间。”

在崔蕴看来，新一代运载火箭有新的标准，而他的工作就是打造这样的新标准，通过提前预想、精细组织和落实，让“高标准”潜移默化地融入总装工作各个环节。在崔蕴看来，火箭总装犯不得错，一旦失误，不仅给国家带来财产损失，同时也可能付出生命的代价。高标准是对火箭负责，也是对员工的火箭总装生涯负责。

在崔蕴的传、帮、带下，一大批有能力、有朝气的青年技术、技能骨干脱颖而出。现在，崔蕴所带领的这支163人、平均年龄还不足31岁的青年团队已“打磨成型”，圆满完成了多次新型号的首飞任务以及探月工程、火星探测、空间站建设等国家重大宇航任务，先后获全国五四红旗团支部、中国青年五四集体奖章等荣誉，1人被评为“全国三八红旗手”，2人成为“全国技术能手”，3人成为高级技师，1人成为“航天技术能手”，确保航天事业后继有人、基业长青。

崔蕴的付出取得了成效，更让人欣喜的是，当年青涩的航天新人也正成长为团队的骨干。崔蕴曾经许诺过，退休后要带老伴去游览祖国的大好河山。但大家都明白，现在崔蕴还休息不了，航天事业还需要他去奉献一份力量，即使有一天老得干不动了，崔蕴的心也会和火箭在一起。

促人才建设培养，薪火相传桃李满园

崔蕴主张采用师带徒、传帮教、专题培训、理论授课、经验交流等多种形式，充分发挥工作室平台作用，先后培养高级工33人、中级工34人，工作室成员以“数字化对接绝技”“超静捆绑绝技”“全箭低温总装绝技”等绝技绝招为牵引，学习涵盖火箭箭体总装总测的全部方面，成为新一代运载火箭总装生产的中坚力量。其中，工作室成员多次荣获年度中国运载火箭技术研究院院级突出贡献团队、突出贡献个人、厂级突出贡献技能人员等称号。

在崔蕴的带领下，总装车间人员培养成果显著，为新型火箭提供了总装总测能力支撑。目前总装车间具备中级工及以上职业资格的人员占比99%。同时，为有效积累组织经验和知识，总装车间编制了应知应会视频，建立了车间内训师队伍，编制了《总装总测岗位基础培训教材》《技能人员岗前培训教材》《应知应会教材》《职业技能鉴定培训教材》《装配工标准化操作手册》《崔蕴技能大师工作室系列培训教材》等一系列培训教材，其中《崔蕴技能大师工作室系列培训教材》是目前航天领域唯一一套关于新一代运载火箭专业技术知识的集成教材，涉及总装管路系统安装、仪器、电缆安装、部段对接、吊装、气密试验及氦质谱检漏等四十余个专题，涵盖了新一代运载火箭总装所需的系统工作原理、装配知识和操作技能。

总装测试车间以崔蕴国家级技能大师工作室为平台，推选出30名优秀员工进入工作室，成为正式成员，进行深度培养，定期以技术难题会诊、关键课题分析、技师讲堂等形式，重点解决型号研制生产过程中的技术难点。此外，工作室面向车间全体员工组织了一系列的培训课程，培训旨在提高车间全体员工的理论水平和质量意识，增强责任感，提升危机意识，并进行质量预防，从而有效地杜绝低级质量问题的发生。

崔蕴本着因材施教的教学理念，开展了单人 PK、主题 PK、组长接招、班组对决等各式各样的竞赛活动，很好地激发了员工的学习热情。例如“组长接招”活动，崔蕴作为监考员，而不再作为出题者，由对阵双方班组长针对对方弱点直接出题，互较高低，工艺打分，组员旁听、学习，营造了很好的比赛氛围，取得了突出效果。

工作室成员依托工作室的培训基地，大力培养技术骨干，其中超过 60% 的核心成员参与了带徒传技工作，截至目前，已为本单位培养出 20 多名技术骨干和操作人员。

崔蕴给自己的使命就是将工作室自有技术和高技能人才的理念推广至院、集团等行业领域单位。通过培训，工作室人员积极参与技能人员的培训工作，为提升装配工、测试工的理论水平及实际操作水平，积极举办和参与技能培训活动，编撰教材、讲授理论、实景演示、传授技巧。崔蕴从刚开始组织理论基础培训和质量培训两个系列的培训项目，到后来的基础理论培训、钳工知识、工作室内部交流等系列培训，再到后来的极性培训、关键操作工序应知应会视频录制及编制、易错难操作典型案例编写、专业基础知识培训等。

在总装车间的人才培养方面，崔蕴主要主张围绕“四个层次、两个基本点、一个中心”开展工作。“四个层次”即公司级培训、业务部门培训、基层培训、取证培训；“两个基本点”即两种核心手段：师徒制和一岗多能培养；“一个中心”即以崔蕴技能大师工作室为中心。

第一个层次是公司级培训。根据公司型号任务需求和发展需要开展的培训工作，此类培训的特点是面向总体、系统集成性强。内容包括中国运载火箭发展史、中国运载火箭发射史总结、运载火箭基础知识、两型运载火箭设计原理、液氧煤油发动机工作原理、型号技术与型号工艺管理、系统原理、运载火箭通用工艺规程等课程体系。如针对车间人员年轻、工作经验不足的现状，举办了“大师讲堂”系列培训，由崔蕴就生产过程中遇到的具有代表性的案例进行深入剖析，对技能人员的实际操作进行指导，对技术人员的疑问进行解答，加速了车间人才的成长，提升了其岗位胜任能力。

第二个层次是业务部门培训。此类培训的特点是专业性、针对性强，专注于现场技能提升及后续型号任务储备，包括现场技能培训和现场管理要求及工具培训。对于此层次的培训，崔蕴主张分两个维度：一是现场技能类，课程体系包含运载火箭各部段装配基础知识、装配注意事项、低温运载火箭总装技术、总装三维模型识图技能、测试岗位专业知识、测试数据判读、靶场总装总测工作流程、应知应会等，培养方式主体为课程讲授、师带徒、到211厂生产一线实践学习、专家指导；二是现场管理要求及工具培训，现场管理要求培训内容涵盖现场操作规范、质量管理、安全、保密、设备管理等各个方面。

第三个层次是基层培训。这是车间针对员工知识结构和职业生涯发展中的关键环节和薄弱环节，以及现场生产过程中遇到的临时疑难点、关键点而开展的培训。此部分培训主要与员工的日常操作点及能力提升相关，培训方式主要是包括实操指导、专题讲座、OPL分享和网络学习平台。其中网络学习平台是公司通过实际调研与时代光华教育集团合作成立的自主学习平台，主要利用网络直播课程、同步讲座及学习转化、在线辅导等形式，突破传统学习模式在时空方面的限制，不断拓展员工自我学习、自我成长的途径。

第四个层次是取证培训。崔蕴认为，取证培训主要包含两个方面：一是针对从事影响产品质量工作的关键过程和关键工序而开展的持证上岗培训；二是为鼓励现场员工一专多能而开展的培训。公司以培训课程共享、教学资源共享、组织多工种职业技能培训、参加职业技能大赛、社会取证等方式，提高现场多能工比例，助力员工能力提升。

总装测试车间的主要工作包括装配和测试两大类，为培养员工的一专多能，装配测试工轮流进行装配和测试工作，另外要求总装工艺和测试工艺定期进行轮岗学习，使员工能掌握不同的岗位技能，提高对不同岗位的胜任能力。为使员工掌握上游产品的生产制造技术，车间在不影响生产的前提下，不定期组织员工去上游车间进行学习，全面提升了员工的综合技能水平和知识储备。

工作感悟

1990 年 7 月 16 日，“长二捆”将外星送入预定轨道，发射圆满成功。那一天，崔蕴拖着氧气瓶，爬到了医院楼顶，聆听着“长二捆”腾飞的轰鸣声，百感交集，他说：“既然在抢险中死里逃生，就用我的余生来守护长征火箭、守护航天事业吧。”

回想当年参加“嫦娥一号”发射任务，崔蕴感慨道：“那是我国探月工程的第一个月球探测器，当时我还只是一名操作人员，没想到在短短十几年的时间里，我们就实现了探月工程‘绕、落、回’三步走战略，而我有幸带领一支年轻的队伍圆满完成了‘嫦娥五号’发射任务，这也是我与航天特别的缘分。”崔蕴这样道出自己的工作感受：“我真心地特别喜欢火箭的总装测试，没法用语言来形容这个痴迷程度，真是特别喜欢这个。”

崔蕴在接受中央电视台采访时说：“我们航天火箭总装人有一条别人没有的行话，叫‘后墙不倒’，什么是‘后墙’，就是火箭出厂的时间节点必须守住。”

在被授予“全国劳动模范”之后，崔蕴却很淡然。现在他的责任更加重大，要将劳模精神、工匠精神传承下去，培养和带领一支作风严谨、专业素质过硬的年轻队伍，还要和年轻人一起把中国未来的火箭梦变成现实。

现如今，崔蕴的徒弟已经在两新型火箭的计划调度岗、装配工、装配组长等岗位发挥着重要作用。崔蕴所带领的年轻团队，出色地完成了各项预研总装及试验项目，成为人才快速培育的孵化器，为我国新一代火箭的总装工作培养新一代具有高技能的火箭装配工，奠定了扎实的基础。

从一名普通火箭装配工，到国家级技能大师，崔蕴感慨良多。

“既然干，就要把这份工作干好、干到极致。”崔蕴告诉记者，“作为一名中国航天人，既要有为国奉献的精神，更要有在一个岗位上持之以恒、潜心钻研、默默耕耘的情怀。”

从事火箭制造30多年来，崔蕴参与了长征七号、长征五号运载火箭等数十种型号火箭的总装工作。铜、铝、碳钢、不锈钢……运载火箭的零部件多达十几万个，在火箭总装的过程中，从构造参数到作用原理，这些不同材质、不同型号的零件装配得是否合格，崔蕴都了如指掌。“我的岗位叫作火箭总体装配工，除了常规的装配以外，每天的工作其实也是一个不断创新的过程。航天产业是一个高新技术产业，很多最新的技术和材料都要应用于火箭的生产中，因此，我们要不断学习、不断创新，才能不被时代淘汰。”崔蕴说。

崔蕴对于火箭装配制造的痴迷程度无人能比，熟悉他的人都说他就是为火箭而生。近五年来，他带领团队完成300余项技术改革，独创火箭总装总测工作技艺及流程方法，有效支撑了火箭短短几百秒生命周期的安全飞行。崔蕴告诉记者：“我现在带领的这个装配团队，大部分都是朝气蓬勃的年轻人。让航天精神和操作技艺薪火相传是我义不容辞的责任。”

“孩子们”，素来以严厉著称的崔蕴，这样称呼团队的其他成员。他带领的总装团队，是一支年轻的队伍，平均年龄不足31岁。

“咱们的长征五号、长征七号运载火箭，就是这帮刚毕业的学生装出来的。”崔蕴说，这支队伍成长得很快。

新一代运载火箭总装难度大、工作量大，刚从学校毕业的“孩子们”无一人有过总装火箭的经验，甚至连实际操作经验也是非常有限的。“用生命造火箭”的崔蕴手把手地教“孩子们”，细致到怎么拿扳手、拧螺丝、用钳子，每一项操作都必须严格遵守规矩。

穿着白大褂的崔蕴，口袋里有“六件宝”：老花镜、手电筒、卷尺、放大镜、望远镜和激光笔，都是用来严格地检查和指导徒弟们工作的。他走路的时候，衣兜里丁零当啷响，徒弟们远远地就知道师傅来了。

刚接触崔蕴的人可能觉得他有点怪，他布置任务有自己的一套准则：“你越没怎么干过，我越要让你干。”在他的碎碎念和呵斥声中，年轻人快速适应了新一代运载火箭紧张的研制节奏，并将总装、测试工作全部承担起来。难能可贵的是，长征五号遥一火箭运抵海南文昌发射场后，开箱合格率为100%，这对于一型新型号来说，实属不易。

崔蕴深知，干火箭总装交不起学费，尤其是新一代运载火箭，更容不得有丝毫闪失。所以，他想用自己的严厉，让所有人对火箭负责，也对自己负责，“不用为得过且过而后悔，不用为疏忽而痛心，甚至不让他们去送命。”

可是严厉的崔蕴心里无时无刻不在关心着“孩子们”，每当有危险的时候，他总是亲自上阵。有一批产品，要用角磨机锉修，“他们谁用过呀，万一砂轮碎了打到头上，能死人”，于是，崔蕴自己干了一天。

在文昌发射场执行首飞任务期间，总装团队内部整改了 60 多项上不了正式归零报告的问题，甚至连没系安全带都要归零，高标准融入了这个团队的灵魂里。

为了把工作干到极致，崔蕴还创新了很多管理办法。比如每次装配前校验力矩扳手，保证螺钉拧紧力矩 100% 合格；比如定点定位，有效避免贮箱气密试验时不同点位过滤器混合使用造成的污染扩散危害。像这样的例子还有很多。

在发射场，每天最早到岗；班前班后会，雷打不动；只要上岗，必须挎着工具袋，“不然和上战场不带枪有什么区别”；打一仗，就要前进一步……

这么多细致的要求，目标只有一个：严抓作风。学好三年，学坏三天，崔蕴说，不严抓，几天之内，可能作风就会变坏。

在他看来，每支队伍从建立之初形成的作风，决定了队伍今后的面貌，“将来都是他们干，年轻人要接航天的班，现在不严不行。”

新一代运载火箭总装团队吸收了前人积累的管理经验，又在此基础上加了很多新内容，崔蕴逐条细化车间各项工作，拉条挂账，要求员工签字确认，从制度上形成有力的约束，培养大家严谨的工作作风。他们也时刻注意学习国内同行的长处，再结合自己的实际加以运用。

严字当头，队伍作风、装配方法、管理制度渐渐形成。

“只有把 5 米直径火箭的总装方式方法掌握好了，将来才能攀登更高的山峰，中国航天的未来就看他们了。”崔蕴微微眯起双眼，似乎已经看到了那一天，“到时候我肯定干不动了，但我可以拄着拐棍儿看着他们干。”

撰稿：张北军、温馨、徐洁、曹宇清

机床为伴技艺绝　巾帼何曾让须眉

——山西航天清华装备有限责任公司二车间数控铣工韩利萍

人物简介

韩利萍，女，汉族，1971 年 12 月出生，山西长治人，中共党员，航天特级技师，山西航天清华装备有限责任公司二车间数控铣工，任全国示范性劳模和工匠人才创新工作室、韩利萍国家级技能大师工作室带头人，全国妇联第十二届、第十三届执委，一院首席技能专家。

韩利萍 1991 年 4 月参加工作，是党的十九大、二十大代表，全国劳动模范，先后荣获中华技能大奖、全国五一劳动奖章、“全国三八红旗手标兵”“全国技术能手”“全国五一巾帼标兵”“全国三八红旗手”“中国质量工匠”等荣誉，享受国务院政府特殊津贴，被誉为火箭发射平台的“微雕师”。

韩利萍是公司高技能人才的杰出代表。她信念坚定，有志有恒，坚守生产一线30余年，精通多种数控系统和CAM软件的多轴数控编程和操作，擅长复杂曲面、弱刚性薄壁零件和异形零件的精加工。带领团队实现五轴机床后置开发和程序清单自主开发，先后攻克多种重点国防装备和新一代大运载火箭发射平台数控加工瓶颈。她精益求精、追求极致，攻克长征七号发射平台阀体类零件多孔系累积误差大、公差边界小的难题，一次交验合格率达到100%，确保了新一代大运载火箭完美飞天，为我国圆满完成空间实验室任务奠定了坚实基础。

以她名字命名的“韩利萍国家级技能大师工作室”，聚焦科研生产瓶颈问题集智攻关，在锻造铝合金薄壁复杂零件加工、沉淀硬化型不锈钢材料加工、数控高速铣削等方面形成了较强的技术优势，完成了以《异形曲面零件高效加工》《多级推杆加工变形控制》和《沉淀硬化不锈钢刀具失效分析及切削参数优化》为代表的500余项创新攻关成果，累积创效6000多万元，获得专利17项，带出了一支技术过硬的数控加工队伍，用集体智慧和汗水不断创造着奇迹，稳稳地托举着神舟载人飞船、嫦娥探测器、北斗导航卫星、天舟货运飞船完美飞天，为实现航天梦、强军梦、中国梦作出了突出贡献。

工匠故事

2020年11月24日，韩利萍被评为“全国劳动模范”，习近平总书记在人民大会堂举行的全国劳动模范和先进工作者表彰大会上发表了重要讲话，号召中国工人阶级和广大劳动群众要发扬优良传统，承担历史使命，把党和国家确定的奋斗目标作为自己的人生目标，以民族复兴为己任，自觉把人生理想、家庭幸福融入国家富强、民族复兴的伟业之中，做新时代的追梦人。

每一项伟大事业，都凝结着无数人默默的付出与努力，我们从事的航天事业之所以能取得巨大成就，凝结着一代又一代航天人数十年如一日的艰辛奋斗和默默奉献。作为一名航天人，能够将个人梦想融入实现中华民族伟大复兴的事业之中，成为中国建设与发展中不可或缺的一支重要力量。这是一个伟大的时代，我们既是见证者、受益者，也是参与者、推动者。

梦想开始的地方

山西航天清华装备有限责任公司，始建于 1965 年 8 月 1 日，位于山西省长治市，在太行之巅上的革命老区，公司前身为黄崖洞兵工厂（抗日战争时期华北敌后八路军最大的兵工厂），是我国第一个航天地面设备制造的军工企业，生产的运载火箭系列发射平台，分布于西昌、酒泉、太原、文昌四大发射中心，成功托举着长征系列运载火箭的一次次飞天。

韩利萍出生在一个航天工人家庭，从小就在厂区家属院中长大，在子弟学校的课堂上，老师们常常会给同学们讲起工厂的事情和航天的故事，也就是在那时，韩利萍开始知道了钱学森，知道了我们国家白手起家、自力更生，造出中国第一颗原子弹、第一枚导弹、第一颗人造地球卫星的故事，也深深为自己是航天子弟而感到骄傲和自豪。

20 世纪 90 年代初，公司正在进行“长二捆”发射平台的研制。在那段艰苦的岁月里，工厂数千名职工发扬航天精神，用最普通而简陋的设备，研制出了最先进而精密的发射设备。

1990 年 1 月 3 日，数九寒天，室外滴水成冰，然而上框架滚道淬火现场却灯火通明，庞大的工装缓缓转动，感应器发着幽幽的火光和均匀的响声。60 多吨、滚道直径十余米的大型重部件淬火在紧张地运行着，直接掌握感应器头的龙宜章老师傅的毛衣都被汗水湿透了，从晚上 8 点开始淬火作业一直到夜里 12 点，上框架淬火一次成功，在场的职工幸福地欢呼跳跃……

上框架滚道淬火一次成功，填补了国内超大型柔性滚道淬火的技术空白。航空航天部副部长刘纪原激动地握着工人师傅的手，连连说："奇迹！奇迹！人间奇迹呀！"是的，工厂创造这项奇迹的背景是在既无技术资料、又无国内先例可借鉴的情况下，刻苦攻关，先后进行了 12 组大小试验件的上千次工艺试验，终于摸索出了一套最佳的淬火工艺参数，确保了一次成功。随后，"长二捆"发射台基座也于 2 月 5 日淬火成功。3 月 5 日，这是公司职工难忘的一天。26 节车皮组成的"长二捆"发射台专列，在职工的欢腾声中缓缓启动了，时任副厂长的吴海生，带领安装调试队，随专列一道前往西昌卫星发射中心。

"长二捆"火箭发射平台的成功研制，是公司建立以来拼搏攻关夺取胜利最严峻的一仗。工厂几千名员工身上像"长二捆"一样，紧紧地捆绑着国家使命、民族尊严，捆绑着政治风险和经济风险。公司职工发挥了巨大的智慧、才能、力量，打赢了"长二捆"火箭发射台的攻坚战。在研制过程中，他们以强烈的进取心，把责任和担当扛在肩头，以工匠精神挑战极限，积淀了深厚的航天精神。

韩利萍在课堂上、在大院里、在广播里每每听到这些消息，都对工厂充满了神秘的向往。当时，正是中国航天加速发展的时期。自幼耳濡目染的航天故事触动着她，前辈们炉火纯青的操作技能和勇于奉献的精神鼓舞着她。

下笨功夫学技术

踏着父辈的足迹，1991 年韩利萍高中毕业后进厂当了一名铣工，至此她成为一名航天人。

20 世纪 90 年代，正是中国航天探索奥秘、加速发展的时期。进厂第一天，“当好铣工，可不是一朝一夕的功夫，需要日积月累，久久为功。”她的师傅老劳模张建国这样叮嘱她。她谨遵师傅的教诲，努力着、奋进着。在她心中，师傅就是自己的榜样，技艺精湛、担当奉献，成为她对共产党员的最初认知，深入心底。

想要这个笨重的铣床“听话”，可真不容易！夏天，车间里没有空调。机器马达一开，铣刀高速旋转产生的热量，温度再高都得穿劳保鞋、扎好领口袖口，女同志还得把头发盘进帽子里，热得几乎每天都像蒸“桑拿”。冬天，按照操作规定，天气再冷也不能戴手套。暖和的手每每一碰到冷冰冰的机器，就会感到钻心得寒。甚至在加工时，金属碎屑会不时飞离高速旋转的铣刀，一个躲闪不及，就会溅到脸上、脖子上，烫出一个个小泡……

这些都还不是最困难的！

师傅要求严，韩利萍是基础最差的徒弟，由于没有上过技校受过正规训练，甚至连图纸都看不懂，吃过不少苦头，也哭过不少鼻子。韩利萍团队生产的航天产品零部件，精度要求非常高，很小的误差，都可能造成重大的失败。而一些重点研制生产项目时间进度非常紧张，从任务下达到完成，给班组的生产周期就是短短几天。记得有一次，韩利萍把一个工件加工报废了，师傅气呼呼地拿起工件就摔到了车间的走道上，周围工友诧异的眼神看了过来，韩利萍一下子成了焦点，看着地上那个工件，她是去捡还是不捡，狼狈极了，真恨不得地上有个缝钻进去，眼泪一下子就掉了下来，太丢人了！

那晚回家，韩利萍一边做饭一边心有不甘地想着那个工件，想着想着，手中的菜刀就在土豆上比画，切成了一个土豆工件，随着变成工件的土豆越来越多，她终于搞懂了加工零件时所犯下的错误出在哪里……后来她家的餐桌上每天就多了一道这样奇怪的菜，有的是土豆阀体，有的是土豆弧面，有的是土豆阶梯孔……虽然这些形状怪异的菜肴并不可口，老被家里人吐槽“炒得半生不熟”，但就是靠着餐桌上的笨功夫，她的专业技能往前迈了一大步。师傅这一摔，摔丢了她的面子，也摔醒了韩利萍，要想弥补差距，就必须得下苦功夫。

后来的好几年，韩利萍借来专业书籍逐字逐句学习机械制图、铣工工艺、热处理等专业知识，不懂就向师傅和工友们请教。为了把倒角刀和内外 R 刀磨标准，韩利萍捡来报废的刀具去砂轮上一遍遍练习磨削角度，手经常被磨破，钻心得疼，但是顾不了那么多，就用棉纱一缠继续去磨。铣工还得掌握一项技能，那就是加工圆弧，操作时，一个坐标轴打自动挡，另一个坐标轴就得靠手柄同步跟进，高手一两次就能完成，韩利萍这个新手都得重复多次，为了进刀稳定，一次姿势得匀速保持十几分钟，师傅告诉韩利萍，练习稳定的手感没有诀窍，就是要几十次上百次地练，就像乒乓球运动员一样，需要练成肌肉记忆。

在车间里，韩利萍渐渐懂得了“细节决定成败”在航天领域的重要性，“航天质量是政治、是生命、是效益”。师傅们经常告诫徒弟，航天是一个庞大而复杂的系统，哪怕是一颗小螺丝钉、一滴胶水……都可能导致任务的失败。这些细微的疏忽，都可能让我们付出惨痛的代价。

“颗颗螺钉连着航天事业，小小按钮维系民族尊严”。有时一个人的某次漫不经心，不仅关系个人前途，而且事关厂所荣辱，甚至是战士的生命。在师傅的言传身教下，韩利萍将“严慎细实”的观念融入血液，苦练技能，学到了师傅很多的绝招绝技，也摸索出了自己一套成熟的经验，技能水平也逐渐得到了大家的认可。

初识数控潜心专研

最初 10 年的铣工经历为韩利萍日后的技术创新打下了坚实基础。1999 年年底，随着航天制造业数字化制造技术的实行，公司引进了第一台数控铣床。那一年，韩利萍已经快 30 岁了，女儿刚 4 岁，是退到辅助岗位照顾家庭为主，还是留在生产一线岗位成为第一批吃数控编程操作这个“螃蟹”的人，几番犹豫，韩利萍选择了后者，在这个未知的领域，起步的艰难程度可想而知。

一开始学的时候，什么也不懂，处处都是拦路虎，那确实是韩利萍职业生涯中最大的一次挑战。数控铣床可实现多工序合并加工，在这之前，韩利萍积累了近十年的普通铣床的操作经验只是其中一部分，一切都得从头来，就连看图纸这一项都不知道复杂了多少倍。操作时不仅仅需要铣削技能，还需要会钻削镗削，更重要的是需要掌握整体工艺能力，有的产品从毛坯到成品需要一个工序整体完成。

在那个年代，应用数控机床在国内还属于起步阶段，在长治想找一本专业的教材都很困难。当时有个同事托人从北京买来一本大隈系统编程书，这可是个稀缺宝贝呀！白天大家都要用，晚上韩利萍就借回家里，硬是将这本250多页的书一字不落地抄了下来。从此这个手抄本就成了韩利萍的“导师”。从一开始生搬硬套、照猫画虎，到反复的实际操作，直至最后的融会贯通，那个本子都给翻烂了；从逐字逐句写指令代码到宏程序应用再到系统变量开发，数控加工技术的“神秘面纱”被韩利萍一层一层地揭开了。

作为首批数控操作工，韩利萍先后学习掌握了FANUC、大隈、SIEMENS和海德汉等多种数控系统编程操作，以及CAXA和UG软件编程应用技术，从操作三轴、四轴到五轴机床，理论学习加上实践不断验证，让韩利萍从一无所知的数控“菜鸟”逐渐成长为一名精通操作、编程和工艺的复合型高技能人才。

随着数控能力的提升，她和班组成员应用编程软件实现了大型铝锻件本体工艺攻关，该产品型面由多种复合曲面组成，且深型腔结构较多，尺寸精度和形位公差要求高，加工难度大。以往需要三十几道工序，受人为因素影响一次交验合格率很难保证。历时两个多月攻关，团队完成26个关键控制要素创新攻关，是工厂首次探索大型复杂铝锻件CAM软件编程的成功案例，具有里程碑的意义，后续该产品实现了18个批次一次交验合格率100%的佳绩。

某产品发射平台减速器零件针齿壳在290毫米圆周上分布30个11（0，+0.018）毫米的孔，工艺要求相邻孔距差不大于0.05毫米，孔圆柱度为0.008毫米，孔深是孔径的10倍，以往加工瓶颈是螺旋铰刀退刀时，缠绕在刀肩部分的团状铁屑会划伤上部分孔的表面，造成孔内表面拉伤。随着铰刀导向部分的磨损升级，孔口部分超差现象严重。针对以上问题，韩利萍优化工艺，设计翻转工装，上下部位分段加工，精准定位，半精加工铣刀修正、渐进式刀具补偿加工方式，有效确保了加工精度。

生产经验的积累、技术的成熟，都需要在实操的过程中不断验证，没有捷径，只有踏踏实实做好每一步，举一反三，才能融会贯通，不断进步。在班组，韩利萍时常和大家分享一组公式：“1.01 和 0.99 法则”。

$$1^{365}=1,\ 1.01^{365}=37.8,\ 0.99^{365}=0.03$$

这个法则告诉我们每天选择进步 0.01，365 天后会获得 37.8 倍的回报，远远大于 1。差别不大的 0.01 不可小觑，微小的勤奋只要坚持下去也会成就非凡，微小的惰性日积月累亦会带来巨大的失败。

用韩利萍的师傅张建国的话来说，在所有的徒弟中，韩利萍是基础最差的，就是靠着这每天进步 0.01，才让韩利萍在这一行渐渐崭露头角。一个人一生中能够完成的事情很有限，只有专注才能够让自己变得足够优秀！

勇于攻关破难题

2005 年 5 月 20 日，是韩利萍人生中值得铭记的日子。这一天，她光荣地成为一名中国共产党员。回望来时路，她的努力终于得到了党组织的认可。韩利萍永远记得，在黄崖洞兵工厂旧址举起右手庄严宣誓时，自己的内心曾多么激动。这也鼓舞着她在日后的科研生产任务中越战越勇。

爱党，就要把感情融入行动。2005 年，某重点产品任务研制生产进入了攻坚阶段。厂里任务激增，韩利萍更忙碌了，早上 7 点进厂，晚上 10 点回家，披星戴月。遇到难题抢着干，积极参加劳动竞赛，她临危受命成为新组建的 204 数控铣班组的组长，更是一次次冲锋在前。在多种型号产品中，有一块硬骨头就是导滑轨，此任务下达后要求年内交付量用户数倍产量，该产品在初样、试样阶段，加工 1 批次就用了近三个月，按照这个进度，想要完成任务几乎是不可能的。

任务就是命令，现场如同战场。面对挑战，别无选择。班组面临重重困难，不仅要攻克零件材料难加工瓶颈，还要控制零件的变形、解决形状复杂编程烦琐等一系列的问题，最主要的是它的喇叭口部分由 3 个空间相交的斜面组成。通常这种零件应该在五轴联动机床上加工。购买一台五轴机床大约需 400 多万元，当时班组还没有这种机床。如何应用现有的三轴机床功能，完成这个复合空间型面的加工难题，摆在了班组面前。

韩利萍全身心投入生产，动手设计制作了专用的工装夹具，配合主轴的旋转功能，完成了第一步——解决了复合角度组合和零件的装夹问题；接着他们应用软件将刀具补偿值直接纳入空间坐标点计算中，完成了第二步——解决了三轴机床主轴旋转后因为没有刀尖跟随功能，不能带刀补问题；后来应用宏程序编制变量程序，完成了第三步——解决了复合型面加工余量的分层切削问题。

那些日子里，韩利萍带领团队从关键工序突破瓶颈，通过工装改进、刀具参数优化和大量程序验证，一个个工艺思路通过一次次试切试验变成了可行性工艺方案。每天“早七晚十”、没有节假日，常常为了一个角度的调整、一个尺寸的变形控制、一个程序的最佳轨迹的优化改进而通宵达旦。

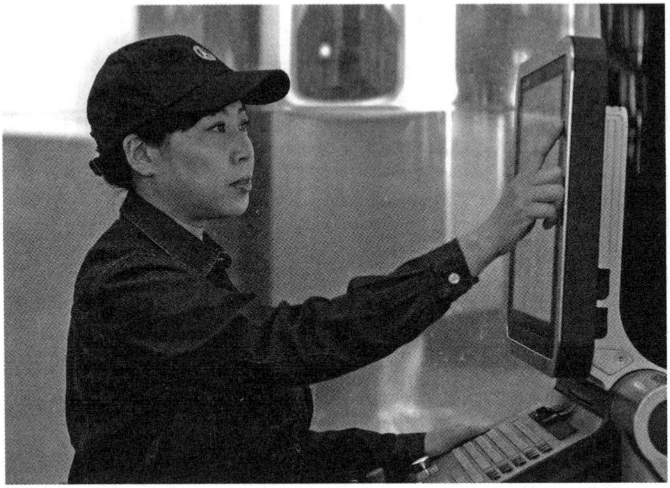

喇叭口操作三步法，有效破解了这一瓶颈，竟然在三轴机床上实现了五轴机床的加工功能，更重要的是，为后续该系列产品多种类似零件的加工提供了宝贵的成功经验。薄板零件变形控制、程序补偿法、“高转速、小切深、大进给”的高速切削理念融入生产。当月的生产能力就提升到月产三倍产量，创造了年产数十倍产量的奇迹，为提前交付用户奠定了坚实的基础。班组充分发挥了团队作战优势。

那段时间，韩利萍在单位里忙得焦头烂额，与此同时女儿得了水痘，满身满脸的都是水泡，持续高烧不退，白天晚上都离不开人看护，怎么办？她的爱人在发射基地出差不能回来，一边是生着病要妈妈陪的孩子，一边是车间一个接一个的电话，看着左右为难的她，她的妈妈叹了口气说：“你还是去吧，单位的事重要，家里有我呢，实在忙不过来，就让你小妹帮帮忙！”那十几天的日子真是难熬，终于女儿的水痘渐渐消退了，一家人的心才踏实下来。然而韩利萍的小妹却被传染了，脸肿得都变了形，她才知道成年人发水痘症状更加严重，看着家人刚刚照顾完女儿又去照顾小妹，韩利萍瞬间觉得自己要崩溃了！

一直以来，母亲都是韩利萍最坚强的后盾，韩利萍和爱人都是单位里的骨干，家庭这一头，母亲帮韩利萍分担了很多，要知道家里还有一个常年卧病在床、离不开人照顾的父亲，母亲的劳累可想而知。瘦弱却坚强的母亲还是那句话："单位的事重要，家里有我呢！"

作为一名党员，在奋斗时被家人理解是一件幸运的事，因为它可以带来安全感，让她在拼搏的时候更加义无反顾、勇往直前。踔厉奋发，笃行不怠！

很多年以后，韩利萍回忆道。她说那是一段"激情燃烧的岁月"，生逢其时，有苦、有泪，有信仰、有奉献担当，更有激情和荣耀。

技能竞赛显身手

随着技术水平的不断提高，韩利萍有幸代表公司参加了一些水平较高的技能大赛，并取得了较好的成绩。在 2006 年山西省第二届晋机杯数控技能大赛中，韩利萍获得了数控铣职工组个人成绩第二名，并且第一次代表山西参加了全国第二届数控职业技能大赛。

2007 年 9 月，韩利萍参加了集团公司第四届职工职业技能大赛，在数控铣工组决赛中取得了个人第一名的好成绩，并获得"全国技术能手"的称号，为工厂争了光。成绩的取得，得益于她平时的刻苦钻研和实践锻炼，同时也得益于她永争第一的心。因为在赛场上她代表的不仅仅是自己，有这样来之不易的机会承担如此光荣而艰巨的任务，没有不竭尽全力的理由，因此在集中训练的阶段，本着为公司争光的精神，韩利萍怀着必胜的信念，刻苦训练，积极备战，连吃饭的时候都在思考着问题，丝毫不敢懈怠。

一轮一轮的选拔淘汰过程中，她需要更精、更好、更稳地掌握技能，这个过程使她对理论和实操能更加全面扎实地掌握。通过对西门子系统功能的深入挖掘，例如图形编程功能、系统变量的宏程序编程能力、薄壁变形控制、复杂轮廓节点计算能力、细节处理能力、螺旋插补进刀、螺纹铣削等等，一个零件的完美呈现是对操作者综合能力的体现。

韩利萍觉得“比武”的过程也是学习的过程，切磋的过程就是提高的过程。一次次不断地找出自己的不足，不断地改正操作方法上的错误，那也是一个提高的过程。在集中训练的日子里，韩利萍有机会向来自全国各地航天企业的优秀选手学习先进的数控加工理念和方法，开阔了视野和思路，通过交流使自己的操作水平和理论知识都上了一个台阶，也结交了很多好朋友，可谓受益匪浅。

在颁奖仪式上，时任集团公司副总经理吴卓亲自给韩利萍颁奖并表示祝贺，授予其“全国技术能手”和“航天技能大奖”荣誉称号和奖项。2007 年，韩利萍光荣地出席了在人民大会堂举办的“庆祝我国首次月球探测工程圆满成功大会”，并获得“集团公司劳动模范”称号。

迎接挑战再立新功

随着产品的不断更新换代，韩利萍在数控换装跨越式发展的进程中，加工能力实现了质的飞跃。

某重点产品动力装置关键零件的生产，以前经常出现对称度超差和接刀痕明显等缺陷，2007年更是在三坐标检测中大部分都不合格，须全部返修。对这一严重质量隐患，韩利萍提出必须改进旧的生产工艺，采用锥度芯轴定位，有效消除了累积误差。圆满攻克了动力装置关键零件对称度超差瓶颈，总结形成锥度芯轴定位参数双循环变刀补编程法，有效消除累积偏差，确保了机构运行稳定可靠。这一措施使该产品一次交验合格率达到100%，成果获得了全国优秀QC成果奖。2008年，韩利萍荣获“山西省十大女杰”荣誉称号。

2009年，攻克铝合金薄壁框架类零件，针对金属去除量高达70%易变形、不易装夹难题，总结形成用五面分层内外腔体交替循环加工法和模拟补全建模缺口编程法，确保了弱刚性薄壁结构零件一次交验合格率。2009年，韩利萍获得国务院政府特殊津贴，获得航天科技集团首届“十大杰出青年”。2012年被聘任为“一院首席技能专家”，2012年荣获中华技能大奖。国家人力资源和社会保障部以韩利萍名字，命名了国家级技能大师工作室。

2014年春天，韩利萍作为首批学员，参加了在天津职业技术师范大学为期三个月的数控先进加工技术培训班，系统学习掌握了计算机辅助制造编程知识，数控加工能力得到有效提升。

2014年，攻克某型号关键零件提弹梁数控加工难题，通过设计专用工装增加施力点，采取由边缘向中心的刚度梯次渐变稳态加工技术解决零件刚性差难题，通过在凹槽部位两端开制工艺槽，高速铣去除凹槽部位余量的方法，实现了切削应力的最小化，保证了提弹梁的变形控制和高效加工。2014年，班组被火箭院命名为“韩利萍班组”。

2015 年，应用 NX 辅助制造软件攻克某重点任务产品大型复杂铝锻件左右支耳复合曲面结构复杂、深腔铣削难度大的加工难题，提出复杂型腔螺旋线驱动切削操作法，通过构建螺旋线作为驱动曲线，有效解决了刀轨连续性差和离散化问题，确保了加工稳定可靠，为重要研制产品生产试验提供了技术支援，这次加工任务的圆满完成，也为后续多种类似产品的加工积累了相关技术经验。2015 年 9 月 3 日，韩利萍受邀参加在天安门广场举行的阅兵观礼活动。

毫厘不让求极致

2017 年 4 月 20 日，长征七号运载火箭搭载天舟一号货运飞船，在海南文昌成功发射，标志着我国向实现“太空筑家”梦想迈出了关键一步。“长征七号”研制起步于 2006 年，到 2017 年成功发射，可以毫不夸张地说，航天人十余年的功夫造就了火箭 600 秒的完美飞行。长征七号火箭研制应用了 96 项新技术，其中重大关键技术 12 项，新技术比例超过 70%。它是填补我国空间运载能力空白的“高轨新兵”，是我国载人空间站的“货运专列”，因为“长征七号”，我国火箭的运载能力将提升了 1.6 倍。运载能力从 8 吨提升到 13 吨，在发射平台 4 万多个零件制造中，韩利萍和团队攻克了无数个难题。

火箭的运载能力有多大，航天的舞台就有多大，大火箭需要大的推力、大的发动机，同时也需要大的发射平台。长征七号平台重达 1800 吨，它的面积相当于两个篮球场。这么个庞然大物偏偏还要能够“行走”，还要实现 3% 毫米的调节精度。

1° 的误差在生活中，很多人选择忽略不计，而火箭发射平台倾斜 1° 的误差，将会导致高 50 米的火箭顶部偏离发射中心 872 毫米，均布在 ϕ3370 毫米圆周上的最低点的支撑装置将产生 20% 的过载。这种误差的后果将直接导致火箭的发射无法准确入轨，这就是航天无小事、成败在毫厘的道理。在组成长七发射平台的 4 万多个零件中，其中一个关键控制零件叫作“四通均流阀”，它大约 200 毫米见方，可别看它个头小，但它在机构中可是个大力士，因为火箭加注推进剂以后一直到起飞前，就是靠这个零件驱动液压系统来实现调整重达约 600 吨的火箭的平衡。

“四通均流阀”上面有 70 多个不同规格的孔。每一个阀孔的加工精度都必须控制在 2 丝以内，它的公差就相当于人头发丝的 1/3。这些孔只要其中一个孔超差，阀孔和阀芯的密闭性就存在隐患，将直接影响支撑臂调节精度和平衡度，甚至会造成火箭发射无法精确入轨。

大家都知道，加工几个孔不超差容易，但 70 多个孔都不超差，这可真不是一件容易的事，很多时候废品就在接近公差带那个范围，可以说是一丝差错满盘皆输。以往加工此类零件的成功率仅有20%，为了找到最可靠的加工方法，韩利萍泡在车间两个多月，复原问题，举一反三，经过几十次方案选择、上百次切削试验、大量切削数据的筛选，反复在现场进行验证，最终实现了对整个工艺过程的精准掌控，产品一次交验合格率从20%提升到了100%。“小孔、深孔、斜孔先行”“先粗后精”的加工顺序原则，刀具的优选，切削参数的合理匹配，减小毛刺的方法等全套工艺成为目前工厂加工此类零件的操作规范。2016年6月25日，我国新一代运载火箭长征七号在海南首次发射。当每次看到亲手参与研制的发射平台，稳稳地托举着长征七号火箭升入太空后，大家都感到非常欣慰和满足。

2017年10月18日，这个日子让韩利萍足以铭记一生。这一天，她以党的十九大代表的身份步入人民大会堂，现场聆听了习近平总书记的报告。

获得过荣誉、受到过表彰，韩利萍曾以不同的身份走进过人民大会堂，而党员代表的身份对她却有着极其特殊的意义。作为一名生产一线的党员，走出生产线、走出工厂，走进人民大会堂，与2000多名党员共同参与国家大事，她无比激动。“建设知识型、技能型、创新型劳动者大军，弘扬劳模精神和工匠精神，营造劳动光荣的社会风尚和精益求精的敬业风气……”当习近平总书记说到这里时，现场响起了热烈的掌声，韩利萍激动得手都拍红了。铿锵有力的话语直抵心坎，让她备受鼓舞。

2017年五一节的《新闻联播》，中央电视台《大国工匠》第五季，以《毫厘不差，助推火箭升空》为题，播出了韩利萍事迹；2018年当选中国妇女第十二次代表大会执委和首届“三晋工匠”年度人物；2019 年荣获“全国三八红旗手标兵”称号和全国五一劳动奖章，以及首届“三晋工匠”；2019 年 10 月 1 日，受邀参加国庆 70 周年阅兵观礼活动；2020 年荣获“全国劳动模范”称号，2022 年获得中国质量工匠奖和第十五届航空航天月桂奖“大国工匠”，同年当选党的二十大代表。

圆梦文昌发射基地

2017 年年底，和韩利萍素未谋面的长征七号运载火箭范瑞祥总设计师专程托人送给韩利萍一本长七成功发射纪念封，并在上面签署了他的名字，韩利萍很感动！一型火箭的总设计师工作千头万绪、日理万机，居然还不忘感谢韩利萍这个加工零部件的普通的操作工，韩利萍很自豪，同时也感到责任重大！更加激励着她奋进在航天强国建设的新征程。

2020 年 12 月 19 日，韩利萍很荣幸受到邀请，去海南文昌基地观看“长征八号”首飞。在所有航天人的心里，能够去基地亲眼见证发射成功是大家的共同心愿。由于工作原因，临发射头一天韩利萍才到达基地，已经错过了转场，进入发射前24小时后人员已经不能靠近，韩利萍很遗憾，千载难逢的机会，心心念念想看看大火箭的心愿就这么错过了！

20日凌晨睡梦中，被同屋的《中国航天报》记者接到的电话惊醒，受科罗旺台风影响，“长征八号”推迟发射！早上醒来，韩利萍明显感到了基地的紧张氛围，工作人员重新进入备战状态，所有射前检测工作又得重来一遍。中午在食堂吃饭时，都没有什么人说话，韩利萍的心也跟着紧揪着，感觉时间过得好漫长、好煎熬。

终于传来22日发射的消息，大家一早就来到指挥大楼等候！远远望去，长征七号平台，稳稳当当地托举着长征八号火箭，静候命令！那么的亲切，那么的熟悉，随着指挥员“5、4、3、2、1，点火！”的口令，火箭准时在12时37分点火发射，只见红光一闪，轰隆隆的声音响彻四周，大地微微颤动，“长征八号”先是冉冉升起，之后急剧加速，一眨眼的工夫就腾空而起。火箭尾部喷着橙红色的火焰，远看像一把雨伞那么大，随着速度越来越快，很快火焰变成了一颗星星大小，钻入云彩之中。

“长征八号”以“一箭五星”的方式，成功将一颗主星和四颗小卫星送入预定轨道，发射任务取得圆满成功。火箭发射的时间虽然短暂，但那气势磅礴的场面却给人心灵极大的震撼，令人激动不已。

指挥大厅里，大家激动得像个孩子，纷纷祝贺拍照留念，韩利萍也被这种情绪深深感染着！中午食堂的庆功宴上，院党委书记王国辉同志握着韩利萍的手一再叮嘱，要带好团队、要关注质量、要敬畏产品。

是啊！作为航天人，铸造大国重器、托举航天梦想，必须将“严慎细实”的观念融入血液，在做任何事情的时候都要想着，是否可以把事情做得细一些、再细一些，坚持“深入细节、聚焦细节、放大细节、吃透细节、量化细节、检查细节、控制细节”，第一次就把事情做对、做好，不留任何缺陷和遗憾，做到一丝不苟、分秒不差，确保航天产品稳妥可靠、万无一失。

习近平总书记说：“我们都在努力奔跑，我们都是追梦人！”坚守初心，努力奔跑，做航天强国路上的追梦人！韩利萍深深体会到一个人把个人的理想和追求融入国家和民族的事业中，那种幸福是什么也比不了的。

30 年来，韩利萍和团队从未停止过学习，一丝一毫，精益求精。执着、坚韧、勤奋、钻研，埋头于三尺铣台，突破了一个个不可能，为航天事业付出了自己的努力与心血。她说：“能为我国从航天大国迈向航天强国作出自己的一份贡献，很自豪。”

工作感悟

回想奋斗的岁月，韩利萍所工作的单位位于太行山之巅上党革命老区，从黄崖洞兵工厂，到“刘伯承工厂”，再到我国第一个航天地面设备制造厂的军工企业，生产的运载火箭系列发射平台，分布于西昌、酒泉、太原、文昌四大发射中心，成功托举了长征系列运载火箭的一次次飞天。在这片红色的土地上，她从小耳濡目染，对航天事业有着不一样的感情，心中埋下了为航天事业奋斗的种子。

入职时由于没有上过技校受过正规训练，她甚至连图纸都看不懂，吃过不少苦头，也哭过不少鼻子。但她明白要想弥补差距，就必须得下苦功夫，于是她把土豆切成零件模型帮助自己理解三视图，用边角料反复练习操作技能，向师傅工友一遍遍请教……就是靠着每天进步一点点的笨功夫，让她的技能得到了很大提升。2000 年，在航天数字化制造技术转型升级时期，她作为首批接触数控编程操作这个“螃蟹”的人，从生搬硬套、照猫画虎开始，潜心钻研，她加工的关键零件相继用在载人航天、嫦娥探月、北斗导航系列火箭发射平台上，有幸成长为精通操作、编程和工艺的复合型高技能人才。

30 余年如一日地潜心钻研技术，她在嘈杂的厂房里以机床为“闺蜜”，最大的乐趣就是沉浸在技术攻关工作中，力求把每一次操作做到最好，终于成长为精通操作、编程和工艺的复合型高技能人才和航天特级技师。在近 200 次的航天发射任务中，她负责攻克的技术难题从未失败，被誉为火箭发射平台的“微雕师”，成为“大国工匠”。不放过一毫一厘，是她的职业精度，一毫一厘不保留，是她的人生态度！每当一个个工艺思路通过一次次试切试验变成了可行性工艺方案，突破一个个不可能，加工效率和产品质量有了质的提升，为型号产品的交付和重大飞行试验任务提供了技术支撑时，就是她最幸福的时刻！

在那些披星戴月、攻关鏖战的日日夜夜里，支撑她的想法其实很简单：那就是要把每一个零件都做成精品，把优质的产品交付给用户和国家。9.3 阅兵和国庆 70 周年阅兵，当她有幸站在天安门观礼台上，眺望那一型型装备驶过天安门的时候，忍不住心潮澎湃、热血沸腾！祖国的航天强国路上有自己的一份努力，她感到很骄傲、很自豪。

每一项伟大事业，都凝结着无数人默默的付出与努力，她从事的航天事业之所以能取得巨大成就，凝结着一代又一代航天人数十年如一日的艰辛奋斗、默默奉献。作为航天生产一线的一名女工，韩利萍感到自己很幸运，生逢这个伟大的时代，能够将个人梦想融入中华民族伟大复兴的事业之中，成为中国建设与发展中不可或缺的一支重要力量，在这个时代里，她既是见证者、受益者，也是参与者、推动者。

2012 年 12 月，以韩利萍名字命名的“韩利萍国家级技能大师工作室”建成，2019 年被中国国防邮电工会批准建设“新时代工匠学院”，2021 年 11 月进行了升级改造，改造后建筑面积有 2000 平方米，由教学研讨区、实验实训区、阅览区、VR 及仿真区等几部分组成，是集精神传承、人才培养、技术创新攻关、装备技术保障服务于一体的综合性平台。实训场地占地约 430 平方米，包括五轴加工中心 4 台，各类数控加工设备 13 台。配套

NX、VERICUTDNC 等数控加工仿真软件系统，可以独立完成复杂零件的三维建模、加工仿真和加工生产。工作室成立了科研生产组、工艺攻关组、技术专家组等三个职能小组。在传承弘扬航天“三大精神”的基础上，形成了工作室的特色文化理念：“匠心报国、智铣铸剑、研精致思、臻于至善”。聚有能力、散有光芒，聚是一团火，散是满天星，使工作室真正成为公司攻坚克难的基地、技术交流的平台、人才培养的摇篮，成为推动公司创新发展的强劲动力。2017 年，工作室被中华全国总工会授予“全国示范性劳模和工匠人才创新工作室”，2019 年，中国国防邮电工会新时代工匠学院铣镗专业挂牌落户工作室。截至 2023 年，工作室成员涌现出了 29 位“全国技术能手”“航天技术能手”和“三晋技术能手”。

“志之所趋，无远弗届；穷山距海，不能限也。”在随风飘扬的五星红旗之下，作为新一代的航天人，她始终跟随党的步伐，拼搏实干，建功立业，勇蹚新路，影响带动越来越多的职工不断践行劳模精神、劳动精神和工匠精神，为实现航天强国梦、实现中华民族伟大复兴不懈奋斗！

撰稿：李杨、齐飞

千磨万击出精品　创新担当显作为

——山西航天清华装备有限责任公司一车间加工中心操作工艾敏

人物简介

艾敏，男，汉族，1974年6月出生，重庆市人，中共党员，航天特级技师，山西航天清华装备有限责任公司一车间加工中心操作工，公司高级技能专家。

1992年7月参加工作以来，艾敏先后荣获了全国五一劳动奖章、全国首届“十大创新工匠”“全国技术能手”“山西省特级劳动模范”、首届“三晋工匠”年度人物、中国航天基金会航天贡献奖、山西省五一劳动奖章，以及“航天技术能手”、六好班组长、航天一院长征奖奖章、优秀共产党员、突出贡献技能人员、“技术能手”、山西省国防科技工业五一劳动奖章、长治市五一劳动奖章、清华装备有限责任公司劳动模范、“科技标兵”等诸多荣誉称号和奖项，被中国国防邮电职工技术协会聘为数控编程和铣镗专业技术委员会副主任委员、数控维修保障专业技术委员会专家委员，是山西省“艾敏劳模创新工作室”的带头人。

艾敏坚持立足本职、爱岗敬业，带头践行工匠精神，结合承担的以我国新一代运载火箭活动平台等地面设备液压系统复杂精密零件的机械加工、研制批产等为代表的科研生产任务，在液压超精阀体、交叉孔系薄壁异形缸筒、变形铝合金及沉淀硬化型不锈钢等形状复杂薄壁零件的多轴联动数控加工等方面练就了过硬的本领，拥有了精湛的技能，积累了丰富的经验。他牵头完成的多个技术创新项目、技术改进项目和“五小”竞赛项目在省市及地方获得奖项。其中，总结提炼的“插装阀成型孔加工法”“点动法加工特型曲面孔”等操作法 24 项，获得国家发明专利 19 项，攻克以“薄壁环轴向深孔加工”“美制螺纹加工”等为代表的技术难关 217 项，获得各级科技进步奖 50 余项，为我国航天事业的发展和国防现代化建设作出了突出的贡献。

工匠故事

懵懂中毅然选择航天

在少年艾敏的印象中，父亲总是那么忙碌，曾经有段时间，更是出奇得忙，每当回到家中，只是匆匆忙忙吃口饭，顾不上午休就又急匆匆地奔回厂里。晚上已经熟睡的艾敏更不知道父亲几点下班回的家，清晨刚醒来还没来得及跟父亲说上一句话，他就已经草草吃过早饭上班走了。艾敏噘着嘴委屈又不解地问母亲："爸爸每天这么辛苦在做什么啊？忙得每天都不检查我的作业了，忙得每天看到的只是他的背影。"母亲告诉他，是厂里的生产任务遇到了困难，你父亲作为技术人员必须在最短的时间内攻克难关，否则就会影响任务进度，甚至企业的信誉，总之后果很严重。艾敏点点头，好像听懂了什么。可是看到父亲为了工作急得吃不下饭、睡不着觉，而且上火很严重的状况，艾敏又着急地说："再忙也得把身体照顾好啊！爸爸不是常说身体是革命的本钱吗？"父亲听到后，也只是默默地点点头，一转身却又扎到了车间里。功夫不负有心人，父亲他们终于攻克了难关，车间上下无不欢欣鼓舞，这时父亲的耳朵却因严重的中耳炎，错过了治疗时机，加上当时的医疗水平有限，两只耳朵听力几乎全部丧失。母亲心疼地责怪已接近失聪的父亲，父亲却说："君子不轻言放弃，做事必全力以赴，不达目的绝不罢休。拼，困难向我们低头，再拼，成功向我们招手。"父亲坚毅的眼神、执着的工作态度以及"做事必全力以赴"这句话都深深地烙在了这个懵懂少年的心中。

1989年，艾敏顺利地考入技工学校，成为机加班的一名学生。在学校里，他听到最多的就是航天如何强、如何好，航天的奥秘深深地吸引了他，他暗下决心，如果有可能，将来一定要成为一名航天人。他明白，要想成为一名航天人，不能仅仅停留在口头上，必须得练就过硬的本领。当时学校的实习教室里大部分都是车床，同学们也都学习的是车床的理论知识和操作技能。学习之余，艾敏注意到了实习室里的一台铣床和刨床，他觉得很新奇，车床大多加工的是圆形的零件，而铣床却可以铣出沟槽，铣出多面体。还有刨床，可以来来回回地刨出长长的平面及沟槽。这些设备各有各的特长与短板，如果都学会了是不是就可以自己独立完整地加工出需要的零部件了？那就太有趣了。一想到这里，艾敏就开心不已。心动不如行动！于是，下课后，艾敏没有跟同学们一起去打球，而是继续穿着厚厚的工作服站在操作铣床或者刨床的老师旁边帮老师打上杯热水，并主动用板刷帮忙清理铁屑、装夹零部件、擦拭机床，捎带问东问西借机学习设备的理论知识跟基本的操作技能。刚开始老师只是笑而不答，因为因好奇而前来问东问西的孩子老师见得多了，但真正想额外学习的学生没几个。但艾敏没有放弃，一完成自己的功课任务就跑到实习间里默默站在老师的旁边一边清理铣屑、刨屑，一边问东问西，问的次数多了、时间长了，老师也乐于向这位勤学好问的实在孩子讲解一些具体的加工案例及难点、要点、加工技巧和磨刀要领。经过一段时间的认真学习，老师也会放手让艾敏加工一些难度不太大的零部件，而遇到一些技术要求高的特型零件加工，老师也会向他讲解零部件的加工顺序，难点、要点等等，并着手让艾敏动手操作。时光飞逝，短短 3 年的技校生活在充实的学习中结束了，胸有成竹的艾敏顺其自然地来到了人生转折的十字路口，当幸运之神降临到他面前时，他如愿地选择了向往已久的“中国航天”。

磨砺中筑牢工匠信念

1992 年，艾敏从技工学校毕业进入山西航天清华装备有限责任公司，成了一名光荣的航天人，当时身边的许多同学都曾向他投来羡慕的眼光，使他感到由衷的骄傲和自豪，同时他也感觉到了一种无形的鞭策力，于是暗下决心，一定要做一名最优秀的航天工匠。进入公司后，艾敏被分配从事铣工工种，心中满满的都是好奇。当他看到师傅精心打磨加工出的零件如同一件件美轮美奂的工艺品般精致美好时，心里充满了无限的敬慕之情，暗赞航天工人师傅们真是了不起。

他随即向师傅请教加工的技术与技巧，师傅耐心地告诫他说，要想成为机械加工行业的行家里手，磨刀技术是不可或缺的一项基本功，再想要加工出合格精美的产品，更需要有一手精湛的磨刀技艺。于是有心的艾敏开始琢磨起来，他深知“师傅领进门、修行在个人”的道理。为此他找来了一些报废的刀具，开始从苦练磨刀技术上动起手来。平日里一有时间他就钻在车间练手，刀具在他的手里被磨得越来越短，时间长了，手掌握刀具的地方都磨出了血痕，可他不离不弃，贴上一片创可贴又继续干。他模仿师傅的操作一招一式比画着，直到弄懂弄透才肯作罢。工作中，他发现师傅对每一个零件的加工都很“挑剔”，也很“讲究”，常常对一个产品研究到如痴如醉的境界，可见师傅不是普通人的“过得去”就行，而是必须要“过得硬”。

受师傅的影响，艾敏养成了爱“较劲”的性格，本是学铣工工种的他完全不满足现状，硬是和自己“较劲”钻研苦读，先后自学了刨床、镗床、磨床等工种，后来鉴于传统加工模式存在的局限，又开始“恶补”起了数控专业知识。1999 年，艾敏如愿成为一名数控操作工，从此便一头扎进了数控加工的海洋，一干就是 20 多年。为了尽快掌握先进的数控加工技术，艾敏有相当长的一段时间固定在了公司、学校、家“三点一线”的生活模式中。他说，做一个现代企业蓝领，就必须要不断和自己“较劲”，只有这样，才能一门心思地去钻研技术，才能有所突破和提升。

2005 年，艾敏所在班组接到了某产品部件侧移油缸的批量生产任务。该部件缸筒形状为异形，不易装夹，采用非契合缸筒形状的夹具夹紧后，主孔会产生装夹变形。缸筒成品壁薄，加工精度极高，且任务批量大，交付进度急。大伙都认为在规定时间内既要解决缸筒装夹变形的技术问题，又要保质保量地产出产品，根本就是件不可能完成的事。艾敏则跟大家的想法不一样，他心想不试怎么能知道不行呢。他第一步首先考虑专用工装夹紧缸筒根据交叉孔系薄壁异形缸筒外部结构，设计采用专用工艺装备夹紧缸筒外形。因缸筒为不规则的异形，为了在夹紧时与缸筒外形更好地契合，从而将装夹力减到最小，以使装夹变形减到最小，而采用了专用工装水平压紧缸筒的装夹方法。第二步粗镗主孔内壁时，利用数控编程分层切削，进刀为高速、大径向切深、小轴向进给的方式。为释放粗加工应力、减小夹紧力对缸筒产生的变形，在精加工前先将缸筒两端的夹紧压板紧固螺钉稍微松开，然后精镗成内孔。但如何保证内孔那么高的表面粗糙度要求呢？艾敏经过深思熟虑，想到了用滚压刀来试试，但由于是首次在航天产品中应用，能达到什么样的效果，谁也说不准。他翻阅资料，在主孔第一次滚压时过盈量适量加大，达到 0.02mm，以后再分多次滚压，过盈量不超过 0.005mm，直到达到要求公差和表面粗糙度的要求为止。看到加工完的成品内孔和镜面一样光时，艾敏露出了久违的笑容。在加工过程中，徒弟小卫提出：“师傅，既然滚压刀能达到表面粗糙度要求，咱们干脆省去精镗那道工步吧，那样会更快一些。”事实证明，在光用粗镗刀后由于内孔表面太粗糙，以至于再用滚压刀也没能把内孔滚压至工艺要求的表面粗糙度。看着试验件滚压完后依然有深浅不一的刀纹时，小卫愧疚地低下了头。“不要灰心，做什么事都不可能是一帆风顺的，不要怕遇到困难，关键是我们要有创新的思维和想法，能提出想改进的思路就是好现象，办法总比困难多”艾敏劝慰小卫说。后来他们采用防震镗刀精镗主内孔，在确保了滚压前内孔粗糙度的同时，效率也提高了很多。经过多次实践论证，艾敏提出的契合装夹高速分层切削滚压成形、分步加工复合刀具成形、自制刀具清根的方案已形成成熟的定型工艺加以实施，确保了产品的按时交付，并首次将滚压精密成形技术应用到了在航天产品中，不但很好地解决了交叉孔系薄壁异形缸筒难以精确加工的难题，还为企业创造经济效益 700 多万元，获得了国家发明专利。领导高兴地说：“谁说这是不可能完成的任务，交给艾敏，我们放心。”

坚守中彰显工匠品格

建设航天强国是新时代每一名航天人肩负的神圣使命。艾敏作为航天高技能人才的代表，深感责任和使命的重大。他明白，自己所承担的航天宇航产品的生产加工任务，关乎国之利益、企之利益，容不得有丝毫麻痹和懈怠。记得有一次，艾敏加班到晚上 9 点多才回家，可还没等把板凳坐热就接到了车间调度打来的电话，说是有一个急活第二天要交付基地，需要连夜加班完成。艾敏犹豫了，看着床上熟睡中的女儿，他犯了愁。妻子也是厂里的班组长，正好也在上通宵夜班，双方父母一则离得远，二则年龄也大了，这么晚惊动他们过来照看孩子也是不妥。可是任务就是命令，时间不等人，怎么办？此时他深深地懂得“国家利益高于一切”的深刻含义，身为一名共产党员、班组长，在任务面前绝不能退缩。于是，他用被子和枕头筑起了“围城”，把孩子牢牢地围在了中间，心里还默默念叨着：“我的乖女儿好好睡觉，等爸爸下班回来了再好好陪你啊!”次日早上6点多，任务终于圆满完成，艾敏连手都没来得及洗，径直奔向家中，当看到还在甜睡中的女儿时，他一颗悬着的心才放了下来，长长地出了一口气。后来妻子知道了这件事情，没少对他埋怨，对此艾敏只是憨憨地一笑说:“下不为例。”

还有一次，艾敏小组接受了一项模具产品的生产加工任务，他深知在数控加工中，要数箱体、模具类产品的加工难度最大。挑战面前，他身先士卒，一方面主动向技术人员请教，一方面参考了同类零件的加工方法，先是对工件的性能、结构与形状进行了仔细研究，而后又对加工步骤进行了逐一分解，从加工程序的编制、到工件的装夹定位，从加工刀具的选择、到进给速度的确定，他进行了反复的试验，硬是凭借扎实的理论功底和丰富的实践经验，啃下了这块“硬骨头”，直到产品交验合格时，他的脸上才又泛起了久违的笑容。

曾有一段时期，由于艾敏操作的设备芯片老化，运行时经常产生高温而触发设备报警装置，从而导致设备无法正常运转。但

是当时生产任务量很大，生产进度十分急迫。为了保障生产任务能如期完成，艾敏通过观察发现，可以利用夜间温度较低、设备报警次数较少的有利条件进行生产作业。为此，在那段时间，他从晚上一直通宵工作至天亮。即使天亮后，只要温度条件允许，他还会干上几个钟头。就这样连续进行了一个半月，每天工作 12 个小时以上，艾敏感觉到了身体的疲惫，却仍坚持生产。起初，艾敏的身体变化并没有引起家人的注意，直到有一天，他实在撑不住了，便到医院检查，诊断结果为带状疱疹。医生说，因为晨昏颠倒和过度疲惫，他的免疫系统已近崩溃，在身体没有抵抗力的情况下，一个小小的感冒也有可能引起带状疱疹。发生在头面部的严重带状疱疹会带来生命危险，医生建议马上住院进行治疗，同时要保证充足的睡眠，养精蓄锐才能更好地恢复免疫系统的正常功能。当时的艾敏头肿得很厉害，因为肿胀，脸上的五官都显得扭曲起来。难以想象他当时忍受的是怎样的疼痛，见光见风都会更加痛心入骨。艾敏接受了医生打针输液的安排，但刚一消肿，他就又投入到生产的工作当中。不为其他，就是心中的责任感和不辞劳苦的精神使他义无反顾，他一定要确保生产任务能够如期完成。俗语云：“秤砣虽小压千斤。”或许人的身体是有极限的，但不屈的精神会迸发出无限的动力，支撑着人砥砺前行。就这样正常上班、下班再打针输液，艾敏顺利完成了生产任务，一个月后，身体的症状也逐步好转起来。

身为加工中心的领头雁，艾敏就是这样的执着，他带领他的团队先后圆满完成了以“长征五号”“长征七号”活动平台等为代表的多项宇航产品零部件的加工任务，有力彰显了航天工匠人的高尚品格。

创新中践行工匠担当

创新是引领发展的第一动力，更是一个企业生存和发展的灵魂。艾敏常说："创新是加快自我提升的强劲'发动机'。"多年来，艾敏在航天精神、劳模精神和工匠精神的感召下，坚持把高质量高效率完任务、保交付作为自己的终极目标，积极大胆开展创新攻关，注重在生产实践中提升能力，将自己的聪明才智运用于生产实践，一次次攀登了新的技术高峰。

某产品阻尼阀体作为关键零件，是支撑几十吨宇航产品的定位基准。这个零件为薄壁环，不易装夹，精度要求达到微米级，只有 A4 纸厚度的十二分之一，由于小深孔的深度与直径比达到 1∶12，导致钻头的长度与直径比变大，则钻头的强度变低，在作业时很容易钻偏，导致孔体轴线发生一定偏移；小孔径深孔加工时，刀具刚性差、强度低、散热困难、排屑不畅，经常出现孔径变大、锥形孔、尺寸公差、形位公差、表面粗糙度达不到技术要求等问题。深孔和零件外壁最薄处只有 0.5 毫米，在加工时很有可能会出现钻头打偏导致孔壁被打穿使零件报废的情况，查阅相关资料，国内国外都没有这么高精度要求的台阶深孔加工经验可借鉴，"要在调质硬度这么高的难加工材料上打细长台阶深孔，尺寸公差和同轴度还要控制在 0.01 毫米，这可能吗?"组员们都说要在这么短的时间内攻克这一难题是不可能完成的。艾敏见状又来了那股犟劲儿，在他看来，就没有攻不破的难关。于是他开始一遍遍地做试验、一项项地收集数据，连续三天三夜都没有回家，后来家人找到了单位，才解开了他的"失踪"之谜。试验过程十分曲折，在采用了五种方法、试验了十件产品后发现不是钻头断在里面了就是打成“鼓肚子”马上就快透了，居然没有一件合格的产品。眼看着离进度要求的时间越来越近，那段时间艾敏为了考虑如何攻克这一难题吃不下、睡不着。有一次在辅导女儿功课时，女儿问这道几何题怎么做，艾敏由于脑子里一直想着阻尼阀体打孔问题，随口说“轴线偏移嘛”，妻子在一旁埋怨地说道：“单位的事都是大事，家里的啥你都不管了。”艾敏对女儿说了句让你妈帮你看看，就又埋头去查资料了。

有一天，他偶然看了电视剧《亮剑》，其中李云龙在组织指挥李家坡战役时采取土工掘进的方式缩短攻击距离的方法给了他深深的启迪，心想“先加工大孔，后加工小孔，缩短小孔径深孔的加工距离，这种方法是不是可以应用到阻尼阀体加工上呢?”他打定主意，兴奋地跑进厂里连夜攻关，“压紧力不要超过 8N”“小孔径深孔的口部加工 5 毫米的引导孔”“大孔和小孔径深孔单边各留 0.1 毫米余量”“加工刀具要用内冷却使排屑顺畅”，一套成型的加工方案就此出台了，每件加工时间由 12 小时缩减为 18 分钟，加工刀具由 12 把减少至 4 把，效率提高了 40 倍，一次交验合格率达到了 100%。艾敏总结出量化力矩轴向装夹薄环壁端面工艺、孔径递减分步半精加工台阶深孔技术、硬质合金内冷螺旋切削刃台阶复合成形铰刀精加工台阶深孔技术，彻底解决了薄壁环轴向台阶深孔系难以精确加工问题，为提前交付赢得了宝贵时间，也为企业后续的产品承揽奠定了坚实的基础。这种薄壁环轴向台阶深孔系加工方法因此获得了国家发明专利，每年可为公司创效 200 余万元。

众所周知，心脑血管疾病是严重危及人们生命的一种常见疾病，导致这一疾病产生的罪魁祸首就是冠状动脉内血管里形成的动脉粥样硬化斑块。同样，多功能车产品液压系统中的多余物，就如同“动脉粥样硬化斑块”，会直接导致密封件失去密封性能，造成部件运动迟缓、卡滞、产品功能失效等问题，严重时更是影响产品主要性能的实现、批产交付任务的进行。为此，实施对多功能车产品液压缸多余物全过程控制技术研究成为一项重要课题。2010 年 11 月，艾敏作为公司技能专家，受邀加入了中国航天科技集团公司重大工艺专项研究项目“多功能车液压缸多余物全过程控制技术”的研究团队。700 多个日日夜夜，艾敏和团队成员一起反复试验、收集数据、改进措施，通过采用改变工艺设计、压缩气体往复吹除、数控去毛刺、研磨去毛刺、装配磨合等数十种综合手段，识别了液压缸的工艺设计、机械加工、热表处理、清理、清洗、装配、试验、检测等 8 个多余物难以控制环节，突破了小孔下封闭腔体结构多余物工艺控制、相贯孔结构多余物工艺控制、液压缸沟槽结构近无毛刺加工等 6 项关键技术，完成了 3 项主技术、10 项分技术的研制，取得了多项发明专利成果。建立了液压缸多余物防控体系，共计 21 个质量管理文件、工艺规范及管理规范，其中 19 个文件已应用于公司所有产品的液压缸多余物控制，实现了从无到有的飞跃，填补了国内的一项空白。

2016 年，一车间贯彻院及公司要求，开展航天五星级现场建设工作。车间领导要求艾敏负责其中“过程要求的确定”“关键过程控制”等 22 个要素工作的整理推进，航天星级现场专家赵老师来公司指导时说：“在我们单位，航天五星级现场要素的整理和提炼，需要我和副总工艺师带领二十几个本科大学生一起才能完成，你们车间把这么难做的工作交给他一个大专生，让他负责 22 个要素的提炼和推进，他能行吗?”刚开始时艾敏也犯了难，这是一个全新的领域，对现场管理和工具的运用要求很高，需要学习很多新的知识。车间领导说：“艾师傅，作为具有丰富生产经验的高技能人才，星级现场建设工作你要全力以赴啊。”狭路相逢勇者胜，面对领导的信任和同事的支持，艾敏放下包袱迎难而上，带领大家一起边学习、边摸索，充分利用新学习的精益工具和方法（如目视化、快速换模、价值流图等）进行现场改善，确保各类工具方法在现场与实践工作结合起来。围绕保证产品质量、提高加工效率、降低生产成本、改善现场环境、提高本职安全、减少设备停机等方面群策群力，提出了大量有实际应用价值的优秀改善案例。形成了由“指标化引领、目视化管理、准时化交付、信息化支撑、全员化改善”五个方面构成的“五化”建设法，实现了优质、高效、低耗、均衡、安全、文明的生产作业，将一车间的现场管理水平提升到了行业标杆，顺利通过了航天五星级现场和全国四星级现场的评审，受到了公司领导的高度赞扬。同时艾敏把自己所学的知识层面也提升到一个新的高度，实现了由单一技能人才到综合素质人才质的蜕变。

其间，艾敏先后提炼出了“插装阀成型孔加工法”“点动法加工特形曲面孔”等 24 项操作法，为公司进行大型阀体、筒体类等复杂液压件加工提供了技术操作规范。在这 24 项先进操作法中，有 19 项获得了国家发明专利，并填补了国内同行业机械加工的空白，艾敏也因此成为山西省唯一连续三届荣获省职工“五小”竞赛优秀成果一等奖的职工，两届长治市五小竞赛优秀成果一等奖，连续八年获山西省国防科技工业“五小”竞赛优秀成果一等奖，同时还获得了全国优秀六西格玛项目奖、两届全国职工优秀技术创新成果奖、全国总工会职工技术成果奖、中国机械工业科技进步二等奖、中国职工技术协会职工优秀技术创新成果二等奖、中国航天科技集团第八届优秀档案编研成果二等奖、山西省国防科技工业科技创新二等奖、长治市科技进步二等奖、国防邮电产业职工优秀技术创新成果三等奖、金属加工工艺创新奖等众多奖项。艾敏说：“荣誉不仅是站在领奖台上的瞬间，而是在日常工作中默默无闻的坚持。”2021 年，当全国五一劳动奖章佩戴在胸前时，他深知这一荣誉绝不仅仅是个人荣誉，更属于成千上万名在航天精神、探月精神、新时代北斗精神以及工匠精神熏陶下拼搏奋进的航天战线广大职工。

实践中打造工匠精品

艾敏深知“细节决定成败”的道理。工作中，他从来不回避问题，特别是在产品加工过程中出现质量问题时，他总要进行深刻反思、深挖根源，弄不清楚原因决不罢休。他反省到，问题产生的主要原因更多的是由于自己的粗心大意或者是凭自己的经验来加工产品，而没有完全按加工中心操作规程来严格要求自己，以至于出现一些低级错误。为此，他时常告诫自己，对待产品加工一定要做到心细如丝、心静如水，生产前一定要认真消化图纸工艺，吃透技术标准和工艺要求，确保自己加工出来的零件完全达到图纸要求，并且保证一次性交验合格，切实将产品质量镌刻在心里。

记得 2002 年的腊八节，当时艾敏正在马豪加工中心和师傅倒班上夜班，晚上来后师傅给了他一份图纸，交代了一些注意事项并要求今晚必须干完，第二天要带去基地。据艾敏描述，由于喝水时不小心碰倒了水杯，将图纸一细微处尺寸 15.8mm 弄得不太清楚，误按 15.3mm 加工，到第二天早上 7 点多才将货干成，然后拖着疲惫的身体回到家，洗漱后刚躺下，手机响了，师傅打电话让他进车间一趟。“你知道这里加工错了吗?”“不清楚的地方不能问清楚后再加工吗?”“知道因为你的加工失误造成多严重的后果吗?”一连串的发问使得艾敏有些发晕，由于自己的失误，产品加工尺寸出现超差，他受到了师傅近三个小时的训斥。事后师傅推心置腹地跟他说：“咱们加工的是液压系统中的关键件，俗称我们是人造心脏的制造者，容不得一丝马虎和松懈。工艺有问题或图纸不明白处，应问清楚后再加工，不能凭自己的想象去加工产品，那样只会事倍功半，对待自己的工作应诚心、精心、细心、耐心，其实就是一份责任心，只有端正态度、踏实肯干，才能学到真东西，练就过硬的业务技能。”后来，艾敏经常以此为戒教导徒弟：“技术再高，如果没有质量意识、岗位责任感，一样干不出好的产品。”要干好一个产品，不光只是技术高就能把难题解决，同时还要在加工零件时把质量意识、工作的责任感放在首位，严格执行分厂的质量管理制度，严格要求自己，规范质量行为，树立质量风气，加强质量意识，端正质量态度。对待自己的工作应诚心、精心、细心、耐心，其实就是一份责任心，只有端正态度、踏实肯干，脚踏实地，全神贯注地做好每一件产品，做精每一件产品，才能让产品在自己手中不断升华。

升降数控油缸产品是数字化伺服液压缸，能承受不少于几十吨载荷的核心部件。它的难点主要是液压缸的机械式外挤压锁紧套与活塞杆间过盈量的选配。60 多千克的锁紧套和活塞杆之间的过盈量只有 0.004 毫米 ~ 0.006 毫米，如果选配不当则会出现锁不住和打不开等问题。按照原来的技术，难以高合格率地选配出开锁力、锁紧力均合格的锁紧套，运气好的话，可能两三个锁紧套能和一个活塞杆选配成功，不好的话，甚至十个锁紧套也不一定能和一个活塞杆选配成功，那就意味着这十个锁紧套就全部报废了。一件锁紧套原材料的毛重量为 96 千克，单价上千元，此外还有进口精密数控磨车设备的使用率、选配不当消耗的时间、产品工时成本费用、热表处理时间等成本费用。对于像公司这种制造型企业来说，急需研制锁紧套选配技术来降低成本的损耗和保证产品的按时完成。

艾敏通过分析影响锁紧套选配的工艺因素，制定了四步法保证选配成功率。首先，根据锁紧套材质、产品结构、锁紧原理、锁紧套选配工艺流程图和以往试验情况等资料进行技术分析，以得出锁紧套可否选配的初步结论。其次，确定合理的过盈量，用 ansys 等软件建模，将锁紧套的结构场和温度场耦合后进行复算，进一步确认计算结果的正确性。再次，确认锁紧套过盈量与其硬度间的关系，锁紧套硬度增高，过盈量会降低；锁紧套硬度降低，过盈量会增高；高硬度锁紧套的过盈量一般小于低硬度锁紧套的过盈量。最后，明确选配测量方法，从距一端 10mm 处向另一端顺序开始测量，相距≤ 60mm 测一个截面，每个截面测 8 个点，测截面数越多越好，并将数据记录在专用表格中。这样使测量数据具备了可比性和参考性，一举解决了这一难题，打造出了油缸类产品的又一精品。这种方法获得国家发明专利的同时，还获得了第五届全国职工优秀技术创新成果奖。2019 年 1 月 17 日，艾敏作为获奖代表在人民大会堂受到时任中华全国总工会第一书记李玉赋的亲切接见。这是公司职工首次在该奖项上获得荣誉。

传承中尽展工匠风范

航天一院领导在为艾敏颁发航天一院最高奖项——“长征奖奖章”时曾语重心长地对他说：“数控加工是个长久兴旺之业，需要不断有新生力量接棒传承，需要将自身的技能发扬和传承下去，倾囊相授，‘毫厘’不保留。”带队伍、传技艺、铸精品成为艾敏义不容辞的责任。作为“艾敏劳模创新工作室”的领头雁、一名班组长，首先要做到打铁还得自身硬。为了全面掌握数控加工设备操作技能，他坚持理论与实践相结合，利用休息时间阅读了《机械设计》《数控机床与应用》《机床电器自动控制》《数控原理》等大量专业技术书籍，系统学习了《UG 数控编程》《UG 三维建模》和《CAXA 制造工程师》等现代化数控加工的专业理论书籍，写下了近十万字的学习笔记，成功将 AUTOCAD、

CAXA 二维制图及多种 CAD/CAM 三维建模自动编程熟练地应用到实际生产中。作为企业加工中心技能培训讲师，艾敏将其独创的“伺服系统关键件同心孔加工技术”“机械外挤压锁紧套选配技术”等绝技绝招通过工匠学院、网络课堂、技能大师讲堂等多种方式，传授给公司、航天科技集团乃至全国同行业几万名员工，使先进工艺得到传承、推广。公司投资 3000 余万元新建的 MDC 数字化制造单元，就是根据他的思路设想设计建设的，该单元已经成为公司新产品研制和批产的主阵地。充分发挥“艾敏劳模创新工作室”作用，构建并实施了“1235”人才培养工程，即一个目标（621 人才培养目标）、两个载体（三个依托、三一三全）、三个制度（岗位互动制、先锋竞赛制、一人一案奖励制）、五种形式（劳模大讲堂、技师带骨干、一师多徒、师徒互讲、以赛促学），从培养专业型人才向培养高技能型、复合型人才转变，逐步向一专多能方向发展。工作室采用“一师多徒、师徒互讲、以赛促学”的教学模式，使每人都能成为技术能手。

在长期的工作实践中，艾敏还总结提炼出了帮助员工成长成才的“五勤”要求。一是“勤动”，就是倡勤忌懒。作为一名航

天技能人员，首先要在思想上摒弃“懒”的念头，注重从小事做起、从细微做起，在干好本职工作的同时，主动当好师傅的助手，以此来获取更多的知识，练就更高的本领。二是“勤看”，就是勤于观察。数控加工是一项技术难度大、精度要求高的工作，要加工好一个零部件，必须是个人能力的综合运用。工作中，要培养勤于观察的习惯，在师傅磨制成型刀具、校对刀具、编制程序和加工零件时，要主动去观察师傅的操作方法，在师傅加工产品时，要注意观察产品加工过程中的变化，边看、边悟、边领会，从而发现自身的不足，寻找改进的方向和途径。三是“勤问”，就是不耻下问。数控加工作业要求操作人员在机械制造、金属与材料、数控加工理论等方面，都必须掌握一定的知识量。所以，对生产过程中遇到的任何一个难题、任何一个难点，都要坚持“打破砂锅问到底”，直至弄懂、弄通。四是“勤思”，就是勤于思考。勤于思考、善于总结是一个人实现提升、取得成功的重要环节。因此，要培养勤于思考的好习惯，每当与师傅或技术人员交流、自己独立加工产品、取得成功或遇到挫折时，都要把一些好经验或失败的教训以笔记的形式记录下来，过后举一反三，思考总结，在弥补自身不足的同时，更为日后少走弯路积累经验。五是“勤练”，就是勤奋苦练。在掌握了足够的理论知识后，就必须付诸实践，而理论要成功运用于实践，没有捷径，只有苦练。所以要利用工作空闲、业余时间，坚持在练中学、在学中练，促进个人实践操作能力的不断提高。

艾敏和他的团队先后发表各类论文 30 余篇，所带的 22 名徒弟中有 12 人在省级技能竞赛和航天科技集团公司职业技能竞赛中取得前 3 名的好成绩。工作室中 6 人获“全国技术能手”称号、5人获“航天技术能手”称号、8人获“三晋技术能手”称号，多人多次在国家级、省市级技能竞赛中取得优异成绩。艾敏班组先后摘得“航天科技集团公司六好班组”，航天一院“长征班组”“神箭金牌班组”，山西省“青年文明号”等多项荣誉称号。

工作感悟

抗日战争时期，兵器生产的发展，催生了重庆这座工业城市。而籍贯重庆市的艾敏就是革命老兵工的后代，几辈人都在兵工厂中为祖国的军事工业孜孜不倦地发光发热。在新中国成立后，为了支援建设，艾敏的外祖父及父母积极响应中央的号召，从重庆被调往山西工作。因为父母一直在兵工厂工作，艾敏从小也耳濡目染了一些相关的知识，受到言传身教的他在幼小的心灵中根植了兵工精神的种子。艾敏从小就喜欢飞行器，这便是他长大后毅然投身于当前岗位的一个重要的原因：这既是航天情怀，也是最初的兵工精神的延续。

抗日战争时期，敌人对重庆兵工厂的狂轰滥炸动摇不了兵工员工的抗敌意志。他们夜以继日地努力生产，没有一个厂因被炸而停工一天，没有人因人员伤亡而瞻前顾后、畏缩不前。不屈不挠的民族精神，激励着中国人民坚持反侵略战争，直到取得最后胜利。“两弹一星”功勋奖章获得者郭永怀为了保护一份珍贵的数据材料，在飞机失事时把他的身体和警卫员的身体紧紧地抱在一起，他牺牲了自己，保护好了试验数据。在生产力不断发展的今天，航天精神的血脉仍继续延续，鼓舞着像艾敏一样的工匠奋勇争先，以建设美丽中国为目标，在自己的行业中谱写出一个又一个新的篇章。先辈们的热血，要传承；先辈们的奉献，要铭记；先辈们的精神，要发扬。

2022 年 4 月 27 日，首届大国工匠创新交流大会在深圳成功举办，习近平总书记致信祝贺。习近平总书记指出，技术工人队伍是支撑中国制造、中国创造的重要力量。我国工人阶级和广大劳动群众要大力弘扬劳模精神、劳动精神、工匠精神，适应当今世界科技革命和产业变革的需要，勤学苦练、深入钻研，勇于创新、敢为人先，不断提高技术技能水平，为推动高质量发展、实施制造强国战略、全面建设社会主义现代化国家贡献智慧和力量。各级党委和政府要深化产业工人队伍建设改革，重视发挥技术工人队伍作用，使他们的创新才智充分涌流。作为一线生产技能人员，艾敏始终牢记习近平总书记的嘱托，国家的需要、航天的需要、企业的需要就是他创新的方向。

创新感悟：创新是加快自我提升的强劲“发动机”。对于我们普通生产操作工来说，创新的思路和方向一定是立足于本岗位、本单位，从提高产品品质和生产效率入手，研究新方法、新工艺，切实解决生产中的实际瓶颈问题和重大技术难题，及时总

结创新成果、绝技绝活和具有特色的生产操作方法，形成成熟的定型工艺加以实施，以便于指导实际生产，同时可以在企业其他产品及行业内推广应用。对于我们普通生产员工来说，企业的需要就是我们创新的思路和方向。“创新太耗费时间和精力，我有这个时间还不如多挣点工时呢”，有时员工会有这样的考虑很正常。其实正常工作和创新之间是一个相辅相成的关系，鼓励大家去搞创新的前提是绝不能放任不管，我们始终秉承三一三全（一人提出，全组研究；一人攻关，全组参与；一人成功、全组推广）的宗旨，让个人提出创新意见，然后大家一起去帮助他完成创新课题。举一个例子，我们攻克的一个薄壁环轴向台阶深孔系加工难题，使这个零件的生产效率提高了 40 倍，一次交验合格率达到了 100%，并且获得了国家发明专利，组员在效率提高多挣了工时和工资的同时，还能在职业技能鉴定评级上获得加分项，大家得到实惠了，才愿意去干这个事，何乐而不为呢。我们搞创新的目的就是为了使创新贯穿企业日常工作，让创新在企业蔚然成风，这样才能使企业更具有生机、活力和发展前途。

质量感悟：我所在的岗位加工的是液压系统中的关键件和重要件，俗称是人造心脏的制造者，容不得一丝马虎和松懈。“细节决定成败”。在日常生产中，工艺有问题或图纸不明白处，应问清楚后再加工，不能凭自己的想象去加工产品，那样只会事倍功半。“技术再高，如果没有质量意识、岗位责任感，一样干不出好的产品”，要干好一个产品，不光只是技术高就能把难题解除，同时还要在加工零件时把质量意识、工作的责任感放在首位，严格执行分厂的质量管理制度，严格要求自己，规范质量行为，树立质量风气，加强质量意识，端正质量态度。对待自己的工作应诚心、精心、细心、耐心，其实就是一份责任心，只有端正态度、踏实肯干，脚踏实地做好每一件产品，做精每一件产品，才能让产品在自己手中不断升华。

奋斗感悟："宝剑锋从磨砺出，梅花香自苦寒来。"三十年的技能职业生涯，我始终把工作当成快乐，把创新化作动力，用自己的实际行动诠释了"执着专注、精益求精、一丝不苟、追求卓越"的工匠精神。不吃苦中苦，难成工匠人。作为一名航天蓝领，要想在建设航天强国的伟大实践中有所建树，那就必须得吃常人吃不了的苦、学他人所独有的艺、攻别人久破不了的关。我的成长之路就是一个学习 + 实践、突破 + 攀登的过程，在长期的奋进与磨砺下，实现了从一名普通工人到高端技能人才、从一名普普通通的加工中心操作工到"全国技术能手"的提升，并逐步成长为了一名数控技术的"大拿"，掌控现代先进技术的优秀技能带头人。习近平总书记说，"劳动创造幸福，实干成就伟业"。荣誉的取得对我自身来说既是一种肯定，更是一种激励和鞭策。我始终认为荣誉不仅是站在领奖台上的瞬间，更多的是在日常工作中默默无闻的坚持和奋斗，虽然我个人获得了荣誉，但这个荣誉属于我身边更多的和我一样为航天和国防事业作出贡献的同事和我们的企业。人可以一辈子不登山，但心中一定要有座山，它会使人总想往高处攀登，它会使人总有奋斗的方向，它会使人在任何一刻抬起头都能看到自己的希望，我心中的那座山就是要争做新时代的一流工匠人，我会始终朝着自己心中的巅峰攀登，用实际行动和骄人的业绩践行自己的铮铮誓言。

撰稿：郭宏、曹宇清

刀起刀落浑不怕　满身坚韧在心中

——西安航天化学动力有限公司固体火箭发动机药面整形工徐立平

人物简介

徐立平，男，汉族，1968 年 10 月出生，江苏溧阳人，中共党员，航天特级技师，西安航天化学动力有限公司固体火箭发动机药面整形组组长，陕西省总工会副主席（兼）。

参加工作 30 多年来，徐立平一直从事着极其危险的航天发动机固体动力燃料药面整形工作，被称为“在炸药堆里工作”。他始终坚守党员初心，立足本职岗位，不畏艰险、勇于担当，无数次出色完成危难险重任务，为航天事业发展贡献着自己的智慧、热情和力量。他先后被授予“航天技术能手”“最美航天人”“三秦工匠”“三秦楷模”荣誉称号，荣获“中国好人”“感动中国人物”“大国工匠”、中华技能大奖、全国五一劳动奖章等奖项。2017 年 3 月，徐立平被中共中央宣传部授予“时代楷模”称号；2019 年 9 月，获“最美奋斗者”个人称号；2022 年 3 月，当选 2021 年“大国工匠年度人物”。

工匠故事

2016 年的农历正月初七，北京城里春寒料峭，而正在举行“感动中国”颁奖典礼的央视演播大厅内却暖意融融，屠呦呦、阎肃、郎平等一个个熟悉的名字相继出现在晚会的大屏幕上，人们为他们至真至情的故事感动落泪，向他们至善至美的面孔致敬点赞！而这其中，还有一位名不见经传却引人侧目的获奖者——来自中国航天科技集团公司西安航天化学动力有限公司的徐立平，用主持人敬一丹的话说，那是因为“他的工作有些神秘，甚至长时间隐藏在大众的视线之外”。

神秘，是因为徐立平从事的工作属国家机密，因此，在我国数十年的固体火箭（导弹）发动机研制生产史上，外界鲜有关于这个岗位的报道：固体火箭发动机药面整形工！

固体火箭发动机是导弹武器装备的心脏，为火箭和导弹飞行提供动力。发动机推进剂燃面的形状、尺寸和精度，直接决定着导弹飞行的轨道和精准程度。用自动化设备灌装浇注而成的发动机推进剂“固体药柱”，其表面精度和药量与设计要求多少会有误差，因此必须进行药面整形。由于药柱端面结构复杂，这项工作往往需要手工完成，而在手工操作的过程中，一旦刀具与发动机壳体发生碰撞引起火花，便会瞬间引燃发动机内装填的烈性推进剂，其燃烧温度高达上千摄氏度，在这样的“正面”交锋中，一旦发生危险，操作者几乎没有逃生的可能，也因此，从事整形工作的人被大家形象地称作“火药雕刻师”。

就是这样一个与“危险”相生相伴的岗位，徐立平一干就是30多年，一万多个日日夜夜！

假如时间倒流至1987年，当时还不满19岁的徐立平又怎会想到自己将和“火药雕刻”结缘……

鲜衣怒马少年时

1987年，徐立平从陕西航天技工学校毕业，被西安航天化学动力有限公司选中，分派到固体火箭（导弹）发动机药面整形岗位工作，那年，他不到19岁。

得知消息的徐立平迫不及待地将“喜讯”告诉父母，不料，两位“老航天”的脸却僵住了！整形，那是母亲温书荣多年前所在的部门啊，其中的危险，两位老人再清楚不过了！面对长子徐立平的这份选择，二老的内心很是煎熬，但作为几十年工龄的“老航天”，几经煎熬，他们最终选择了“支持儿子！”

徐立平的第一位师傅是王广仁，药面整形组的组长，因为技术水平高，人送外号“一把刀”。师傅是位典型的北方汉子，身材魁梧，性格敦厚，为人豪爽，一口地道的陕西话掷地有声：咱这个岗位看着简单，其实对产品质量影响大着呢！而且很危险，一旦刀具碰到壳体产生火花引起爆炸，谁也逃不了。在这儿干，不舞弄好手里这把刀，可能会葬送自己和同事的性命！

师傅的话绝非危言耸听。来到岗位，师傅压根没给徐立平说技术上的事儿，而是径直给他上了一堂安全教育现场课：师傅和车间安全员带了一小包像刨花一样卷曲着的青灰色废药片——只有几十克重的样子，领着徐立平来到一片烧得焦黑的石滩前，示意徐立平把一个 8 号铁丝做的圆形支架插在石缝中固定，随后轻轻地将包着的药片放上去，并将一条特制的长长的纸绳一端插入药片，另一端理顺拉直、引向十几米外的空地，在叮嘱了一番保持距离、不要乱动的注意事项后，师傅引燃了那根纸绳，特制的纸绳并没有火苗产生，只有一点烟头般的暗火不疾不徐地向废药移动，在火头接触到废药的一瞬间，一道白光蹿了起来，随之而来的是烘热的气浪和升腾而起的浓烟！

徐立平热腾腾的心顿时冷静了下来！这时的他才真切地体会到父母为什么对自己的职业选择那么煎熬、师傅的话为什么那么严厉，原来这是一场“与死神的正面较量”，手中的刀艺系着生命啊！但到底是年轻，不肯轻易服输的徐立平在心里暗暗较上了劲儿：一定要把刀功练出样子来，不能让师傅失望，更不能给父母丢脸！

固体推进剂是一种经过特殊工艺固化了的火炸药，结构紧致且韧性极强，必须用特别锋利的刀具切割，而万一失手多切、超出了预定范围，就会造成发动机的质量问题，导致产品降级使用甚至报废。因此，只有基本功极其扎实的整形师，才有敏锐的手感和精准的操作，而想要刀刀精准，没有捷径可循，全靠悉心苦练。

就这样，徐立平在师傅的指导下，从最基本的磨刀、拿刀、推刀、铲药、找平学起，反复比画切、削、铲等每一个基本动作，不断揣摩切削量、切削角度、切削力度等每一个技术细节，简单重复的劳动枯燥极了，徐立平却依然练得心无旁骛。因为他始终清楚地记得师傅说过的两句话：切削要薄、用力要匀；心静气沉，不可浮躁。在大量的练习中，徐立平逐渐形成了一种特殊的肌肉记忆，找到了那种细致入微的手感，这让他颇为兴奋。

而一直旁观指导他的师傅也是“如获至宝”，认定了徐立平是干这行当的好苗子，直夸他“青出于蓝而胜于蓝”。其实，徐立平不知道的是，在到岗之前，他已经经过了师傅的一轮筛选：只有性格沉稳、心思细密、踏实认真、动手能力强的人才能进入师傅的“法眼”，显然，师傅没有看走眼，徐立平身上有种年轻人少有的心无旁骛、志如磐石的品质，而此后数十年徐立平的职业表现，也证实了这一点。

师傅的话肯定不是没道理的，工艺允许整形误差 0.5 毫米，而徐立平的标准却是 0.2 毫米——1 张纸的厚度！所谓差之毫厘，谬以千里，看似微乎其微的 0.3 毫米，却是他无数个日夜苦练换来的刀功绝活。徐立平不仅刀功了得，手感也堪称一绝，到后来，他竟练成了“一摸准”的绝活：整形精度怎么样，不用测量，徐立平用手指一摸便可得知。而他整形的产品精度，长期保持着 100% 的优良率。

正是这样扎实的基本功和对技艺的执着追求，让他在一次特殊任务中崭露头角……

狭路相逢勇者胜

那是 1989 年秋天，一台即将试车的国家重点型号发动机出现大面积脱粘，那是一台自四院成立以来，研制直径和体积最大的发动机，如果研制成功，中国的导弹武器装备能力将会得到飞跃式的提升，导弹部队也将有更机动、更快速的打击能力。可是，即将热试车的发动机却出现了脱粘现象。

脱粘是固体发动机一种严重的质量缺陷，会导致发动机工作过程中壳体烧穿损毁、甚至发生爆炸。出现脱粘的发动机，在当时的技术条件下，一般会做报废处理。然而，当时的四院根本无法承受报废这台发动机的结论：在研制经费严重不足、人均工资仅有 100 多元的 20 世纪 80 年代，将一台数百万元的发动机报废，是一项极其艰难的决定。加之国家对武器装备的紧迫需要，重新研制将带来严重的进度滞后，这对于“国家利益至上”的航天人来讲，也是无法接受的。

为确保研制进度，彻底查明原因，四院专家组在反复论证后作出艰难决定：就地挖药，查探修复！

挖药，意味着整形师要钻进已经装填好烈性推进剂的发动机舱内，挖出脱粘区域的推进剂，查清问题，重新修补，这在工厂的生产史上还是头一次！在发动机内进行“挖药”，艰难可想而知，危险更是不言而喻：狭小的操作空间、危险的作业过程、高度的精神紧张……无一不带给人强烈的压迫感！然而国家利益面前，没有一个人退缩，几乎是在接到任务单的同时，一支挖药突击队迅速组成，这其中，还不满 21 岁的徐立平是最年轻的一员。被选为突击队员，说明徐立平的技术是过关的，而相对于组织对他技术的认可所带来的自豪感，那种真切的、个人工作与国家利益紧密相连的荣誉感，更让他热血沸腾。

那是一台数米长的柱状发动机，直径比一个成年人还高，里面装填着十余吨固体推进剂，发动机中心有一个多角星型的芯孔，挖药操作就是从这芯孔爬进发动机、挖出病灶部位的推进剂。

一个多月前，徐立平还跟着师傅一起为这台发动机做过端面整形，如今，再度面对它时，却是要钻进它的内部，在十几吨推进剂的包围中工作，那是一种与端面整形完全不同的感觉。站在机口，望着那黑洞洞的芯孔，如同一张巨兽之口，那环绕一周的星角，更如同一圈利齿，带给人一种难以名状的压力。

挖药的艰难正如人们的预测：发动机舱内数吨的推进剂散发着浓烈而刺鼻的气味，狭窄的舱内也只允许操作者半躺或半跪着操作，为防止用力过大摩擦起火，队员们只能用木铲或铜铲小心翼翼地操作，每次最多只能挖出四五克，加之舱内缺氧和精神的高度紧张，工厂规定每位队员每次只能干十分钟，然而，作为最年轻的突击队员，徐立平每次进去总要多坚持几分钟，好让师傅们多缓一会儿。

就这样，在连续两个多月的时间里，突击队员们用超人的勇气一次次钻进装有数吨烈性推进剂的发动机内，五克、十克……五百克、五千克……队员们用蚂蚁啃骨头般的精神挖出数百千克推进剂，成功帮助专家组找到了故障原因。

当经过修复的发动机地面试车取得圆满成功的消息传来时，突击队员们激动地相拥而泣。

回望这段往事，人们至今无法想象当年的突击队员是怀着怎样一种无私奉献的情怀，每天面无惧色地大踏步走进那个死神蹲守的挖药工房？！可以说，在这场与死神的较量中，无畏的航天人成为最终的胜利者！但他们也承受了巨大的身心挑战，大家都不同程度地出现了头晕、恶心等不适症状，而那个总是“逞强”多干一会儿的徐立平更是双腿疼痛得要靠打封闭针缓解，医院表示没有办法治疗，并委婉地告诉他有瘫痪的可能。

两个多月的挖药没有让徐立平心慌，然而这时，他有些慌了，毕竟他才 20 出头啊！

没法治疗，只能用最“笨”的办法：徐立平在父母的帮助下给自己制定了高强度的恢复锻炼计划，他们甚至给家里装上了单杠，以便进行体能、机能恢复锻炼。每每看到连下地都困难的儿子咬着牙进行各种锻炼、每每看到儿子豆大的汗珠往下流，母亲温书荣的心简直都要碎了，伤在儿身、疼在娘心啊！可是背过身去擦去眼泪，她依然严厉地要求儿子自己走，既不搀扶儿子，也不让他扶墙、用拐杖。时隔多年，直到徐立平获得“时代楷模”殊荣时，徐妈妈才在采访中通过 VCR 向儿子讲出压了多年的心里话：“立平啊，不是妈不扶你，而是妈怕扶了你，你再也站不起来了！”

功夫不负有心人，经过几个月不间断的锻炼，徐立平的双腿逐渐恢复了过来，只是从此落下了腿疼的病根儿。

敢教日月换新天

对于药面整形的危险，有人说，这是这个岗位与生俱来的特性，无法突破。但徐立平不这么想，他心里一直盘算着找到突破口，直到一件事情的发生，他告诉自己，不能再等下去了……

那是十几年前的事了，但至今想起来仍让他捶胸顿足：一位和他并肩工作多年的工友，因操作时刀具不慎碰到金属壳体擦出了火花，瞬间引起发动机剧烈燃烧，工友当场牺牲……昔日的好工友、好朋友就这样走了，留下了孤苦无依的幼儿和寡母，徐立平心如刀割！

痛定思痛，那个“变革”的种子在他的心里长成了铮铮誓言！他暗下决心，一定要最大限度地让操作者远离危险，从根本上改变这种与危险相伴、与死神为邻的现状。

于是，他提出了思谋已久的远距离数控整形技术。因为，如果能成功将这项技术应用于推进剂药面整形，不仅能将操作者从昔日汗浸衣衫的辛苦中解放出来，更重要的是，能将操作者与推进剂直面相对的危险排除在远程操作的屏障之外。

虽然大家知道这是“治病去根”的良方，可是一想到用高速旋转的数控刀头去修整那些敏感度极高的烈性推进剂，这无异于在头顶悬了把利剑，想想便不寒而栗，一场暴风骤雨般的思想斗争，让人们摇摆在对变革的如饥似渴和望而却步间。

面对领导的担心、同事的退怯，徐立平却坚定地说：“就算是火中取栗也要上！”因为他深知，这是班组能力实现质的飞跃的重大机遇，也是给朝夕相处的组员们最好的一道“护身符”。

最终，在工厂的关注下，首台整形机顺利运抵。此后，安装、调试、实验，徐立平“鞍前马后”地“伺候”着这台设备，并在安装调试中结合岗位生产特点“刷新”了设备的安全保障系统，仅设备改进方案他就提出并组织实施了20余项，从源头确保了设备的安全受控。

虽然有了整形机这个“金刚钻”，但要想拿下机械整形这个“瓷器活”，还得会用“机器语言”去指挥啊！这对于没有一个人系统学习过数控技术的整形组来说，不可不谓之又一块难啃的“硬骨头”！因为发动机药面根据技术要求都是形态各异、“各有千秋”，且都是复杂的组合型面，加之许多犄角旮旯的特殊整形要求，要根据工艺要求编制一套“量身定制”的机械加工路线，还要确保整个过程的安全可靠，对于这些零基础的操作工来说，太难了！

从来好事尽从难处得，少年无向易中轻，徐立平坚信这样的道理。作为班组长，他带头开始学习。一开始，别说写代码，就连认代码符号，徐立平都靠的是死记硬背，年近40的他，认真得像个小学生！白天，他蹲在整形机边反复测量、琢磨，晚上，他通宵达旦地画图、计算，最终，他用两个多月的时间完成了某型号发动机整形参数的编写，并针对其特殊型面设计了专用刀具。

实践是检验真理的唯一方法。稿纸上的满分，不代表操作上的可行。于是，经过反复论证和假药试验，一个多月后，“真刀实枪”的验证试验开始了。试验那天，组员们早早来到工房做着准备：发动机安装到位、刀具装卡到位、程序输入三岗检验……反复检查，反复确认，最终，当现场总指挥发出“启动”指令的那一刻，人们仿佛能听到彼此的呼吸声。

令人欣喜的是，随着刀具的飞速旋转，随着车出的药条在空中划出一道道优美的弧线，一个漂亮、规整的整形端面逐渐出现在远程监控的显示器上，仅仅用了十几分钟，一发产品的整形任务就顺利完成了。现场的人们激动地握手互视，高兴地欢呼雀跃，而一直怔怔地看着屏幕的徐立平，这才缓缓松开了满是汗水的手……要知道，这项技术的成功应用，不仅是填补了行业空白，更是几十年火箭（导弹）发动机药面整形史上划时代的进步啊！

此后，在徐立平的带领下，班组先后实现了除部分特殊型号外数十种发动机的数控整形技术应用，实现了80%以上的型号具备远程数控整形的能力。由此，只要是能熟练操作数控设备的人，调出程序、按动按钮就能完成整形。这种远距离自动整形技术的应用，全面提升了岗位操作的安全性，同时，加工周期也缩短为原来的三分之一。此后，徐立平还带领班组员工根据不同类型发动机、整形的不同阶段和不同部位，设计、制作和改进了30多种刀具，其中，9种申请了国家专利，两种已获授权，一种获陕西省国防科技工业职工创新奖，还有一种被工厂命名为“立平刀”。

百花齐放春满园

航天事业的复杂性，决定了它是一个庞大的系统工程，是一项独木难成林的事业，在成千上万个航天器制造工序中，少有一人独立完成的工作，许多都是集体、协同作业，因此，每一项任务的完成、乃至每一名操作者的安全，都与工友间的协同努力有关。

在这样的朝夕相处中，航天人对于工友，似乎多了一份“家人”般的亲近，用他们的话说就是：每天朝夕相处在一起，甚至比和家人在一起的时间还长，有一种亲如手足的感觉。而这种亲人般的感觉，不光体现在生活上的相互关照中，更体现在工作上的相互帮助、抑或是“苛刻”要求上。这一点，徐立平的徒弟杜鹏深有感触。

“刚分来那会，当我知道自己的师傅是‘整形高手’徐立平时，心里别提多自豪了，可是跟着师傅学了一段时间后，我简直都不想当他的徒弟了”，想起当时的经历，杜鹏说，“真的很难忘”。因为师傅要求严格，见习期的杜鹏光练基本功，就花了好几个月的时间，既要默记各种奇形怪状的刀具用途、操作要领，更要在硬邦邦的废旧假药坯上练习“铲药”，手上磨出的血泡结痂又破皮，还要忍着钻心的疼痛继续练……可即使是这样，师傅说得最多的还是那句：“不行，重来！”

这样日复一日简单重复、单调枯燥的磨刀、铲药生活让杜鹏逐渐感到迷茫甚至失落，这还是他认知中的航天事业吗？阅兵巡礼、导弹发射、神舟飞天的光鲜与自豪仿佛离自己现在的工作很遥远！

终于，杜鹏迎来自己的第一次“取样”作业，本想着“露一手”，在师傅面前长长脸的他，却迎来了师傅更加严厉的教导：“你干的这是什么活！你想过下一个工序吗？他们要切削药片做实验，你取得这么不规整，会给他们增加额外的步骤，而且残药多了要清理，增加了多少安全风险！”就像是当头一棒，那一瞬间，杜鹏甚至产生了辞职的想法。

看着几天提不起精神的徒弟，徐立平周末邀请包括杜鹏在内的几个徒弟到家里聚餐，师娘做了一桌子的拿手好菜，师傅则乐呵呵地拿出自己珍藏的好烟好酒招待徒弟们，看着小伙伴们和师傅亲密无间的谈天说地，杜鹏恍惚着这还是班上那个师傅吗？

酒足饭饱后，大家围坐在一起聊天，说着说着就开起了对师傅的“吐槽大会”，原来，“对工作要求严格苛刻、不近人情”是大家对师傅一致的评价啊！可是末了，大家也真诚地说起，“师傅这还不是为了咱们好，咱每天在炸药堆里工作，严管才是厚爱啊”，只这一句，仿若醍醐灌顶，他的内心释然了。

徐立平就像一个家长，把每一个“孩子”的安全看得最重，他更像一位良师，把自己的“绝技绝招”倾囊相授。他把对组员的爱融入工作生活的点点滴滴：平日得闲时，徐立平常带大家做一种“挑战游戏”——大家随便报个数，然后分别去铲药，看谁一刀下去的药量能最接近报数，起初，总是师傅徐立平领先，但渐渐地，在他的不断“点拨”下，徒弟们也掌握了他总结出的“整形要诀”，“手艺”不断精进，对工作的兴趣也更加浓厚。他还组织大家开展型号攻关，仅某一个批产型号攻关改进，就让型号合格率从65%提高至93%以上；他带着组员一起研究改进，开展手工和机械整形技术的双向培训，完成了30多项刀具、工装和编程技术革新；他鼓励并指导班组青年员工编写了发动机缺陷修补工艺等数十份操作规程和工艺标准……

在徐立平的带领下，整形班组人才辈出，截至目前，29名组员中，国家特级技师1人、高级技师3人，技师13人，高技能人才接近60%，他还培养出了多名重点班组组长、副组长，那个当年曾“怨恨”徐立平的徒弟杜鹏不久前还在陕西省国企青年创新创效大赛总决赛上摘得三等奖殊荣。同时，徐立平也将自己的班组带成了航天“金牌班组”、航天科技集团公司和陕西国防科技工业“安全生产示范岗”，以及陕西省“工人先锋号”。

2016年，以徐立平名字命名的“技能大师工作室”获批为国家级“技能大师工作室”，消息传来，徐立平喜出望外，因为在他眼里，这将是打造一批技术精湛、业务精良的“火药雕刻师”的更好平台，因为在他心里，独木难成林，只有每一个组员的能力提升，才能形成更强大的合力，才能为“航天强国”建设筑牢更坚实的根基。

“认识技艺，掌握技艺，崇尚技艺，敬畏技艺，徐师傅身上表现出一种彻底而又纯粹的工匠追求，他沉静无言却深藏报国雄心，他身上那种坚持专注的精神、谦恭自省的品质和对岗位融入血液的挚爱给人以强烈的印象和影响”，这是身边同事对徐立平的评价，他们也正是在这样的影响下成为一个个新的“徐立平”，成为航天战线上的一名名工匠。

家之大者其为国

在徐立平家里，有着这样一个“传统”，每逢节假日，只要没加班、没外出，全家老小总要凑一块吃顿饭。每到这一天，立平、凡平兄弟总要围着父母说说话，利落精干的儿媳梁远珍则和妯娌、姑姐把一大家子的饭菜招呼得妥妥帖帖，让一家人吃得热热乎乎、圆圆满满。

这样的家庭聚会，在老徐家，是常态。用老父亲徐桂林的话来说，就是“每星期聚一下，看着孩子们都平平安安的，叮嘱几句，心里才踏实!”老人说这话，是有原因的：长子徐立平的工作被誉为“雕刻火药”，次子徐录平更是在一次意外事故中全身大面积烧伤，因此，家中两位老人对“平安”二字显得格外关注，正如他们给孩子起的名字，名字的最后一个字都是“平”字。

作为“航二代”，徐立平兄妹三人从小便跟随父母，按照国家三线建设部署辗转四川、内蒙古和陕西三地生活，虽然父母几乎没有和他们谈过自己的工作，但和同龄的小伙伴们一样，他们都敏锐感觉到了父母虽默默不言，但他们做的，却是“惊天动地”的大事！说到这种懵懂的理解，徐立平回忆起一段往事：“记得上学时，有个同学曾说看到自己的妈妈在听歌时哭了，当时的我们还不太能理解，但当后来参加工作后再听到这首歌时，仿佛一切都有了答案：在茫茫的人海里，我是哪一个；在奔腾的浪花里，我是哪一朵；在征服宇宙的大军里，那默默奉献的就是我，在辉煌事业的长河里，那永远奔腾的就是我；不需要你认识我，不渴望你知道我，我把青春融进，融进祖国的江河”。

在航天企业内部，流传着这样一句话：献了青春献终身，献了终身献子孙。因为这种亲人间的传承，更容易对航天文化产生归属感和认同感。而在航天人的传承情怀里，却鲜有谆谆教导、少有苦口婆心，更多的则是言传身教、身体力行。就像徐立平的父母明知“给推进剂做整形”是一件多么危险的事，却依然是儿子最忠实的支持者。就像在“感动中国”的颁奖礼上，徐母面对主持人白岩松的采访，说出了那句字字千钧的感慨：“没有国，哪有家!”也许我们未曾想到，一个年逾七旬的妇人，内心却是如此的宽广，也许我们未曾料到，一个内心柔软的母亲，在家与国的选择中，却如此的深明大义。

除了父母的支持，徐立平的身后，还有一位真情陪伴、默默付出的人——他的妻子梁远珍。梁远珍和徐立平一样，都是“航二代”，两人恋爱时，徐立平是一位会弹吉他、擅长摄影的“时尚青年”，很快便赢得了梁远珍的芳心。但时隔不久，热恋中的梁远珍便受到了无情的打击：那时的徐立平因为参加挖药突击队任务而双腿疼痛、不能行走，热心的梁远珍跑去照顾他时，却受到了徐妈妈的“不欢迎”，其实，徐妈妈是心疼她，怕自己儿子万一恢复不好，耽误了梁远珍，为此，梁远珍哭过好几回鼻子，但她还是坚持要陪伴着徐立平，老人最终也被他们真挚的感情感动了。

婚后，徐立平的工作越来越忙，对此，温柔善良的梁远珍始终给予最大的支持，她几乎承担起了全部家务，为的就是不让丈夫分心。几年前，徐妈妈生病住院，徐立平却和组员们扎在秦岭深山的工房里进行型号任务攻关。知道他的攻关正值关键时期，梁远珍便独自承担起了照顾婆婆的任务，每当徐立平打来电话询问母亲的病情时，她总是把每天的饮食和用药都说得仔仔细细，好让他放心。所幸，在医院的精心治疗下，经过一系列的化疗、放疗，徐妈妈康复得很好，这件事，在徐立平心中既留下了没能在亲人最需要时陪伴的遗憾，同时，也留下了对妻子的一份感恩。

和许许多多的普通家庭一样，徐立平夫妻俩间的相濡以沫、互相关心更多体现在生活的柴米油盐、细枝末节里。徐立平上岗操作时不能带手机，平时碰上加班他忘了打电话回家，梁远珍就会打电话到班组，遇上电话没人接，她甚至会关上正在做饭的火，骑车到班组去看看，远远地看到工房里秩序如常，她才能放心回家，继续做饭等待丈夫回家。夫妻两人都喜欢喝茶，一次去买茶叶时，老板向他们推荐了一款好茶叶，品尝过后果然唇齿留香，但价格对两人来说却显得有些奢侈，善于持家的梁远珍最终只买了一款便宜的茶叶。没想到，徐立平却瞒着她跑回去买了几两那种好茶叶给她，交给她说："好的留给你喝，我喝便宜的就成！"就这样简简单单的一句话，梁远珍的心已经融化。

家庭，既是人生的起点，也是人生的归宿，家风，既是最好的课堂，也是最好的考场。徐立平全家十余口人中，除了还在读书的孩子，其他都是航天职工，而徐立平的儿子、在读博士徐昊隽，读的还是与航天应用相关的电子专业，这，也许就是徐昊隽从这个家庭传承到的关于"家"与"国"的解读！

风饮清新雨润路

今年26岁的徐昊隽，浓黑的剑眉、炯炯有神的大眼，一米八多的大个子，加之西安电子科技大学电子科学与技术在读博士的"头衔"，简直就是"别人家孩子"的范本，让亲友邻里不能不羡慕，但又有谁曾想，这个朝气蓬勃的大男孩也曾有过学业上的困惑。

徐昊隽小的时候，父母还在秦岭腹地的"大三线"工作，后来由于工厂调迁，山里面的子弟学校相继关闭，孩子们必须到位于西安市郊的新区去读书。等到徐昊隽上一年级时，只能到距离父母工作地点50多公里的学校就学，到了周末才能和父母相聚。小小的人儿，对这样的安排还很懵懂，却又不知如何表达内心的孤独和难过，只能用泪水宣泄着不满。这种情况一直持续到小学毕业那年，父母所在的工厂从大山里整体搬出后才结束。

初中三年，是徐昊隽记忆里最幸福快乐的时光，回到家就有父母陪伴，学校里发生的趣事也常常是一家三口饭桌上的欢乐源泉。而三年初中生活倏忽而过，徐昊隽考上了市里的重点高中，为了方便照顾他，徐立平和爱人梁远珍商量着在学校附近租了间房，但由于学校距离单位太远，加之徐立平工作越来越忙，只能由梁远珍每天往返40多公里照顾儿子的生活。时间久了，由于对父亲工作性质的不理解，加之青春期的敏感、学习的压力，让徐昊隽对父亲渐生不满，父子二人间的关系渐渐跌入冰点，偶有独处时，两人也是寡言少语、甚至对峙，徐昊隽的学习也因此受到了很大影响。

一天晚上，徐昊隽突然找到母亲梁远珍说："妈，我想跟你说说话。"然后，他就"诉苦"了两个多小时，把父亲对他的种种"不管不问"一一道来，并赌气说，"我高考这么重要的关头，他都不管我，难道我考得不好他都不在乎？！"听罢这一席话，梁远珍心疼极了，原来儿子心里憋着的，是对这么多年缺少父亲陪伴的不满！孩子走在人生关键的十字路口，多么希望得到来自父亲的关怀、鼓励和陪伴呀！可她又知道，自己的丈夫是每日行走在"刀尖"、工作压力巨大的"火药雕刻师"啊！

一时间，她竟不知该找谁去诉一诉这内心的苦楚。

事情的转机是在航天四院建院50周年纪念大会上，大会评选表彰了50年来航天固体动力事业最具影响力和感动四院的十个英模群体和个人，徐立平光荣当选。作为颁奖嘉宾，梁远珍和儿子受邀出席活动。当徐昊隽看到获奖人物的纪实短片中，父亲在炎炎烈日下挥汗如雨，在极度危险的固体推进剂上小心翼翼操作，看到他发明的刀具如阅兵阵列般整齐排列，更看到了画面中竖起的那一枚枚“倚天长剑”……在听完主持人宣读颁奖词的那一刻，在亲手为父亲献上鲜花和奖杯的那一刻，儿子似乎理解了父亲，他感受到了父亲和他的同事们对事业的那份执着与热爱！那一晚，父子俩一起促膝长谈了好久好久，两人之间的误解完全消除了。

打那以后，徐立平会尽可能多陪儿子，甚至是一起学习：徐立平喜欢搞一些小设计、小改进，白天工作忙，他很少有时间捣鼓这些事，便把图纸、工具搬回家晚上搞，正好和儿子在一张书桌前一起学习、一起进步，儿子还经常给他提出一些小建议。一天晚上，徐立平看到儿子用削皮器削苹果，看到快速转动的削皮器把手，他突然有了灵感，他似乎看到了近几个月来苦苦寻找的答案！他兴奋地在纸上涂涂画画，第二天，便立即带领组员一起改进设计、申请加工！原来，那段时间，他们班组正在进行一个批产型号的整形工作，工作量比以往提高了数十倍，全组人不休息也不可能完成任务，因此，徐立平一直琢磨着如何提高工效。而他受削皮器启发设计的一款整形工装，只需卡装、转动便可完成工作量最大的粗整形环节，随后，只需人工完成少量精细修整即可，工作效率大幅提升，且提高了产品的质量稳定性。后来，工厂将这个刀具命名为“立平刀”，并举行了隆重的命名仪式。

温暖的家庭生活带给人的给养，往往是极其温和的，却又是极其有力的。在徐昊隽的记忆里，和父亲之间的一件“浪漫”往事，常常让他心底涌上一股暖流。那是高三时的一个节日夜晚，难得的家人团聚时光，父亲徐立平早早地做好了自己的拿手菜，等着补课的儿子回家一起吃饭，不料徐昊隽到家后却说："爸，我今天特别想吃披萨。"听了儿子的话，徐立平二话没说，穿上衣服就陪儿子出门了。当时正值漫天飞雪，清冷的大街上行人稀少，父子二人却乐呵地"咯吱咯吱"踩着雪，一路聊天步行了3公里去吃披萨。那一路的一句句亲切絮语、那一晚的一帧帧温暖画面，让徐昊隽深切地感受着父亲对自己的爱，滋养着他的心灵……在父亲的鼓舞和感召下，徐昊隽在随后的高考中，以超出一本线120多分的成绩考取了自己心仪的大学。

一枝一叶总关情

2018年3月，首次赴京履职的徐立平带来了一份关于加强高精尖技术工人培养的建议。身为一名来自一线的工匠，徐立平十分了解、也十分关注产业工人队伍的建设问题。他指出，从实际情况来看，国家对通用型技能人才的培养体系已经十分完善，但在专业性比较强的"特殊、小众"人才培养上还有短板，社会上的技校、职校几乎找不到这样的专业，而这些"特殊、小众"工种，又往往应用于诸如航空、航天制造这样的高科技产业，因此，"特殊、小众"人才培养的短缺，必定在一定程度上制约着行业制造水平的发展。为此，徐立平提出"依托重点行业或职业院校建立国家级培训基地，校企合作开发培训课程，定期更新理论知识点，促进技能人员专业理论、技能水平和创新能力的提高"的建议。同时建议适时举办高规格的技能大赛，以赛促训、以赛促练，让工匠人才在实战中增长才干、锻炼成长。

很快，徐立平的建议得到了积极回应，当年，西安市便挂牌成立了“西安市高技能人才培训基地”，陕西省高职院校技能大赛也增加了“特殊、小众”项目。

首次谏言受到重视和响应，让刚刚担起人大代表重任的徐立平既欣喜，又备感压力。因为他意识到，作为一名代表，他所提出的建议必须是具有充分的事实依据和实施的科学性的，因为他所要代表的，是一个领域的共同利益、是一类人群的共同想法。为了担好这份责任，“新手”徐立平开始了一轮又一轮的学习，展开了一轮又一轮的调研，用他的话说，国家的发展需要我们这些基层代表把人民的诉求反馈上去，只有这样，国家出台的政策才能更加具有广泛性和代表性，才能真正解决问题，而且，3000个人大代表，要代表14亿人的意见建议，这份责任太重大，这份信任太重大！

还是曾经那个“干一行，爱一行，钻一行”的徐立平，他把“当好代表”像“修整好每一台发动机”一样认真地投入进去！

这些年，徐立平的履职重点始终围绕如何培养更多的“大国工匠”、培育和发扬“工匠精神”展开。结合自己30多年的工作经验，徐立平对习近平总书记关于“工匠精神”的阐述深有感慨，他谈到，工匠精神的培养有三点特别重要，一是坚守，不管是什么样的岗位，都应一如既往地坚守下去；二是追求卓越，要有一种把自己手中的产品、工作做到完美的追求；三是创新，坚守不是在原有水平上的固守，而是不断创新、提高工艺技术水平，这也是一线技术工人的职责所在。

在谈到中国是制造大国，但是大而不强、强而不精时，徐立平显得有些激动，他说，要推进制造强国，必须有一定规模的高级技术人才队伍作支撑。制造是国民经济的主体，是立国之本、兴国之器、强国之基，而工匠和工匠精神则是制造之魂。凡工业强国都是技师技工大国，作为一个制造业大国，技工是不可或缺的重要人才基础。尤其是在供给侧结构性改革成为“主攻方向”的今天，企业要在一场激烈的市场竞争中发展壮大，归根结底还是需要依靠熟练的技术工人，拿质量过硬的产品说话。适应竞技新常态，企业不但需要强化创新驱动，更需要广大员工能够积极钻研和推动技术创新，培育发展新动能。发扬工匠精神，可以帮助企业做出极致产品，赢得竞争先机，打造基业长青，从而实现真正的可持续发展。

说起工匠培养和工匠精神的话题，徐立平侃侃而谈，仿佛不再是从前那个内向腼腆的工匠，他自己也笑着说，“确实比以前话多了，性格也外向了些”，因为责任大了、平台也大了，他说，以前一个人、几个人一起工作，做的事总是有限的，现在他想用自己的“发声”，让更多人关注工匠这个话题，共同推动“中国制造”向“中国智造”转变。

如今，年逾半百的徐立平已为自己调整扩展了工作职责，除了带好徒弟传承技术，新增了两条：代表基层百姓发声、弘扬大国工匠精神。

工作感悟

在一次工匠精神交流会上，徐立平讲述了一段我国著名导弹和火箭控制系统专家、中国科学院院士梁思礼说过的发人深省的话。

梁院士说："我在美国有一个好朋友，当年我们都在美国留学，我回国了，他留在了美国。他是波音宇航公司的首席科学家，我曾是航天部的总工程师，他搞的是美国的洲际导弹（民兵导弹），我搞的是中国洲际导弹。他的年薪是 30 万美元（20 世纪 80 年代），我的工资只有他的百分之一，他住在西雅图一个小岛上的高级别墅里，我住在北京很普通的单元房里。有人曾问我对此有何想法，我的回答是：他干的民兵导弹是瞄准中国的，我干的导弹是保卫我们祖国的！"

徐立平说："这个故事我看过很多遍，每看一回都是一次思想的触动，一场精神的洗礼。尤其是我出生在一个航天家庭，对这一点的感受更是深刻。我的父母都是第一代航天创业者，在他们那个年代，为了让祖国摆脱屈辱、扬眉吐气，他们义无反顾地放弃了都市的便捷生活，来到人烟稀少的地方建设'大三线'，创业初期的条件极其艰苦，他们曾经喝过黄澄澄的泥水、住着四处钻风的土坯房，他们甚至为了一块肉应该给辛苦劳作的一线工人吃、还是给殚精竭虑的技术干部吃而推来让去……他们为了第一发产品的早日成功，在老乡的磨面机下进行粉碎、在筛米的筛子里进行过筛，他们也曾带着好‘工友’壮烈牺牲的切肤之痛擦干眼泪继续工作……但是，60多年过去了，当他们回首往事时，不仅没有人后悔自己当初的选择，相反，每当谈起自己的职业生涯，他们的眼里总是泛着明亮的光，他们还会特别骄傲地感慨道：这辈子选择航天，值！”

如今，当历史的接力棒传递到“徐立平们”手中时，中国的航天事业已经从创业的艰难起步迈向追赶超越的加速奔跑，为了建设航天强国，他们不舍昼夜、创新拼搏，不断提升武器装备的威慑力，不断升级航天器的尖端性能。所谓不同的时代都有着不同的使命，历史毫不犹豫地选择了进步，而“徐立平们”则毫不犹豫地选择了担当！

如今的徐立平，拥有令人羡慕的诸多荣誉：“三秦楷模”、中华技能大奖、全国五一劳动者奖章、“感动中国人物”“大国工匠”“最美奋斗者”“时代楷模”……而这诸多的鲜花和掌声，是30多年前的徐立平所设想的奋斗目标吗？答案显然是否定的。就像徐立平说的，自己有三个没想到：没想到能走上高危岗位、没想到能坚持这么长时间、没想到能收获这么多荣誉！

是的，当整形岗位选择了他，他便积极加入、努力付出；不是没有过离开整形岗位的机会，但他义无反顾地选择了责任和坚守；纷至沓来的荣誉面前，徐立平说得最多的就是“荣誉应该是大家的，我只是千千万万个航天一线工人的代表”。即使是走到聚光灯下，走到闪光灯前，他也从未说出过什么豪言壮语，就像当选“时代楷模”后记者采访时他说的那样朴实无华：“再危险的工作也总得有人去干，虽然这几十年坎坎坷坷，但是每当看到我经手的产品发挥作用时，就会觉得特别的自豪。”

“干惊天动地事，做隐姓埋名人”——是一直以来外界对航天人的评价，而这样的评价，用在徐立平身上显得如此地恰如其分，是的，他带给人的正是这种感觉。面对荣誉，总是显得内敛自谦、甚至有些木讷，而面对岗位工作，他却又显得极其执着坚定、甚至是无畏！这样的工匠，能让人不敬爱吗？

也许在徐立平心里，当神舟飞船遨游太空、嫦娥玉兔的美丽神话真实“上演”，当朱日和的沙场点兵刷爆国人的朋友圈、点燃中华儿女的自豪感，便是对他工作最大的认可！便是对他作为中国航天一枚“螺丝钉”的至高奖赏！因为这认可和奖赏来自祖国，来自同胞！

因为爱，他全情投入；因为爱，他百折不回；因为爱，他视万千诱惑如无物；也是因为爱，他把一腔热忱化为赤诚行动，30余载为国铸剑。

因为在他心里，好好工作，就是最好的爱国！

撰稿：武阿珍、吴雅楠、王婧

弧光点亮航天情　青春奏响最强音

——北京卫星制造厂有限公司特种熔融焊接工郑兴

人物简介

郑兴，男，汉族，1989 年 7 月出生，北京市人，中共党员，特级技师，北京卫星制造厂有限公司焊接成形制造中心特种熔融焊接工。

自 2008 年 8 月进入五院北京卫星制造厂有限公司焊接成形制造中心以来，郑兴师从张铁民，主要从事大型铝合金密封舱体的结构焊接工作，是“张铁民大师工作室”青年核心骨干成员。焊接功底极强，攻克了包括“天宫”在内的大型舱体金属结构 VPPA 焊接难题，将铝镁硅合金材料焊接成功率提高到 100%，确保了型号大型舱体焊接工作“零缺陷”；完成神舟飞船返回舱，天舟货运飞船，3 套空间站的节点舱、大柱段，后端通道，空间站梦天实验舱，问天实验舱，新一代载人飞船试验船等 20 多个大型密封舱体金属结构焊接主岗工作。

密封舱体的焊接要求高标准一次成形，难度极大，焊接气孔直径不能超过头发丝，他反复摸索后发现空气湿度超 40% 会影响焊接质量，在夏季，为了除湿，郑兴经常在超 50℃的高温环境中进行焊接工作，在郑兴身上，航天人特别能吃苦的精神被体现得淋漓尽致。

在承担新型密封舱体用铝合金材料 5B70 的可焊性试验研究工作时，郑兴大胆提出对焊接工艺参数进行重组的方案，获得了满足要求的焊缝质量，最终新型铝合金材料 5B70 焊接方法成功应用于新一代飞船舱体的结构焊接中，一次合格率达到 100%，为一系列重大型号任务的圆满成功作出了突出贡献。

在深空探测领域，针对某型号返回器薄壁铝合金舱体的焊接任务，郑兴创新性地提出精确控制小电流的反向焊接，优化焊接路径，重新规划焊接参数，采用预变形焊接技术减少焊后残余应力的影响等方案克服了舱体空间狭小、操作实施困难、焊接变形控制等难题，保证了小曲率球形舱体的外轮廓尺寸要求。

在多年的工作实践中，郑兴总结出一整套焊接操作方法和技巧，确定了 6 个方面的参数控制和优化方案，攻克了 4 项工艺难题，高质量地完成了空间站初样和正样 3 套近 20 个大型密封舱体的 VPPA 焊接任务。真正成为“大”“薄”“精”的航天器密封舱体焊接的技术能手，为载人飞船、空间站、嫦娥探月等国家重点工程的开展和顺利实施作出了突出贡献。

郑兴经过十多年对舱体焊接的勤学苦练，以及在多个重点型号舱体焊接的历练下，现已为中国航天科技集团有限公司特级技师，也是继高凤林、徐立平、李峰、韩利萍、王曙群、崔蕴之后，航天科技集团的第七位“大国工匠”。他于2011年荣获“五院技术能手”称号，2012年荣获“五院劳动竞赛先进个人”称号，2015年荣获“航天技能大奖”，2017年荣获“五院先进个人”和“全国技术能手”称号，2018年荣获共青团中央“全国青年岗位能手”称号，并当选“中央企业团工委团代表”，2020年荣获“中国航天科技集团有限公司杰出青年奖”，2021年荣获“五院十大杰出青年”“最美五院人”和中国航天科技集团“人才培养先进个人”，2022年获航天科技集团“青马工程”优秀学员，2023年享受国务院政府特殊津贴，并以第一完成人获中华全国总工会、科学技术部、工业和信息化部、人力资源和社会保障部等部委联合举办的第七届全国职工优秀技术创新成果三等奖。

在十余年的航天奉献中，郑兴在航天器舱体焊接领域取得了闪亮和突出的成绩。

工匠故事

2005年，郑兴进入首钢技校后，给他最大的感触就是已经脱离父母身边进入到半社会状态的学校学习，而他毕业以后走上工作岗位就是一名技能工人，毕业后如何能够更好地在岗位上完成工作，是他时常思考的问题。郑兴所学的专业是焊接，起初他对这个专业并不了解，慢慢接触才知道所学的专业很辛苦，当时的想法很单一，就是再苦也要学好这项技能，学好技能将来才能够在岗位上立足，每个行业都有状元，他的目标就是要通过学习焊接技能成为焊接“状元”。他深刻意识到，平时只有不断努力学习、积累经验，才能在遇到机会的时候展示自己。通过在学校两年多的学习积累，他抓住了全国技工院校职业技能竞赛这个机会，通过老师的言传身教和自己平时的经验积累，他在这次竞赛中取得了北京市第三名的好成绩。这个经历让他更加明白了“功夫不负有心人”这个道理，因此他更加地刻苦练习，通过学校优越的师资和设备条件，他在学校这三年中学到了很多焊接基础知识和焊接经验，为他以后走上工作岗位奠定了基础。在校期间，通过努力，他还拿到了校一等奖学金和“北京市三好学生”在内的多项荣誉，在学校三年的学习，使郑兴懂得了机会总是留给有准备的人，平时学习中积攒知识和能量，遇到机会才能抓得住。

2008 年，郑兴怀着对航天事业崇高的梦想来到五院北京卫星制造厂，很幸运地拜张铁民为师傅。他说身边有很多像张铁民这样有着不凡的实践经验和过硬技能水平的先进榜样让他学习，技能工人成长是通过不断练习技能本领和提高工作经验来增强内功。同样，在他身边还有很多和他一样是参加集团公司和五院的技能竞赛这个快速通道成长起来的，而他认为自己只是这些榜样中的一个缩影，是院和厂里在技能人才培养上给他们技能操作人员创造了很多学习和提高的机会。

现在的工作中年轻人很多，工作中重要岗位有的也是年轻人来担当，这就要求年轻一代必须要承担起历史赋予的使命。郑兴作为青年技能人员，一直有一个“追星梦”，他所追的明星不是电影明星，而是我们的技术专家和技能大师。他认为这些技术专家和技能大师就是他们青年人要学习的榜样，要把技能大师的过硬本领学习好、传承好。新时期“劳模精神”和“工匠精神”我们都耳熟能详，在郑兴看来，工人和工匠之间虽然只有一字之差，但却有天壤之别。“工匠”代表的是一种精益求精、一丝不苟的工作态度，工作中就要做到精益求精，永远有如履薄冰的质量意识和精品意识。在焊接中心有这样一个标语“把以国为重融入产品，用精益求精确保成功”，而这句话已经深入到中心每一名员工的心里，这也是郑兴工作当中的座右铭。

郑兴总说：虽然自己从事的岗位很平凡，但只要在平凡的岗位上努力做出不平凡的成绩，也可以像那些先进榜样一样充分发挥自己的价值，为祖国的航天事业贡献自己的力量。

塑匠心，他是航天精神的传承者

“匠心”，是一种追求极致、不断超越的精神，是一种择一事终一生的态度。作为一名航天技能青年，我们的职责是铸大国重器，唯有匠心守之，认真负责、精益求精，才能给党、国家、人民交上一份满意的答卷。郑兴师从“全国技术能手”张铁民。在进行大型金属舱体结构 VPPA 等离子自动焊接攻关的任务时，张铁民常说：“每个焊点都事关航天员的生命安全，我们就是航天员的‘守护者’，一定要做到稳妥可靠、万无一失。”他这种对工作极度负责的态度，深深影响了郑兴，时刻提醒他以最高的标准和极其认真的态度对待每一项工作。初心勾线，匠心施彩，一路走来是“匠心”指引着他攻克一道道难关，实现一次次突破，让他用焊枪在载人航天工程、深空探测的系列型号中勾画出最美的青春弧线。

郑兴刚进厂时师从张铁民，航天人不怕吃苦、甘于奉献、团结协作的精神在他师傅身上体现得淋漓尽致。在载人飞船返回舱任务中，由于舱体结构复杂、空间狭小，导致焊接时舱体内某些部位无法观察，理论上只能“盲焊”。这是一个难度很高的操作，从技术角度上来讲，对张铁民来说毫无问题，但张铁民师傅通过仔细思考和摸索，凭借自己过硬的技能水平，大胆提出从舱体外侧向内焊接的构想，这样既解决了视角问题，又把在内侧焊接时常常因为空间狭小形成氩气紊流导致产品缺陷的问题也解决了。在经过无数的焊接试片之后，最终飞船一次焊接成形且内部质量大大改观。在外人看来。这只是“一进一出”之间的小举动，但对内行人来说，绝对不是一般人可以做到的。因为航天产品研制中任何一个步骤的改变，都可能导致巨大的风险，没有高超的技能，没有坚强稳定的意志，没有大胆创新和勇于探索的精神，是绝对不敢突破这种传统的。这充分体现了我们航天人不怕困难、勇于创新的精神。正是这种航天精神的传承，激励着郑兴坚强地成长着，塑造着一颗航天青年的匠心。

据郑兴讲述：在他心中，师傅一直是两座大山，一座大山是他的高超技能是自己难以逾越的高山；第二座大山是工作当中遇到棘手问题的靠山，因为有这样一个出色的师傅，干什么心里都有底，师傅精湛的技能使自己在工作时，在遇到一些问题能够随时请教师傅帮自己解决。

郑兴说：“学徒时师傅对我要求很严格，尤其是练习基本功的时候。那个时候刚开始学，手工焊练习时要求认真对待每一个试件的练习，在一定的长度之内焊接状态要按照自动焊的标准来做，手要稳、手要准，动作要保持一致。比如说一条焊缝可能是由 80 个鱼鳞纹组成的，那么师傅要求手工焊的鱼鳞纹数量偏差只能在正负 5 个，在这一定的长度内，焊丝填充量的比例要配合好，每一条焊缝才能焊得一样。那个时候感觉工作很枯燥，每天早晨开始练习，快下班时请师傅过来，把我一天练习的试件编上标号，让师傅来评价一下我练习的试件有哪些问题，再用一个小时的时间来给我讲解我练习过程中出现问题的解决方法。练习焊接基本功没有捷径可走，只有通过一系列的摸索，然后逐步对手工氩弧焊焊接的技巧慢慢掌握。学习的过程就跟盖高楼一样，地基打不稳，到上面就偏了，前期学习必须要稳扎稳打，才能把基本功夯实。师傅总是说：做一个焊工很容易，但是想要焊好很难，要做到每一件产品都是精品。练习时不光要刻苦还要积极总结，问题是怎么形成的，然后怎么去解决出现的问题。

‘天宫’正样舱体焊接时，我一直在给师傅当二岗，帮助观察焊缝反面成形，焊接过程中焊缝的外观成形会直接影响焊缝质量。焊缝的成形对整个舱体来讲非常重要，必须要保证一次成形，合格率才能控制在百分之百，那个时候我压力比较大，因为我觉得我要是看不好，可能也会相对影响焊缝的质量。成长的过程就要通过实践，每次给师傅当二岗时我都按照一岗的状态去考虑问题，使自己紧张起来，细心观察师傅操作的每一个动作，总结工作中出现问题、解决问题的经验以及操作技巧，这样我才能更快积累工作经验。

记得在焊接‘天宫一号’正样舱体的第一条环焊时，我师傅在前面焊，我在后面观察焊缝的成形。那是‘天宫一号’的第一条焊缝，师傅压力比较大，确实要保证焊缝的质量，我压力也比较大。第一是我经验比较少，第二是我在反面观察的焊缝的角度不如我师傅平时带我练习的时候那么直观，没有及时跟师傅说反面成形效果不太好。然后到下班了，已经换好自己衣服往外走了，我师傅才跟我说，一年多了，这些经验应该是有的，但是我没看出来，这个确实有问题。当时我的第一想法就是还不如师傅骂我两句、踹我两脚呢。但是师傅没有，他就是很淡定地跟我说这种情况以后要多总结，下一条缝别再出现这种问题了，多观察总结。那个时候我就觉得心里特别有愧，这么高端的产品，这么难的操作，又在关键的时刻，可能我当时给师傅掉链子了。当时我是这么想的，但是他就只是特别简单地跟我说了一下。从那以后，我再也没有发生这些状况了。我现在的一些工作习惯的养成和那一次的经历有很大关系。”

“张铁民的技术水平没的说，更重要的是他引领了一个团队。”中心主任评价张铁民说，“他毫无保留地传授焊接经验，不管你是他的徒弟，还是别的班组的年轻人，只要态度对，他都乐于教授。”一个人再强大，都只是一人之力，真正的强大靠的是团队，而张铁民就是团队的核心力量。事实上，近几年他的徒弟越来越多，有进厂就跟他的，也有因工作需要临时调过来的；有普通工人，也有本科生、研究生学历的工艺人员，每一位徒弟说起张铁民师傅来那都是竖大拇指的，无论技能、还是理论学识和人品，张铁民都无愧于“大师”的称号，是他们一辈子学习的榜样。

张铁民师傅与郑兴传承的不仅是焊接技术，更是匠心，更是自力更生、艰苦奋斗、大力协同、无私奉献、严谨务实、勇于攀登的航天精神。

建“天宫”，他是敢于创新的青年先锋岗

缘分是一种奇妙的东西，它注定我们会在生命中的某一时刻相遇、相识、相知、相守，并且用青春去铭记。从小对外太空、星船模型感兴趣的郑兴终于如愿以偿地在生命中最青葱的岁月里遇见了航天，也遇见了一起在星辰闪烁的时光中奋斗的同事们。古人问“盘古破鸿蒙，天宫有九重?”今天的中国人可以自信地向古人挥手“世上本没有天宫，但我们可以自己建一个。”中国空间站即将成为历史上单独国家建立的最庞大的空间站，中国的航天技术让世界瞩目是因为中国有一群像郑兴一样有情怀、有担当的航天人。2014年的秋天，空间站节点舱正式进入产品的最后焊接阶段!

空间站节点舱是载人航天器焊接中首个球形壁板结构的载人密封舱体，是空间站核心舱的重要组成部分，也是连接核心舱和其他对接舱体的枢纽和通道，同时还具备航天员在此出舱的功能。节点舱为壁板和法兰的组合体，壁板和法兰之间用焊接方式相连，装配焊接中，球形壁板法兰结构变形控制是焊接中最大的难点。郑兴团队通过大量实验反复摸索，最终采用整体精确装配，优化焊接点固顺序，抵消波浪变形，保证了焊接装配质量；通过多参量协同优化焊接工艺参数，实现了VPPA自动化焊接过程的精确控制；实现了节点舱舱体的高精度、高质量焊接，同时也实现了VPPA焊接技术在大型壁板结构密封舱体上的全面应用，填补了该技术在我国工程应用的空白，达到了国内领先水平。

郑兴所在的团队一共五个人，平均年龄为29岁，他们为节

点舱的顺利生产站好最后一班岗。舱体从装配到焊接完成需要整整48小时，两天两夜不眠不休。当时郑兴第一次作为焊接主岗操作，心情很紧张但更多的是激动，以前都是作为二岗辅助师傅进行焊接。明确大家的分工，当钳工人员进行装配时，他在一旁对焊机进行调试，一片片试验件就这样在无形的时光中被堆砌起来；当装配完成后进行正式产品焊接时，其他队友可以换班休息，而他趴在舱体表面，戴上面罩，弯下身躯，开始了他的“表演”。远远望去，美丽的弧线掩去了所有的汗水与不易。当后半夜悄无声息地来临时，车间东跨没有任何声音，只有郑兴面前的火花四溅和一旁队友惺忪的睡眼。舱体焊接装配精度要求极其高，郑兴看着一旁疲惫的战友们，为了让大家精神起来，他把自己说话的声音故意提高几分贝，“螺钉装配时拧紧一些，再检查一遍”“螺钉拿好别掉下来砸到舱体”“工装别装反了”“小心产品别有划伤”“登高时检查一下安全带”，顿时车间的东跨再也听不到别的声音，只有郑兴那一声声的呐喊。一直陪着大家站完了最后一班岗，当他焊完所有焊缝时，队友已经为他端上一碗热腾腾的泡面，郑兴说了一声：“终于顺利完成了，谢谢大家的配合。”此时的声音已不再洪亮，兴奋中更多听到的是沙哑……那一年，郑兴25岁。

所有的一切就仿佛一场梦一般，整整两天两夜，谁都不知道中间经历了哪些艰难，哪些凶险。天渐渐凉了，但心渐渐暖了，他们慢慢地凝聚在航天的大家庭里，有着欢声，有着笑语，有着关怀，有着友谊，他们在最美的时光里遇见了最美的彼此，也遇见了最“美丽”的遇见。

造“飞船”，他完成最“闪亮”的蜕变

“性痴则其志凝，故书痴者文必工，艺痴者技必良。”郑兴很快从一名焊接技术的追赶者成长为一名焊接技术的领跑者，一把焊枪也成为郑兴最亲密的“战友”。凡是遇到“大活儿难活儿”，他都带着他的“亲密战友”走在最前面，仿佛每次留给他人的永远是背影。神舟飞船作为航天员实现天地往返的交通工具，其安全可靠性直接影响着航天员的生命安危。所以神舟飞船舱体的焊接容不得一丝马虎，正如神舟飞船焊接车间里的标语“每一道工序都影响着载人航天的成败，每一个焊点都关系到航天员的生命安危”。

2015 年的夏天，中心承担载人飞船舱体焊接任务，飞船舱体近 95% 的焊缝都是由手工焊接完成，焊缝局部的缺陷难以避免，后续需要对舱体进行手工补焊。由于产品的材料特点和季节因素，为保证舱体的补焊质量，实际焊接时需要在干燥高温的环境下进行，整个舱体放到大烘箱里加热到 100℃，并且恒温保持 3 小时对舱体进行除湿，加热除湿后要立即进行焊接，从打开烘箱的大门到焊接完成离开合上箱门，也就不到5分钟的时间，这让车间的焊工师傅们不禁心里起了寒战。此时的郑兴已经穿着防热服把自己“全副武装”起来，一只手拿着焊枪，一只手拿着焊丝，为了保证焊接时的灵活，两只手只戴了薄薄的防护手套。在大家迟疑时，只见一个身材并不算高大，肢体也并不灵活的小胖子眼神坚定地蹿了进去，毅然决然地说了一声：“把门合上一些!”大家都惊着了，目光呆滞，忽而才反应过来，“郑兴进去了!”大家像训练过一般脱口而出。时间滴滴答答地过去，5分钟就这样到了，舱体补焊完成了，郑兴又一次蹿出来了，哐当一声，合上了烘箱门。疾驰飞奔出来的郑兴放下了手里的“宝贝”，摘下了手套，脱去了防热服，不知是汗水还是泪水，流淌了一地。那个身材并不算高大的小胖子全身被“洗礼”了，落汤鸡也好，沐浴出镜也罢，人还是那个人，只不过胳膊上多了一道伤痕……那一年郑兴26岁。

没有一个人的成长是一帆风顺的，坎坷和磨难都是成功路上的阻碍。天下无不可为之事，每一次泪水，都是一次苏醒；每一次历练，都是一种财富；每一次创伤，都是一份成熟。生命之舟跨过激流险滩，这终将成为令人钦佩的东西。蜕变是流着汗水裹着泪的，有风险也有失败，恰似涅槃，但也是对未来的憧憬与期待。一步一步地登攀，回首往事，他会心一笑；转过头，面对前方，他依然在路上。

保“探月”，他是技艺精湛的青年顶梁柱

叶培建院士在谈起为何要进行深空探测时讲道：“人类在地球、太阳系都是很渺小的，要想了解宇宙的形成、地球的形成和

人类的起源，不走出去是解决不了问题的。”2020 年 12 月 17 日凌晨，携带月球样品的嫦娥五号返回器成功着陆。为期 23 天的月球挖土之旅圆满成功，意味着中国成为世界上第三个实现在月球采样并成功返回的国家。作为中国首个执行地月往返的返回器，轻质、壁薄、型面复杂等特点对舱体装配焊接提出了更高的要求，给郑兴团队提出了更多的挑战。

岁月的流逝会给我们每个人留下不可磨灭的痕迹，而对于郑兴来说，成长的岁月是流着汗水裹着幸福的，有历练也有温暖，也饱含着对未来的憧憬与期待。一步一步地登攀，一次一次地求索，面对远方，前行的身影一直在路上。在重大型号任务的实践淬炼下，郑兴逐步成长为技艺精湛的青年顶梁柱。

探月工程“嫦娥五号”研制时，“嫦娥五号”相比神舟飞船更小，焊接过程中操作空间更为狭小，金属壳体型面极为复杂、壁厚薄，存在焊后变形大等工艺难点，多次试验焊接中均未达到技术指标。眼看着焊废的返回器零件摆得满地都是，在一次次失败面前，焊接二班成员一个个愁眉不展。每天郑兴都在拿着焊接试片和张师傅一级焊接工艺专家探讨，通过大量试验，焊接试片从地面堆起来，一摞摞地超过了头顶，逐步摸清返回器金属壳体焊接过程中易产生缺陷的原因，锁定为铝合金高导热性、薄壁结构的快速散热性和焊缝分布复杂性三条主要原因。

找到了问题产生的根源，也就想到了针对问题的解决办法，郑兴提出精确控制小电流的反向焊接，优化焊接路径，重新规划焊接参数，采用预变形焊接技术减小焊后残余应力的影响等方案，最终嫦娥五号返回器金属壳体外形轮廓精度满足设计要求，成功完成了嫦娥五号返回器的焊接任务，并且还实现了整舱焊缝一次合格率达到100%，创造了舱体焊接奇迹，也标志着舱体VPPA焊接达到了世界领先水平。

为了嫦娥五号返回器，在这百余个日夜里，年轻的郑兴不畏辛劳，作为焊接主岗，扛起了舱体焊接的旗帜，敢于攻坚克难，不仅磨练了自己和团队的焊接技能，也通过深入思考对焊接技术有了自己独到的见解。同时郑兴为确保探月工程系列型号的圆满成功作出了自己的贡献。

由于技艺高超，郑兴被推荐参加五院和集团公司的技能竞赛，获得院技能竞赛特种熔融焊接工第一名和中国航天科技集团有限公司职业技能竞赛特种熔融焊接工决赛第二名的优异成绩，荣获"全国技术能手"和"航天技能大奖"等荣誉称号和奖项，并先后参与总装备部、工信部等重大预研课题30余项，对外合作交流项目10余项，以精湛的技艺展现了航天一线青年工匠的独特风采。

立新功，他是攻坚克难的突击手

生活中总会有一些未知，就像隐匿在群山背后的星辰，吸引着我们前进的步伐。人生的乐趣在于无穷尽地探索尚未知道的东西，在于不断地增加更多的知识，航天事业亦是如此。

2016年的春天，为了实现载人登月以及地面与空间站之间频繁的天地往返，新一代载人飞船正式立项。与神舟飞船相比，新一代载人飞船体型更大，既能载人，又能载货，并且可以重复使用。在新飞船的研制任务中，集高强度、耐腐蚀、良好的超塑性和低温强度等优势于一身的新型材料5B70铝镁钪合金应运而生。新一代载人飞船以5B70铝镁钪合金为主要结构材料，5B70

铝镁钪合金在载人航天任务中优势极为明显，但是对 VPPA 焊接提出了更高的要求。

在几十次的焊接试验中始终存在着焊缝内部气孔缺陷、焊后变形大、一次焊接合格率低等工艺难点，多次试验焊接中均未达到技术指标，对未知的探索又一次遇到了难以跨越的高山。一次次的失败，一声声的叹息，整个气氛都弥漫了迷茫与无奈。能否实现高可靠性焊接，能否实现航天领域工程应用，所有的焦点都聚集于此。未知的探索固然神奇，却也布满着荆棘，充盈着压力。

当大家都愁眉不展的时候，郑兴又一次被推到了风口浪尖。翻阅书籍，查阅新型材料合成元素，请教专业人士成了他每天的必修课；进行大量实验对比，摸索试件焊接参数成了他每天必需的工作。岁月寒暑，每一次的焊花闪现在焊接车间的中跨，我们都能看到郑兴那独树一帜的背影，让人感到踏实而又坚定。一次次和那些美丽的弧光接触，即使火花四溅的背后绽放出来的并不是精彩，即使焊过的试验板材可以搭起一栋房屋，即使经历过一次次的失望与迷惘，可是那又怎样？面对棘手的难题，郑兴没有被打倒，无惧未知的艰难。

郑兴以工程应用为目标，通过对铝镁钪板材的焊接试验研究，在冷静地分析和排查原因后发现相比于 LF6 铝合金，5B70 的熔池流动性要稍差一些，熔池内气孔溢出缓慢，采用 LF6 的焊接参数熔池维持时间短，熔池内气体不能有效释放，造成气孔缺陷。找准了问题的根源，许久阴暗的世界顿时晴空万里。他“对症下药”，通过对焊接工艺参数进行重组，适当地增大焊接电流，降低焊接速度，使熔池内的气体充分溢出，获得了满足要求的焊缝内部质量。最终 5B70 新型铝合金材料焊接工艺成功应用于新飞船的舱体的焊接中。

2020 年 5 月 8 日 13 时 49 分，我国新一代载人飞船试验船返回舱成功着陆。当看到新飞船试验船从太空返回后，郑兴看着自己焊接结构完好无损，郑兴用他师傅曾经写过的小诗中的一句道出了他当时的心情："一见如故无别意，难得道相同。看尽焊缝千里去，航天情浓。"

未知的探索需要我们提出大胆的猜想并且勇于担当，那些神奇的东西才会显现在我们眼前。就这样，一把焊枪，一双妙手，千度烈焰，数次攻关，他用坚实的臂膀扛起复杂壳体焊接的大梁，他用敢于担当的魄力为载人飞船焊就坚固的城墙。

在掌握了高超技能的同时，郑兴仍然努力钻研焊接理论，将自己在型号研制中的技艺实践凝练总结、落于笔端，主笔撰写了论文 4 篇，形成专利 3 项，形成了可推广的绝招绝技。如今的他已经成为名副其实的"青年师傅"，先后培养了一专多能的知识、技能复合型青年人才 20 余名，所在青年团队成为航天系统

内外知名的航天器焊接“尖兵”团队。2018年，郑兴被共青团中央评选为“全国青年岗位能手”。

在航天事业未来发展的新长征路上，我们可能会遇到更多的工艺难点和挑战，但我们相信，只要我们永葆匠心，脚踏实地，就一定能够实现不断突破，用百分之百的焊接合格率，打造出航天强国征程中一个个完美的星船之躯。

工作感悟

以信仰筑牢初心

2020年4月23日，习近平总书记在给参与“东方红一号”任务的老科学家回信中指出：“新时代的航天工作者要以老一辈航天人为榜样，大力弘扬‘两弹一星’精神，敢于战胜一切艰难险阻，勇于攀登航天科技高峰，让中国人探索太空的脚步迈得更稳更远，早日实现建设航天强国的伟大梦想”。让航天青年感慨万千备受鼓舞，也激励着我们不忘初心、牢记使命，在将青春投身航天强国伟业中绽放绚烂光彩。

当年面对中国人能不能自己造出火箭导弹的问题，钱学森的回答掷地有声：“有什么不能的？！外国人能干，中国人为什么不能干？难道中国人比外国人矮一截？”航天人有自力更生的志气，更有自主创新的能力，为了避免受制于人，只能立足自力更生，通过原始创新、集成创新和学习借鉴国外的先进技术，吸收、消化、再创新，不断攻克新技术，取得新成果。

航天科技是举世公认的技术密集度高、尖端科技聚集的高科技事业。在中国航天事业发展的60多年里，中国航天依靠自力更生、自主创新，以较少的投入，在较短的时间里取得了令国人自豪、令世界瞩目的成就：战略导弹武器装备技术进入国际先进行列，增强了我国维护国家主权和世界和平的能力；运载火箭和卫星技术达到国际领先水平，带动了我国科技水平的整体跃升；深空探测工程取得突破性进展，带动了我国基础科学的进一步发展；北斗卫星导航系统实现全球组网，使我国成为继美俄之后拥有独立自主卫星导航系统的国家；中国航天员在中国空间站的长期驻留，提升了中国的民族自信，增强了在世界上的地位。航天技术应用不断达到新的水平，也推动了社会经济的发展。从老一辈航天人到新时代的航天青年，传承的星箭的制造技能，是自力更生的航天精神，也是不忘初心的航天使命。时至今日，中国航天人向中国人民交出了一份骄傲的答卷。

“不忘初心”是什么意思，不忘初心就是永远保持不懈的奋斗精神，永远保持对人民、对社会主义事业的忠心。作为航天青年，我们的初心和使命就是：立报国志，承工匠心，圆梦航天。

习近平总书记在作十九大报告时曾指出，“中国共产党人的初心和使命就是为中国人民谋幸福，为中华民族谋复兴”。在平时的工作与学习中，我时刻铭记习近平总书记“探索浩瀚宇宙，发展航天事业，建设航天强国”的重要指示，深入学习贯彻习近平新时代中国特色社会主义思想，积极践行习近平总书记在纪念五四运动100周年大会上的讲话精神，增强“四个意识”，坚定“四个自信”，坚决做到“两个维护”，充分发挥青年党员先锋模范作用。

作为青年技能人员，我们要向大国工匠看齐，要向青年楷模看齐，我们要培养“追星”的意识，我们所追的明星是大国工匠和时代楷模，让工匠精神深入每名青年的心中。

不知道大家见过没，在微电影《使命接励》里，就有一位来自航天科技集团的张铁民，他就是我的师傅。我是张铁民技能大师的第一个徒弟，在我刚参加工作的时候，就跟着师傅进行大型金属舱体结构 VPPA 等离子自动焊接攻关的任务，攻关过程很艰辛，在摸索的过程中没有白天和黑夜，有时候会因为研究一个很小的细节问题忘记吃饭、休息，但是结果是欣喜的，我们团队最终实现了 VPPA 等离子自动焊接技术在“天宫”空间站核心舱等的成功应用，填补了我国的技术空白，并将大型密封舱体焊接技术提升到世界领先水平。我觉得师傅在攻关过程中的这种不畏艰难、专心投入、精益求精的品质就是我们要学习的精神，而这种精神已经深深地影响了我。

初心如磐，使命在肩。回望来时路，老一辈航天人用奋斗和奉献铸就了今日的成就和辉煌；展望新时代，航天强国的历史接力棒传到我们这一代人的手中，唯有以报国之志、创新之魂、实干之基吹响航天青春号，方能直面未来，不负青春韶华，不负伟大时代!

以坚守勇担使命

严谨务实、严肃认真、勇于攀登这是航天人的工作态度，也是对我们创造航天产品的安全性、可靠性的信心和保障。

航天事业的每一步前进，航天科技水平的每一点提高，都是航天人克服障碍、锲而不舍的结果，也是航天人数十年如一日磨炼技能技艺的结果。我国航天事业的每一步发展，都是和航天人严谨务实、严肃认真、勇于攀登的工作作风紧密联系在一起的。

在60多年的征程中，广大航天工作者瞄准世界航天科技发展前沿，科学务实，苦练技能技艺，获得了一批又一批具有世界先进水平、掌握了自主知识产权的核心技术和关键技术，取得了举世瞩目的成就。严谨务实、严肃认真、勇于攀登的过硬作风作为航天“三大精神”的重要组成部分，在航天事业的发展中显示了巨大威力和重要作用。可以说，没有这种过硬的作风就不会有航天工程和航天产品的可靠质量，也就不会有中国航天的辉煌成就。

在探月工程“嫦娥五号”的研制任务中，由于返回器金属壳体型面复杂、壁厚薄，存在焊后变形大、一次焊接合格率低等工艺难点，多次试验焊接中均未达到技术指标。在无数次的失败面前，我们并没有选择退缩，一摞摞的焊接试片从地面堆起来超过头顶，在大量试验和分析后，逐步摸索出返回器金属壳体焊接过程中易产生缺陷的原因，最终锁定了铝合金高导热性、薄壁结构的快速散热性和焊缝分布复杂性三条主要原因。针对问题，通过精确控制小电流的反向焊接方法，优化焊接路径规划，采用预变形焊接技术减小焊后残余应力的影响，确保了嫦娥五号返回器金属壳体外形轮廓精度满足设计要求，整舱焊缝一次合格率达到100%，为确保探月工程系列型号的圆满成功作出了自己的贡献。

以奋斗诠释担当

2020年是不平凡的一年，春节放假期间正是新冠肺炎疫情高发期，受发射窗口时间限制，货运飞船和神舟返回舱的工作任务节点迫在眉睫。为确保工作任务按时按点完成，充分发挥青年党员模范带头作用，奋战在抗疫最前线，我参与组建了“焊动青春，奋战‘疫’线”青年突击队，并作为队长带领部门青年同事奋斗在一线工作岗位，主动承担了焊接难度大、进度节点紧的工作任务。本着面对风险“让我来”，脏活累活“我先干”，改革创新“跟我来”，遇到困难“有我在”的工作作风，突击队精心完成了货运飞船和神舟返回舱的焊接工作，确保了型号任务在疫情期间能够顺利进行，让一条条焊缝以最美好的形态交织错落地呈现在航天型号大型舱体上。此外，我们还积极组织员工家属来单位参观并参加亲子活动，尤其是青年员工大部分处于刚恋爱、刚结婚的阶段，也希望通过这个活动，让我们的家属能够亲身感受我们的工作性质，更好地理解我们加班多的现状，促进员工家庭和谐，增强部门员工的向心力。

初心，从来都不是虚幻的名词，而是有血有肉的形象；使命，也不是空洞的口号，而是实实在在的行动。用事业去锻炼青年，用关怀去凝聚青年。航天青年凭借着特有的拼劲儿，立足本岗、攻坚克难，不断挑战自我、超越自我，充分发挥青年岗位能手的先锋和表率作用，亮出了航天一线青年工匠的响亮名片。在后续的工作中，我将时刻以优秀共产党员为榜样，汲取榜样的力量，担起属于我们这一代人的责任，为祖国航天事业的发展贡献自己的力量，做新时代中国特色社会主义的坚定信仰者和忠实践行者。

撰稿：李峰、王超、刘星、杜博迟、李枫

数控加工活鲁班　牧星耕宇谱华章

——北京卫星制造厂有限公司加工中心操作工王连友

人物简介

王连友，男，汉族，1963 年 12 月出生，山西榆次人，中共党员，航天特级技师，北京卫星制造厂有限公司加工中心操作工。先后荣获全国技术能手、中华技能大奖，享受国务院政府特殊津贴。

王连友于 1983 年入厂以来，从事了五年卫星结构精密铣削加工工作，1988 年起，他成为航天领域最早的数控加工技能人员之一，主要从事航天器星、船结构件的数控加工工作。40 年来，他始终以国为重，扎根一线、勇于创新、无私奉献，一直坚守在数控加工中心的岗位上，从一名普通工人成长为航天器数控加工制造领域的领军人物，是一名集设计专用夹具、改制专用刀具、编制复杂数控程序、操作复杂数控设备等多种技能于一身的高技能人才，一次次攻克了航天器国家级数控加工技术难关，真正成为航天器“高、大、薄、精”大型舱体数控加工领域的“鲁班”，为载人航天、嫦娥探月、北斗导航等国家重点工程的顺利实施作出了突出贡献。

王连友现已成为中国航天科技集团有限公司特级技师，他1998年获航天工业总公司“航天技术能手”称号，2002年获全国五一劳动奖章，2003年获航天科技集团公司航天技能大奖，2003年获“国防科技工业技术能手”称号，并入选第二批国防科技工业“511人才工程”高级技能人才，2006年获“全国技术能手”称号，2008年荣获中华技能大奖，2009年荣获首批技能人员国务院政府特殊津贴。班组在他的带领下先后获得“全国青年文明号”“全国工人先锋号”等众多荣誉，并被中国国防邮电工会和中国航天科技集团有限公司联合命名为“王连友班组”，入选中华全国总工会、中央广播电视总台2018年“大国工匠年度人物”候选人。

2012年3月，“王连友技能大师工作室”正式挂牌成立。2014年11月，“王连友劳模创新工作室”被中华全国总工会命名为“全国示范性劳模创新工作室”。在数十年的奋斗奉献中，王连友作出了闪亮的突出成绩。

扎实的理论基础并掌握多项数控操作技能

王连友是逐步成长为一名掌握设计专用夹具、改制专用刀具、编制复杂数控程序等多项技能的大型数控设备操作人员的。

在20世纪90年代，“VC4200”和“VC3500”是由国外引进集车、铣、钻、镗、磨和在线测量于一体，并在国内少见的现代化数控加工中心，要求操作人员技能水平必须与之适应，王连友凭借扎实的数控基础知识和刻苦钻研的精神，以及多年积累的操作经验，不仅充分发挥了该设备的所有功能，而且还通过制作专用工具或改进刀具扩展了设备加工能力与加工范围。

神舟飞船舱体的组合加工

在神舟飞船研制初期，王连友作为数控操作人员参加了返回舱、轨道舱和密封大底的机械加工总体方案论证和工艺攻关工作，在夹具设计、专用刀具制备、数控编程等方面提出了多项措施和建议，为解决大型舱体和部件的组合加工作出了突出贡献。

返回舱、轨道舱、密封大底进行组合加工时，均为具有高、大、薄、精的特点且外形结构复杂的大型舱段级部件，稍有疏忽就会造成无法挽回的损失。针对各舱体刚性差、易振动的加工难点，王连友通过采取自制专用刀具、工装，利用虚拟刀库原理，刀具长度补偿、优化编程和选择最佳切削用量等十几项技术措施，成功地解决了返回舱伞舱背面台阶孔、光学瞄准镜法兰、舷窗法兰及轨道舱后端框大尺寸高精度内孔等一系列生产过程中出现的关键问题。从“神舟一号”至“神舟十二号”，不仅使产品满足了设计精度要求，而且在保证节点进度的前提下，从未出现人为质量问题，为载人航天工程作出了突出的贡献。

东方红三号卫星承力筒模具凹模的巧妙加工

王连友同志集原理推导、点位计算、夹具设计、程序编制等工作于一体，综合考虑，在机床超范围加工的情况下，成功地解决了凹模数控加工的关键问题，并为数控机床利用旋转工作台加工超大圆弧上向心孔、向心型面提供了理论依据。

复合材料蜂窝板的机械加工

王连友与工艺人员共同完成了复合材料蜂窝板机械加工的工艺预研工作。他提出的预埋定位工艺孔、后埋孔的加工方法和轮廓正反面加工方法等建议，有效地解决了数控机床加工复合材料蜂窝板的定位与蜂窝板孔加工难题。

卫星太阳翼展开机构的加工

在推进太阳翼国产化的过程中，王连友根据展开机构勾铰、锁铰及根铰底盘等零件外形复杂、尺寸精度和形位公差要求严格的特点，提出了预留夹头料、制作专用夹具、磨制双面刮刀等措施，圆满地解决了帆板展开机构钩铰、锁铰、根铰底盘批量化生产加工的技术难题。在工作中，王连友还总结出了薄壁件内、外衬加工法，高精度大型桁架结构件互为基准加工法，镁铝合金、钛合金特种合金加工法。这些技术目前已广泛地应用于航天产品生产加工中。

长期以来，他先后参与了上百颗卫星和十多艘飞船主结构的研制生产工作。攻克了载人密封舱多项数控加工技术难关，为我国载人航天事业的发展作出了突出贡献。1997 年获院“返回式卫星”第三颗星任务三等功，2001 年获五院 1999—2000 年度型号首飞成功一等功，2000 年“神舟一号”试验飞船结构件计算机辅助制造技术获国防科学技术进步奖二等奖。

工匠故事

初出茅庐、拜师学艺
——名师出高徒（1983—1988）

1983 年，王连友高中毕业后经过社会招工进入北京卫星制造厂有限公司，当上一名普通铣工。非常幸运的是，他被分配到二车间恒温间精密加工组，一进班组，放眼望去，各房间内十几台全是国外进口的高精度车床、铣床、镗床和滚齿与磨齿机床。恒温间内各个房间环境整洁，现场工具柜及工量具摆放有序，让人感觉十分震撼。当时拜师于组里的丁贤康师傅，经师傅简约的介绍，才知道这个班组从班长、到老师傅们甚至师兄们个个都身怀绝技，全是各工种的技术高手，有航天部“劳动模范”、曾获院“风云二号”二等功的汤士良师傅，有院“巾帼建功先进个人”张富春师傅，有获厂“重大试验三等功”、型号首发成功二等功的周全金师傅，有研磨技术精湛的洪贵宝师傅，并且佟德琛班长与他师傅后来分别担任了三车间主任与检验处处长，真可谓人才济济。

王连友的成长之路是从学徒开始的，那时每天上班时就在机床边看着师傅操作精密机床加工各种各样的卫星零件，师傅手把手地一一教授加工方法与经验，下班时帮助师傅清扫机床，日复一日。时间长了，他自我感觉也学得差不多了，开始想亲自动手试试。记得那一次师傅是在加工一个类似离合器的槽轮零件，当零件已经加工至工序要求接近完成，就剩下倒角这一简单工步时，他主动请缨上手操作，结果临近完成时一个误操作撞刀了，零件报废。这次经历让他久久难以释怀，也让他悟出了一个道理，那就是“看是寻常最奇崛，成如容易却艰辛”。只有苦练基本功，才能拥有高超的技艺技能。

从那时起，他更加踏踏实实地关注师傅的每个操作细节，不懂就问，不熟就练，以勤补拙，两年半后，当师傅因工作调动跨部门从事高端数控机床操作时，他的铣工操作技术也日臻成熟。恰逢此时，卫星精密陀螺零部件在厂里开始批量组装生产，佟德琛班长鼓励他们三个 20 多岁的年轻人要勇挑重担，承担起精密陀螺零件的精密车削、铣削工序的批量生产工作。从此，他正式步入了航天精密产品制造的团队，开启了加班加点的工作模式。

精密陀螺装配结构件主要由框架、接线板及壳体构成，每一个零件都有不同的加工要求，对于一名还未出师的学徒工而言，每一种精密零件的加工都面临着前所未有的压力。当时他在班长、师傅们的帮助与鼓励下，小心谨慎地开始了技术攻关，以嘴勤、腿勤、手勤这样不懂就问、勤可补拙的方式，硬是将这块硬骨头给啃下来了。在这一历程中，他在心理上从战战兢兢到从容面对，几个月后，一个产品任务周期圆满结束了，人也成长了。随后，他通过厂内铣工技能竞赛，以取得第一名的好成绩获得了提前出徒“待遇”。

学以致用、崭露头角
——兴趣是最好的老师（1988—1995）

在航天事业快速发展的时代，王连友深刻感受到仅靠勤勤恳恳、埋头苦干已经无法满足航天型号产品任务研制的需求。他将自身专业业务能力的不断提升视为完成航天型号产品任务的基本要求。1991 年，他通过四年职工大学“机械制造与加工工艺”专业的大专学习，不断夯实机械加工专业理论功底，让他在其后的岗位工作中受益匪浅。

20 世纪 80 年代初，正是在以王连友为代表的数控设备操作者的努力下，我国的航天事业推开了宇航制造数控时代的大门，向着“数字化制造”的目标开始奋进。

1988 年 7 月，他追随师傅跨车间调动到数控操作岗位，那时数控机床绝对是前沿性高技术装备，当时别提多兴奋了。他所学的专业知识正好是恰逢其时。进入数控岗位后，正值我国自行设计的东方红三号广播通信卫星刚刚投入生产阶段，他就开始了数控操作与数控加工技能的摸索，“师傅领进门、修行在个人”。当时厂里仅有 3 台数控机床，其中 2 台数控程序的传输方式还为纸带传输这种现在看来老旧的信息传输方式。尽管如此，在那个时代，对于中国航天而言，这些无疑是高技术装备了。这些价格昂贵、操作方式与手动机床完全不同的“铁家伙”被员工们称作“大熊猫”。当时敢于上手操作“大熊猫”的人很少，而王连友却对数控机床爱不释手。

由于数控加工是一片全新的领域，厂里师傅也是刚刚收到设备不久，且 3 台数控设备又来自不同的厂家，操作系统又完全不同。因此，师傅负责教授数控的基础理论与常见的数控操作技能，其余的只能依靠操作者自己摸索实践了。于是他在师傅的教导下，每天捧着厚厚的说明书与编程手册边学边干，对照着数控机床操作面板勤学苦练。经过不断地学习和经验积累，成功运用已掌握的数控技术，把原理推导、点位计算、夹具设计、程序编制与工步流程融为一体，解决了数控机床超范围加工的技术难题。利用 MH-1000C 数控机床旋转工作台加工出超大圆弧上向心型面、向心孔的零件，出色完成了卫星主承力结构承力筒攻关项目预研模具直行模的小批量生产任务，为广播通信卫星的研制赢得了宝贵的时间。同期，利用另一台三轴数控机床，与工艺人员共同完成了复合材料蜂窝板机械加工的工艺预研工作，提出的预埋定位工艺孔、后埋孔的加工方法和轮廓正反面加工方法等建议，有效地解决了普通数控机床加工复合材料蜂窝板的工艺技术难题。

他总结提炼的《数控机床的超范围加工技巧》入选中国航天科技集团有限公司《高技能人才绝技绝招 100 例》论文集，并作为论文撰写培训案例用于教学。

渐渐地，数控机床展现出的批量产品质量一致性好、产品质量稳定可靠、产品加工效率大幅提升的优越加工能力在全厂形成了一个共识。数控机床是机械加工制造业未来的发展方向，只有加快数控制造的改革步伐，企业才能生存下去，并不断发展壮大。在以王连友为代表的第一代数控加工制造技术先行者的努力下，推开了北京卫星制造厂有限公司乃至我国航天事业宇航制造数控时代的大门，向着“现代化宇航制造”的目标开始了不懈奋进。

以国为重、勇于创新
——开创我国航天器数控制造新篇章（1996—2010）

1995年，王连友赴德国参加大型双立柱车铣复合加工中心培训。1996年，载人航天工程正式开始，北京卫星制造厂有限公司赢得了神舟飞船金属结构产品返回舱的试制任务。任务的成败，不仅关乎着该厂未来的发展前景，也关系着我国载人航天工程的序幕能否如期展开。

神舟飞船的舱体是一种新型密封薄壁金属壳体，具有“高、大、薄、精”的特点，神舟飞船是航天员在太空中生命保障的核心，舱体大，舱壁薄，价值动辄数百上千万元，而且加工精度要求极高，很多技术指标都打破了当时国内的加工纪录。而能够满足如此高精度的大型结构产品的加工需求的机床只有刚刚引进的大双柱。一台刚刚验收完毕的数控机床、一个从未干过的型号产品、一项只许成功不许失败的艰巨任务，谁能当此大任呢？在全厂数控加工主操作人员的筛选过程中，王连友凭借娴熟的数控操作技能及良好的心理素质脱颖而出。面对设备新、人员新、产品新、周期紧的情况，王连友带领团队，协同技术人员一道踏上了攻坚克难的征程。

返回舱是中国第一个载人密封舱，它的外形最大直径大于2米，高度也接近2米。主体结构由前端框、后端框构成对接主体，中间由铝蒙皮内加纵横交错的桁条焊接构成，圆锥段的舱面上遍布大大小小的伞舱法兰、光学瞄准镜法兰、滚动发动机法兰、俯仰发动机法兰、舷窗法兰以及穿舱法兰。

返回舱是航天员未来天地往返的座舱，前后又要分别于轨道舱与密封大底对接。因此，在确保它的气密性外，整舱组合加工精度要求非常高。

返回舱研制任务的时间节点定为9月28日。短短8个月的时间周期，一切从零开始，从每一个端框、每一块蒙皮、每一个部组件、每一个工装胎具的数控车铣复合加工开始，可想而知，这项任务的工作难度有多大。

接到任务后，在大双柱设备厂家技术人员都因为设备还在磨合期并不看好的情况下，王连友和同事们迎难而上，一头钻进了厂房，开始同时间赛跑。在进行返回舱伞舱法兰反向台阶孔的加工时，由于加工面在舱内无法直接目视，而且加工精度要求极高，常规的铣削方式完全解决不了。在一筹莫展的时候，大家的目光集中到王连友身上，丰富的手工操作经验给了他灵感，他将当年在镗床上加工时掌握的“反镗”技术创造性地应用到铣削工艺中，提出磨制反刮刀的方式进行铣削加工。经过几次实验验证，这个困扰大家多日的难题被攻克了，确保了整舱结构的对接精度与密封精度，而一项名为“反刮铣削”的绝技也就此诞生。

当时北京卫星制造厂有限公司为了此项任务的圆满完成，组织了一支涵盖工艺技术人员、车间领导、车间车工、铣工、镗工技师、工具处组合夹具高级技师构成的技术攻关团队。针对生产过程中每一项技术难点进行集智攻关，特事特办确保研制生产过程中遇到的难点得到高效解决。

在任务最紧张的最后十天里，王连友和同事们干脆24小时吃住在机床边，饿了泡碗方便面就是一顿饭，困了往地上铺块海绵垫就是一张床。工具处一名临近退休的老员工黄师傅，由于几天没见到儿子了，她熬了一大锅八宝粥，想带去给儿子补补身子。走进厂房的时候，黄妈妈的眼睛湿润了。她看到，儿子和同事们就那么横七竖八地躺在厂房的空地处，伴着轰鸣嘈杂的机床声酣睡着，身子下仅仅铺了一层薄薄的海绵垫。王连友看到黄妈妈来，有些愧疚地想说些什么。黄妈妈看着王连友因为熬夜而布满血丝的双眼，连连摆手说："我懂，我懂。来，快叫孩子们儿来喝粥。"身为母亲，黄妈妈心疼儿子的辛苦；身为航天人，黄妈妈更明白航天工作的不易。在型号任务面前，奋斗是他们的唯一选择。就这样，在王连友的带领下，兄弟们团结一致，攻克难关，在9月28日拿下了返回舱的组合加工任务，不仅高质量地完成了在外国人眼中根本不可能完成的工作，也为北京卫星制造厂有限公司立足"921"工程闯出了一片新的天地。

在返回舱金属壳体数控加工研制过程中，王连友与搭档冯爱民充分发挥了五轴联动机床的多轴结构、刀具补偿、空间定位、数控车铣复合加工功能等特点，针对舱体刚性差、易振动的加工特点，采用十几项技术措施，确定了最佳切削方法，解决了返回舱伞舱背面台阶孔、光学瞄准镜法兰等一系列关键技术问题。

其中，神舟一号试验飞船结构件计算机辅助制造技术荣获了国防科学技术进步奖二等奖。一个普通工人荣获国家级的科学技术大奖，在整个行业内也并不常见。

在后续"神舟五号"的组合加工阶段，王连友在加工前复测零件尺寸精度时，发现需要组合加工的返回舱后端框上与密封大底端框高精度5个对接孔基孔由于上一班次车削作业时，出现位置度偏差。他与冯爱民二人首先采用平移X、Y工件原点的方式反复复验这5个对接孔的位置精度是否满足精度要求，但是迟迟不能满足设计精度要求。此时他们心急如焚，一方面，生产节点不容突破，另一方面，产品质量不得有失。他们决定再次从头逐一精测5个孔的坐标点位，绘制CAD图形与图样坐标点一一对比，此时发现车削加工后，后端框在整舱组合夹具辅助支承中，工件坐标系不仅发生平移，并且同时还发生了旋转。真相大白后，他们如释重负，此时不知不觉中时间已经过去了2个半小时。修正工件零点后，他们再一次交付出高质量的型号产品。

在轨道舱组合加工、密封大底、前端钛框数控加工中也出现了无数感人的故事。1998年冬天，王连友在刚刚完成轨道舱的组合加工任务后，紧接着他又配合组员顾世东进行前端钛框的数控加工工作。此时，前端钛框精密铣削工作量异常繁重，他与顾世东密切配合，每天以两点一线的方式工作到凌晨三四点钟，回家稍事休息，又回到岗位上继续投入到紧张的工作中，最终如期高质量地完成了该项节点任务。

本着严慎细实的工作作风，在后续的型号任务中，王连友对所采用的刀具、程序逐一进行验证，改进和完善了部分专用刀具与程序，成功实现了“神舟一号”到“神舟十二号”飞船结构机械加工的零缺陷质量目标，以精湛的技能和高度的责任心为首次载人飞行的成功作出了突出贡献。

在长期的工作实践中，王连友还总结出了薄壁件内、外衬加工法，高精度大型桁架结构件互为基准加工法，镁铝合金、钛合金特种合金加工法，整舱主、附辅助支承法。这些实用技术目前已广泛地用于航天产品的生产加工中。

作为国有企业基层代表走进中南海建言献策

2009年2月12日，13位基层群众代表走进中南海国务院第一会议室，与温家宝总理等领导讨论《政府工作报告》。王连友作为国务院国有资产监督管理委员会的基层职工代表，参与了此次会议。在征询建议环节，王连友针对中国航天工程的飞速发展与技能技术传承的迫切需求，共提出了 2 项建言：一是伴随着中国航天工程的飞速发展，尤其是载人航天工程的不断成功，航天制造业急需引进高技术装备，期望国家能够给予适当的倾斜政策，以解决航天制造业高端瓶颈设备带来的制造难题；二是建议国家出台相关行业政策，支持中国航天科技集团建设技师学院，使得技能人才能够得到系统化、专业化的定期培训。

《政府工作报告》问计于民，促进了社会主义政治文明的发展。得益于这一举措，上述的两条建言后期都得到了有效落实。

知难而上，助力航天新型号的研制生产

2019 年 1 月 3 日，“嫦娥四号”在月球背面成功着陆，中华民族几千年来对嫦娥奔月的浪漫想象再次化为现实。作为世界上首个实现月球背面软着陆和巡视勘察的航天器，“嫦娥四号”不仅是中国人的骄傲，更是全人类的财富。在看不见的月球背面，“嫦娥四号”要在状况莫测的月表落好、站稳，离不开它那集高精密加工技术于一身的四条“长腿”——着陆缓冲机构。而这一关键机构的精密加工正是由王连友和他的团队完成的。

为了满足轻量化的要求，嫦娥四号的“腿”由内筒和外筒两部分组成，采用的是一种又轻又结实的超硬铝合金材料。尽管强度很高，但是这种材料极易变形，与同为金属材质的装夹工装稍一接触就会发生形变。装夹是加工的第一步，这一步迈不出去，后续加工就难以开展。面对瓶颈，王连友凭借着丰富的加工

经验，为团队指明了方向，既然不能“硬碰硬”，那就“软硬兼施”。他将车间里常见的一种尼龙材料安在装夹工装内侧，作为吸收应力的缓冲材料，不仅保证了装夹的稳定牢固，而且最大程度地保证了产品处于自然状态，从而轻松化解了加工应力导致的变形问题。

“车工怕车杆儿，铣工怕铣扁儿”，这是流传在制造车间的一句老话儿，而“嫦娥四号”着陆腿的外筒就是这样一根“空心杆儿”，它们超薄、超轻、超长又超硬，而且精度要求极高，近1米长的产品，形状误差必须保证在0.05毫米以内，这一精度要求比人的头发丝的直径还要小，在国内属于首次，放到国际上也是加工难度系数很高的难题。在车削过程中，尽管采用了专业加长减震刀杆，但是由于刀具刀杆过长，频频出现“让刀”现象。在试验了很多种方案都以失败告终后，王连友提出建议采用“反向补偿”的方法进行加工，既然“让刀”无法避免，那就“将错就错”，经过多点在线测量，依据测量数据逐点与理论数值比对，针对偏差值进行反向补偿加工，这种类似太极功夫中以柔克刚的方式，成功化解了加工超差问题，为着陆缓冲机构的高精密数控加工扫清了最后一道技术难关，2019年1月3日，“嫦娥四号”的平稳着陆，是对王连友和他的团队最好的褒奖。

在探月工程的舞台上，王连友施展精湛技艺助力“嫦娥”起舞；在载人航天工程的舞台上，他则是让人最为信任的工匠大师之一。在“天宫一号”舱体加工中，由于舱体具有超大、超薄的特点，舱体壁板的最薄处不足3毫米，自身的重量就足以导致变形，在上面加工就如同在气球上雕刻，加工中的小小的振颤就可能导致前功尽弃，产品报废。王连友通过自制柔性支承元件攻克了局部支承技术的难题，相当于为“气球”加上了筋骨，完美实现了此类“大、薄、精”壁板结构的高质高速加工。这一技术在后续多个舱体加工中得到推广应用。此外，王连友带领团队还完成刀具的标准化及优化工作，对程序和装夹方式优化改进，出色地完成了“天宫一号”“天宫二号”“天舟”等舱体的数控加工任务。

不忘初心、无私奉献，树立大国工匠新典范

王连友行事低调、工作忘情，一腔热血、一片赤诚，40年的航天历程是对工匠精神的真切实践。中国航天三大里程碑工程中，王连友亲身参与了载人航天、嫦娥探月两个工程的研制。面对产品新、技术难的任务常态，王连友勇挑重担，带领团队顶住压力奋勇攻关，创造了无数奇迹。第一套国产太阳翼帆板展开机构加工任务、第一艘神舟飞船密封舱体加工任务、第一套月球着陆缓冲机构和钻取采样装置加工任务……凭借着精湛的技艺、卓越的匠心，他圆满完成了一个又一个“第一次”研制任务。

此外，在北斗导航工程中，他们攻克了卫星太阳翼展开机构加工等技术瓶颈，并在班组内成功推进实施了航天器三维制造技术，为企业建设全三维研制的智能工厂提供了支撑。在圆满完成每一个重大型号任务的同时，王连友还牵头完成了8项技术改进，其中两项技术达到世界先进的水平；牵头完成各类标准、作业指导书及技能诀窍论文编制50余篇，获得专利4项，填补了我国航天器大型金属壳体部件组合加工、异形薄壁件数控加工、大型舱体结构数控加工和高精度零件加工技术方

面的多项空白！

40年来，王连友就是这样不忘初心，矢志航天，凭借着一颗拳拳匠心，将180余颗（艘）烙印着“中国制造”的星船顺利送上了太空。并且带领团队共攻克加工难题100余项，通过降本增效节约成本5000多万元，既保证了工程任务的顺利实施，又对我国宇航产品数控制造自主可控能力的提升作出了重要贡献，也充分彰显了一名航天人对爱岗敬业、无私奉献和创新担当精神的独特理解。

传道授业、薪火相传，缔造技能人才培养新模式

1992年，王连友凭借高超的技能水平和管理组织能力，成为数控加工组班组长，在他的带领下，班组总结凝练了“创新、协同、奉献、争优”的班组文化。

作为航天品牌班组的班组长和技能大师工作室负责人，坚持做好技能人才培养工作，在各级领导支持下，通过多年的实践，建立了N+1+M的技能人才培养模式，实现了技能人才队伍人才辈出的良好局面。梯队式的人才结构为高质量、高效率地完成载人航天等型号任务提供了有力的保障。

作为班组长，王连友坚持推行一带（带作风）、二教（教技能）、三学（学理论）的培养方式带徒授业，并集纳其他班组的先进培养方法，总结提炼了一套极具特色的“N+1+M”人才培养模式，将传统的“一师一徒一设备”变为“多师一徒多设备”，实现了一人多岗、一岗多能的工作模式。在该培养模式下，班组里高技能人才呈现井喷式增长。

目前，王连友班组拥有全国五一劳动奖章获得者2人、享受

国务院政府特殊津贴1人、中华技能大奖获得者1人、国家技能人才培育突出贡献奖获得者1人、全国五四青年杰出贡献奖获得者1人、中国青年学习成才奖获得者1人、“北京市五四青年”奖章获得者1人。“全国技术能手”15人，特级技师4人，高级技师15人。如此大密度的高级技能人才储备，即使放到全国来看，也十分罕见。

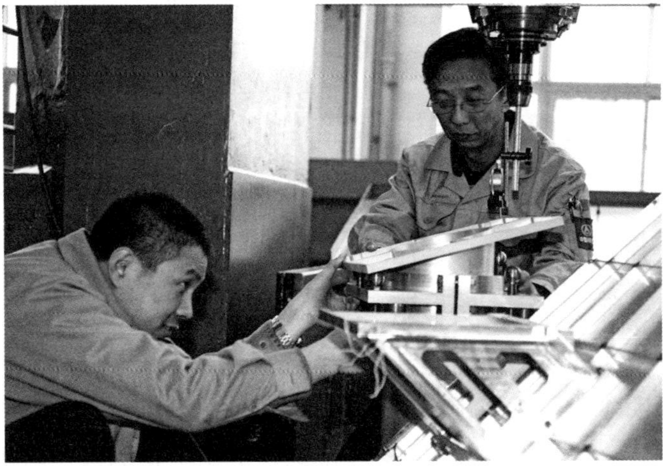

此外，王连友还作为讲师积极参与国家技能人才培养，无私地向学员传授自己的绝技绝招，共培养学员上千人次，为数控技能人才的成长作出了自己的贡献。

自2004年以来，以王连友班组成员卢锋为代表的多名青年员工在全国数控技能大赛先后取得了第一名、第三名、第四名的骄人成绩。以卢锋为代表的多名青年员工分别取得了集团公司级第一名、第二名、第三名的优异成绩。

师徒传授是技能传承的重要方式。对王连友班组而言，虽然近些年随着培养模式的改变和设备、技术的更新换代，师徒培养的时间缩短到一年，但是尊师重教的传统美德却从未丢失。

卢锋，1983年出生的小伙子，却已经是带了4年徒弟的“老”师傅了。李辉，卢锋的徒弟，师徒俩只相差4岁，不过只要跟他们稍加接触，很快就能分辨出谁是师傅谁是徒弟。因为，在这两个新时代的年轻人身上，还保留着传统师徒间的规矩。比如，师傅说话的时候，徒弟会认真听着，等师傅说完了，徒弟再补充发言。这是班组立的规矩，看似古板，其实是想通过这种形式，提醒年轻人不忘尊师重教的传统。“师傅就是师傅，如果跟师傅嘻嘻哈哈的，就没法学本事了。”对于班组的规矩，李辉很是认同。

2013年，在中国航天科技集团有限公司第七届职业技能竞赛中，卢锋一举夺得了加工中心操作组的冠军。然而很多人不知道的是，在比赛前，跟他一同竞争参赛资格的对手里，竟然有他的徒弟——李辉。这么多年来，师徒同台竞争的情况还是第一次在班组内上演。

在厂内的选拔中，师徒两人同时进入了六人备选大名单。虽然在最终的三人选拔赛中，李辉落选了，不过他并不遗憾。因为作为一名新人能够进入院级选拔，已经是一种成功了。“我没给师傅丢人”，李辉笑着说。

2019年，在中国航天科技集团有限公司第九届职业技能竞赛中，李辉如愿夺得了加工中心操作组的第一名。“锲而不舍、永不言败”是王连友班组成员对技艺技能的不懈追求。这样通过多次参赛，最终取得优异竞赛成绩的事例在班组内不胜枚举，他们之中还有胡兴平、冯佳林、郭成等等。一直以来，班组技能人才队伍呈现出人才辈出的良好局面。

或许每个人都有自己心中对于道德的答案，而王连友班组用自己的准则和风格给出了属于航天人自己的答案。谈到这些优秀的新生代航天榜样，王连友常常告诫他们，技能竞赛的赛场已然落幕，但航天高端制造领域的赛场才刚刚迎来序幕，需要他们继续拼搏、勇挑重担、攻坚克难。高质量保证成功，高效率完成任务，高效益推动航天强国和国防建设，需要王连友和他的传承者一代又一代心怀梦想，无私奉献，铸就属于中国航天的丰功伟业。王连友和已经成为冉冉新星的航天小将们说，“希望你们在今后的型号研制中发挥你们应有的作用；在匠心传承方面充分发挥星星之火可以燎原的优势，以点带面使技能队伍人才辈出的局面代代延续下去”“希望你们在未来的岁月里，工作有成就感，生活有幸福感，人生无怨无悔！”这既是王连友对下一代航天人的殷切希望，也是发自内心的祝福。

发挥高技能人才队伍的作用，携手打造航天智造技术

2015 年，王连友技能大师工作室的高级技师胡兴平，出于他出色的五轴高速加工能力以及对 UG 软件娴熟的使用技巧，已经成功由一名操作人员转换为数控程序编制的工艺人员，实现了单位长远发展与个人职业发展的双赢，这一举措无疑将激发青年员工的勤于学习、乐于奉献的激情。

工作室的特级技师王儒华，已被聘任为中心副主任，分管部门内部精密加工车间的全面业务。由于他十多年出色的数控加工技能，使他在型号节点任务的排产、质量控制、人员安排等方面游刃有余，确保了年度型号任务的顺利完成。

近年来，王连友参与了涉及多台急需高新装备的市场调研、技术细节确认、机床型号选型、招标等高端装备引进工作。为未来厂数控加工生产能力的提升尽到了自己的职责。

王连友还参与了多台高新设备的引进验收工作。包括大型动梁数控铣车加工中心机床试件精度检测及判定、操作技能培训等；高精密数控镗床地基、恒温间环境改造，数控磨刀机安装房间环境改造，以及数控机床的到厂验收等活动。参与过程中积极与设备供应商工程技术人员沟通、协商、把关，使高新设备能够圆满完成到厂验收工作，并有效促进了型号节点任务的完成。

2015 年，精密制造中心依托 4 台世界先进的卡迪斯立体库，他协同厂信息化室相关人员共同研究、探讨制定基于信息化技术建立网络化的刀具管理系统。目前该系统已经正式运行，全面促进成本管理、刀具技术信息共享、刀具合理配置等便捷管理与有效运作，中心刀具年度成本由 400 多万元直降至 150 万元，同时有效提升了部门生产技术准备的精准性与时效性。

《中国制造 2025》作为实施制造强国战略的行动纲领，明确提出开展关键工序智能化、关键岗位机器人替代、生产过程智能优化控制、建设智能工厂的要求。航天装备制造能力代表着一个国家高端制造的水平，要率先实现中国制造 2025 的目标。

“十三五”期间，北京卫星制造厂有限公司持续开展以深空探测、北斗导航系统为核心的航天装备制造工作，新型号多、质量和可靠性要求高、制造难度大的特点对车间制造能力提出了新要求。目前车间仍存在装备自动化率低、人为操作多、上下游衔接不畅、低层次质量问题时有发生等问题。单件小批量生产模式下的质量保证、过程控制已经成为车间制造的瓶颈问题。“王连友技能大师工作室”作为精密制造中心的技术核心团队，冲在了建设智能车间的最前线。

王连友从航天器结构产品车间智能制造单元改造入手，逐项攻破智能车间建设的关键环节。

在产品机械加工实现过程中，刀具技术准备是生产加工前的重要条件保障环节，当前操作者自给自足的准备方式造成工作效率低下。王连友提出以RFID技术为依托，搭建汇集刀具立体库、热缩机、冷压刀柄安装机、动平衡仪、对刀仪、AGV转运车的刀具智能配送单元。对车间常备库存的3600余把数控刀具进行全生命周期管理，为机加现场27台设备提供智能化刀具配送。

王连友围绕机加现场的5台中型五轴联动高速加工数控机床，建设快速定位系统、加工坐标系标定系统及机器人自动上下料系统，实现了产品智能快捷换件功能。机器人编程与操控是建设小型结构件制造单元中的主要技术难题，王连友带领工艺技术团队，成功优化六自由度机器人的上下料运动轨迹，该智能单元将小型结构件产品的加工周期提升了8.15%。

为解决航天器部装阶段支架反复精测、加工、装调的问题，车间建立了以移动机器人为核心的舱体支架智能原位装配、加工单元。可移动钻铣机器人由全向式平台车、工业机器人、高精度末端执行器和控制设备组成。王连友积极参与建设方案编写工作，组织商讨解决机器人在不同姿态运行过程中的稳定性问题以及铣削过程中灵活移动转向问题，带头学习可移动钻铣机器人的操作方法，保障“王连友技能大师工作室”第一时间掌握先进智能设备的操作技能并形成操作规范。

此外，王连友牵头参与结构化工艺建设工作，将“技能大师工作室”的宝贵操作经验固化在结构化工艺模板中，面向车间实现工艺信息的定向智能推送，提供了驱动智能车间运行的数据来源，快速生成结构化工艺内容，提高工艺编制效率。

在王连友和大家的努力下，智能车间建设工作稳步推进，逐步打造成一个集信息化、智能化、知识化的高柔性单件、小批量航天结构产品的智能工厂，使得中国航天器制造能力跃居世界前列。

精于工、匠于心、品于行！王连友坚信“人生因奋斗而精彩，使命因艰巨而光荣”。在近 40 年的工作中，他始终践行“两弹一星”精神和载人航天精神，在载人航天和嫦娥探月两大航天里程碑任务中作出了自己的贡献。尽管成绩斐然，尽管团队里人才辈出，但是在王连友看来，自己做的还不够，他还有太多的东西想留给后来人、留给中国航天。正如他所说的，“将自己化作火光点亮更多的星星，创造属于航天的璀璨星空”，是他的中国梦、航天梦，王连友以他高尚的情操、精湛的技艺、无私的家国情怀和特有的人格魅力展示了新时代大国工匠的别样风采。

工作感悟

艰苦奋斗是中国航天精神的主旋律

我是一名在航天系统工作了40年的航天人。一路走来，我见证了中国航天事业从小到大，从弱到强，从落后于人到迎头赶上的发展历程。在完成一个个型号任务的过程中，我深刻体会到，要实现中国从航天大国向航天强国，从制造大国到制造强国的转变，必须继续坚持独立自主、艰苦奋斗的工作作风。

1970年4月24日，东方红一号卫星发射成功，开创了中国航天的新纪元。我所在的北京卫星制造厂有限公司是东方红一号卫星的诞生地。20世纪五六十年代，来自五湖四海的第一代航天人汇聚在这里，在一穷二白的情况下，他们利用仅有的简陋设备，挖掘一切潜力，大搞技术革新、技术改造，组成了众多的“三结合”技术攻关小组，对卫星研制过程中遇到的关键技术问题进行攻关，最终创造了“东方红一号”的奇迹。“没有办法就干出办法，没有条件就创造条件，一切为了成功”。由此凝结出“热爱祖国、无私奉献、自力更生、艰苦奋斗、大力协同、勇于登攀”的“两弹一星”精神。

听老一辈航天人讲述厂的发展史，中关村厂区的一草一木都是职工们亲自动手栽培的。北京卫星制造厂有限公司由一个生产老虎钳的企业转变为“东方红一号”诞生地的过程，就是一部第一代航天人的奋斗史。作出重大贡献的科学家有孙家栋、王希季和戚发轫等，这批杰出的航天人无疑是我们学习的榜样。

20世纪90年代，我们承担了中国第一个金属密封舱返回舱的研制工作，面对新任务、新设备和只许成功不许失败的压力，我们组建了以中青年技能人员为骨干的攻关团队，以蚂蚁啃骨头的精神一点一点地突破一道又一道的技术难关，在克服了数不清的艰难险阻的情况下，抢在节点前出色完成了返回舱金属侧壁壳体的精密数控加工。

正是在一次次出色地完成国家使命的过程中，“特别能吃苦、特别能战斗、特别能攻关、特别能奉献”的载人航天精神得以代代传承。“空谈误国、实干兴邦”。无疑实干出真知，实干是技能人员成长成才的加速器。更是“人才铸就航天、航天助我成长”的真实映照。

创新发展是航天制造永恒的主题

党的十八大以来，习近平总书记深刻把握新的时代特征，提出“守正创新”的明确要求。守正，就是坚守正道，坚持按规律办事，创新即改变旧的、创造新的。概括而言，守正创新即把握事物规律，根据一定的目的改变现存事物，创造新事物。

航天科技是举世公认的技术密集度高、尖端科技聚集的高科技事业，具有很强的探索性和高风险性。中国航天发展从无到有、从弱到强的高速发展历程处处体现了技术创新带来的丰硕成果。回想航天机械制造的历程，不难发现，从普通机床车、铣、刨、磨、钳的机械加工到普通三轴数控加工时代；从数控加工伊始、到多轴联动车铣复合加工时代；从数控低速加工到高速加工时代；从二维图样加工到三维制造时代；从信息化到智能制造时代。中国航天制造技术伴随着国家航天产品需求的不断增长正在发生着深刻的变革与创新。我们业内有两句至理名言“成功并不代表成熟”“一次成功不代表次次成功”。如何确保出自我们手里的航天产品品质和供货期满足客户需求，作为新一代的航天人，我们唯有不断地提升自身的操作技能，顺应高技术发展的需求，加强自身的知识储备，才能够在创新发展的浪潮中奋力前行。

航天人的敬业担当与奉献精神

工匠精神的本质是一种担当精神。为了心中的责任和担当，航天人扎根本职工作，干一行、爱一行、专一行。只要祖国需要、事业需要，无论多么艰苦的岗位也甘之如饴，无论多么枯燥的工作也能埋头苦干、潜心钻研。

在“东方红一号”研制期间，决定星箭能否成功脱离的关键零件——爆炸螺栓的加工是一大难题，尤其是零件的关键部位喉颈的精度极难保证，手工操作稍有偏差，就会功亏一篑。北京卫星制造厂有限公司部级劳模汤士良师傅扛下了这个重任，凭借精湛的技艺与锲而不舍的精神，他从一次次失败中找到解决问题的方法，利用坐标镗床成功加工出了爆炸螺栓，为卫星的成功发射提供了保证。责任面前，无惧艰难，这就是中国航天人对敬业担当的朴素理解。

对于航天工程而言，安全、准确、高可靠是永恒不变的主题，必须严格按科学规律、规章制度和工作程序办事。“质量是政治、质量是生命、质量是效益”是融入中国航天人血脉中的话语。我记得我师傅在教导我们进行微米级精度零部件加工时，对精度的要求严苛到只能取中差。正是通过这些细节，老师傅们将精益求精的质量意识与“严慎细实”的工作作风代代相传。更是广大航天人零缺陷质量意识贯穿工作始终的集中展现，为中国航天事业的发展奠定了坚实基础。

“特别能吃苦、特别能战斗、特别能攻关、特别能奉献”的载人航天精神是我们这一代航天人从事航天工作的真实映照。

我为自己是当代一名航天人而感到无比的自豪与骄傲。难以忘怀的是 1996 年 9 月 28 日中国第一个载人密封舱出自我们手里，如期完成的时刻，我最真实的感受是不辱使命；当 1999 年 11 月 20 日成功发射与顺利返回时，我在直播时在心中历数家珍，那是我干的……；当 2003 年 10 月 15 日中国航天员杨利伟乘坐“神舟五号”进行首次载人飞行时刻，我为我的祖国的航天成就而感到骄傲与自豪；当 2011 年 9 月 29 日天宫一号目标飞行器发射圆满成功的时刻，我深刻体会到从事航天事业的工作成就感。

2021 年 3 月 18 日，中美阿拉斯加会谈时，中共中央政治局委员、中央外事工作委员会办公室主任杨洁篪说：“你们没有资格在中国的面前说，你们从实力的地位出发同中国谈话。”这句让十四亿人都沸腾的话，让我们深刻体会到“没有国家，哪来的小家，没有一个强大的国家，哪有安宁的小家”，这就是当代中国航天人的家国情怀。

撰稿：李峰、王超、刘星、杜博迟、李枫

巧手卓绝举重器　匠心独运护神舟

——北京卫星环境工程研究所重大工程总装中心总体装配工张舸

人物简介

张舸，男，汉族，1983年1月出生，北京人，中共党员，特级技师，北京卫星环境工程研究所神舟飞船总装班组班组长，国家级技能大师工作室“孙占海技能大师工作室”主要带头人。

自2005年参加工作进入北京卫星环境工程研究所以来，张舸一直从事我国载人航天工程重大项目——“神舟系列载人飞船”的总装工作，先后圆满完成了“神舟七号”“神舟八号”“神舟九号”“神舟十号”“神舟十一号”“神舟十二号”“神舟十三号”“神舟十四号”“神舟十五号”“神舟十六号”“神舟十七号”等多艘神舟载人飞船的总装任务，助力17名航天员进入太空并安全返回地球。他凭借精湛的技艺与优秀的表现获得了诸多荣誉：2018 年获评“全国青年岗位能手”称号，2020 年获评“北京市政府特殊津贴技师”，2021 年获评“中央企业优秀共产党员”，享受国务院政府特殊津贴，2022 年入选由中华全国总工会、中央广播电视总台等部门主办的“大国工匠”。

张舸在工作中严谨踏实、不畏艰难、锐意实干、追求极致，练就了一身过硬本领，攻克了诸多神舟飞船总装操作难题，并会同技术人员一起突破了多项关键技术瓶颈。参加工作 19 年来，他从一名中级工逐渐成长为一名高级技师，实现了总装操作“零缺陷”的目标。他秉承“发扬工匠精神，做最优秀的星船制造大师”的信念，将对神舟飞船总装工作的向往、热爱、敬畏、专注与笃定融入血液、刻入骨髓，为我国载人航天事业贡献了自己的力量。

工匠故事

初识航天，苦读寒窗梦想起航

2003 年 10 月 15 日，我国神舟五号载人飞船在酒泉卫星发射中心成功发射，把中国首位航天员杨利伟送入太空。这次发射的成功，实现了中国人的千年飞天梦想，标志着我国成为世界上第三个能够独立开展载人航天活动的国家，全国人民无不欢欣鼓舞。那时，正处于大二的张舸全程收看了电视直播，并从那一刻起开始关注我国的载人航天事业，在心中埋下了在神舟飞船总装领域茁壮成长的种子。

2005年，怀揣着对我国航天事业的向往，带着“毕业要当航天人”的单纯梦想，张舸踏入了航天五院的大门，如愿以偿地成为北京卫星环境工程研究所总装中心的一名星船总体装配工。当第一次踏进航天器总装车间时，他就被大厅干净整洁的环境、师傅们专注有序的操作所深深地震撼；当工作中第一次向师傅们请教问题时，他又被他们耐心的教导、丰富的经验与严谨求实的工作态度所感染。“航天乃是国家重器，其发展同国家的利益息息相关，作为一名航天人，我们每个人都必须充分认识到这一点，并在工作中保持自勉……”，初入职时领导的叮嘱和教诲即便时隔19年，张舸仍未敢忘却丝毫，因为正是这温和而有力的话语，让他深刻地认识到，作为一名航天人，如何扛起肩上的责任、完成自己的使命，为祖国的航天事业作出自己应有的贡献，这不仅是摆在初入职场的自己面前的一份考卷，更是需要自己在以后的职业生涯中通过不断奋斗来回答的人生考题。张舸深知要成为一名优秀的航天总装人，需要学习的还有太多太多。从初出校门的学生变为航天队伍的一员，并不意味着学习之路的终点，恰恰是新的学习之路的起点，在实习期间，张舸坚信只有更加认真努力地学习，更加勤奋刻苦地钻研，才能快速掌握并胜任航天器装配岗位的基本技能与素质。他学习着航天器总装操作的基本技能与知识，体会并理解着“零缺陷、零疑点、零故障”的航天质量文化，感受着航天人默默奉献的敬业品质，并逐渐坚定了为祖国航天事业奋斗一生的报国志向。

2005年10月，我国神舟六号载人飞船成功发射，费俊龙与聂海胜两名航天员成功进入太空，在这个举国上下再次沸腾的时刻，张舸也凭借优秀的表现提前完成实习期的考核，正式成为一名神舟飞船总装操作工。此刻的他，内心深处对航天的热爱和憧憬依然坚定，但却更加明白，祖国航天事业的发展不仅需要热情与梦想，更需要付出与奉献，他将作为航天人的自豪与激动深藏心间，毅然走上了之后伴随一生的总装操作岗位，并将老一代航天人宝贵的精神不断发扬光大。

初生牛犊，勤学苦练独当一面

2005 年 11 月，张舸正式参与到神舟飞船的总装工作中。他所接触的第一个航天器是神舟七号载人飞船。虽然前期经过三个月的学习与锻炼，但当张舸面对神舟七号飞船精致的舱体结构、错落层叠的产品布局、纷繁复杂的电缆走向、上百份厚重的工艺文件与设计图纸时，他更加深刻地感受到，要想真正胜任载人飞船总装工作，所面对的困难远比自己想象的要复杂，付出的努力也要比想象中多得多，而在这个过程中，任何无谓的担忧与盲目的自信都没有丝毫意义，只有不断掌握更多的技能，持续学习更多的知识才能完成好本职工作。在不断学习与努力的过程中，他逐渐培养形成了总装工作区“四勤”工作特点：眼勤——看到周围的老师傅需要帮忙，他会主动上前询问并提供力所能及的帮助；手勤——工作现场主动找事做，物料准备、配合作业、工具整理等都积极开展；嘴勤——遇到不懂的问题及时向周围的老师傅请教，直到自己弄清楚、搞明白、悟透彻；脑勤——勤于思考与总结，每天工作完成后，主动加班梳理当日工作内容，整理工作笔记，总结工作中存在的不足与收获。

在刚参加工作的头两年，张舸被戏称为自己授业恩师孙占海的“跟屁虫”，无论是在总装休息区、生产准备区、总装操作现场还是在上下班、食堂往返途中，都可以看到张舸“粘”在师傅身边。他深知自己的师傅是一位了不起的航天器总装大师，这份认识不仅仅来自孙占海作为“神舟飞船舱门守护神”以及诸多荣誉的获得者，更来自他作为我国载人航天工程首批建设参与者的身份，来自他多年来所积累的精湛技艺与深深的报国情怀。张舸深知能够跟随孙占海师傅学习是组织对自己的关爱，但也是对自己的考验。初生牛犊的他，将每一分钟时间、每一次机会都牢牢把握在手中，如饥似渴地学习，鞭策自己不断成长。当师傅进行产品安装时，他就提前学习工艺文件，预先熟悉实施步骤，从而在师傅操作时同自己的学习认知进行验证；当师傅进行航天器清洁时，他就提前做好准备工作，将要用到的工具与物料配备到位；当师傅进行产品吊装指挥时，他就在做好本职工作的同时认真揣摩师傅的指挥技巧；当师傅忙于工作时，他就是踏实学习的小学徒、小帮手；当师傅休息时，他就是“十万个为什么”，不停地请教学习，总结经验。航天器总装无小事，必须脚踏实地，按照每个工序按部就班地完成每一项操作，张舸跟着师傅不断学习与钻研，并在实际操作中严谨认真地实施与印证，通过不断地学习、实施、总结、优化，逐渐积累了丰富的操作经验。

积跬步以至千里，积小流以成江海。张舸通过勤学苦练，渐渐地对神舟飞船的各项总装操作了然于胸，具备了一名合格的总装操作工所应具备的技能素质。在张舸看来，不想当将军的士兵不是好士兵，但他深知，只有先当好士兵才有可能成长为一名将军，现阶段的自己首先必须学得勤、沉得稳、扎得实，不断勤练技能水平，努力提高自己各项素质，才能在航天这个广阔的平台上迈得稳、走得远。

为了不断开阔眼界、提升总装专业技能水平，张舸主动向领导提出希望能到通信卫星、遥感卫星等其他航天器研制领域开展总装工作，学习其他领域航天器的总装方法和操作技巧。这在同龄人看来无疑是“愚蠢”的，因为航天器作为我国最能体现综合国力的高精尖产品，任何一个领域的航天器总装都具有其独特的特点与难点，跨领域的学习必须从头开始且容不得半点侥幸与马虎，在多数人眼中这将会拖缓自己在本领域成长的步伐，事实也确实如此，当同批入职的同事已从实习工逐渐成长为操作一岗时，张舸仍在操作二岗的岗位上学习与积累。但他坚信“厚积薄发、一飞冲天”并不争在起跑线，关键在于成长中的不断蓄力与加速。在他刚入职的那几年，学习、交流、总结一直伴随着张舸的成长历程。几年的不懈努力让张舸收获颇丰，在神舟七号载人飞船发射任务的选拔中，他凭借积极上进的工作态度、认真负责的工作作风、扎实的技能水平获得了组织的认可，在入职两年多后就获得了这一宝贵的机会。在之后的几年中，他凭借前期广泛学习、深入钻研所积累的深厚基础，快速从总装操作二岗成长为总装操作一岗、单舱主管直至型号总装操作负责人，开始在航天器总装这个舞台上绽放自己的魅力。

勇挑重担，迎难而上确保成功

神舟飞船返回舱安装有伽马源，返回舱能够软着陆，依靠的正是伽马源测定舱底与地面的距离。伽马源具有高放射性，安装时危险性极大，由于返回舱空间狭小，无法穿厚重的防护服进行安装操作，因此需要在尽可能短的时间内高效、准确地完成操作。伽马源在返回舱内特殊的布局，为总装实施增加了困难：伽马源安装位置位于返回舱内航天员座椅下方，这块狭小的区域布置有一百多台设备、三百多个插头及电缆组件，操作人员需要将800mm左右的操作杆探伸进伽马源操作口内部解锁，然后再利用这根操作杆将封存在铅罐防护罩中的伽马源取出并转移至安装位置进行锁紧固定。由于操作位置隐蔽在层层设备之下，视觉上不可见，通俗的说法即需要通过“盲操作”来完成该项作业，加之操作者需要通过操作杆传递的手感来判断实施状态，这就对操作者的操作技能水平提出了极高的要求。

神舟飞船伽马源在发射前的最后一次安装需在飞船发射前6小时内于发射区实施完成，这对总装操作者来说无疑是极大挑战。当飞船转至发射区后，此时每一项操作都关系到飞船最终的健康状态，不允许有丝毫差错。在进行伽马源安装时，不仅需要精准稳地完成伽马源的取出、转接与安装，严防过程中滑脱遗失在飞船内部众多的设备和电缆之间，还需要具备强大良好的心理素质，以确保在最短时间内按照规定程序完成具备辐射属性的伽马源安装，并且一次成功。

面对伽马源这项兼具技能水平与操作危险性的作业，张舸勇挑重担，挺身而出，主动请缨学习并承担伽马源安装操作。为确保返回舱舱内复杂环境下操作万无一失，张舸每次都会提前半个月预先熟悉操作环境与工具，并开展大量的模拟演练与操作：进行遮住眼睛状态下数百次的盲操作练习，练手感、练技能。就在这长期学习、认真准备与反复演练中，他将伽马源的安装操作锻炼成了肢体的条件反射，就像奥运冠军在赛场上形成的肌肉记忆一样，以保证一次性操作成功。多年来，张舸凭借过人的胆识与精湛的技艺，已成功完成多艘神舟载人飞船的伽马源安装，助力飞船成功发射并安全返回。在这一次次成功背后隐藏着的是像张舸一样无数无私奉献的航天人，他们临危受命、勇挑重担，将自己的智慧奉献给了祖国的航天事业。

开拓创新，勇攀高峰追求卓越

神舟系列载人飞船由轨道舱、返回舱和推进舱构成，我们一般形象地将神舟飞船比喻为航天员实现天地往返的“生命之舟”，它共有 14 个分系统，是迄今为止我国研制的标准最高、指标最严格的载人航天器，在飞船的总装过程中时刻伴随着诸多困难与挑战。为保证飞船总装任务的高质量完成，不仅需要严谨精准的操作，更需要有“勇攀高峰、敢为人先”的创新精神。多年来，张舸不断创新工作方法，总结出多项绝招绝技，并将成果推广应用到载人飞船型号中，其中利用机器人精密装配方法实现飞船伞舱与凹舱组件的安装就是典型案例。

神舟飞船返回舱的伞舱是神舟飞船用于安装回收降落伞的筒形密封舱体，是隔开航天员座舱与外界的重要密封结构，与舱体结构之间存在多处密封面和复杂的接口，包含主伞舱和备份伞舱两个大型结构。伞舱安装一直是神舟飞船总装的“顽疾”，不仅因为其大尺寸、大重量的结构属性，还因为在“拥挤、紧凑”的返回舱内安装时无法借助吊具或者其他大型工具，且存在因视线遮挡导致对孔安装困难、密封面易被划伤的风险，即使多名具有丰富总装经验的操作人员配合实施，也存在较大风险与难度。面对上述问题，张舸带领团队开展了面向伞舱安装的工艺方法改进和优化，他借鉴传统人力配合抬扶安装的经验，结合神舟飞船返回舱构型特点，提出采用机器人精密对接安装的方案，开展了应用机器人安装返回舱伞舱的流程分析和优化，结合安装流程进行密封面保护，并将伞舱舱内安装工作简化为“抬伞舱入返回舱”和“将伞舱挂接在机器人末端”两个较为简单的步骤，设计出沿伞舱对接转接及支撑工装，实现了机器人带动伞舱在避让舱内设备前提下实现密封面32个螺钉的同步拧紧安装到位，有效规避了伞舱安装过程中的反复尝试对接角度和磕碰密封面等风险，显著提高了总装实施效率。原方案需耗费5人同步操作8小时，改进后可减少至2人工作3小时左右，安装效率提升6倍，同时大大降低了划伤密封面的风险，极大减轻了操作人员的劳动强度，彻底解决了神舟飞船伞舱安装工作这一“顽疾”。

神舟飞船返回舱凹舱组件被称为飞船推进系统的“心脏”，该设备重47.5kg，需在单边间隙不足1cm的狭小空间内实现精密安装，操作风险与难度都很大。以往，这项工作都是靠技能人员凭借超常的技巧与毅力，用手提肩扛的方式“硬拼”完成设备的安装工作。张舸与技术人员一起，提出了利用机器人精密装配的新方法，并制作出配套的辅助工装，经过缜密的工况分析与严谨的实操演练，最终在“神舟十一号”任务中得到成功实施，使这一总装工作的效率一举提高了50%以上，大幅提高了产品装配的可靠性，相应的实施方法也被借鉴到其他型号的总装过程中，并推广应用至后续飞船实施中。

多年来，张舸积极探索的数十项新方法、新技术在神舟飞船总装过程中广泛应用，他将自动水平调节吊具、激光三维投影技术、基于AR眼镜的增强现实技术等先进装备与方法引入飞船总装工作，极大提升了工作效率和质量；他积极开展舱段连接辅助工装、神舟飞船返回舱充氧扳手安装及拆卸工艺攻关、飞船舱体穿舱高频插头安装及测力专用工具改进，研制提出神舟飞船推返间火工机构锁 II 安装及测力专用工具等 20 余项工具和方法，高质量、高效率助力任务圆满完成。

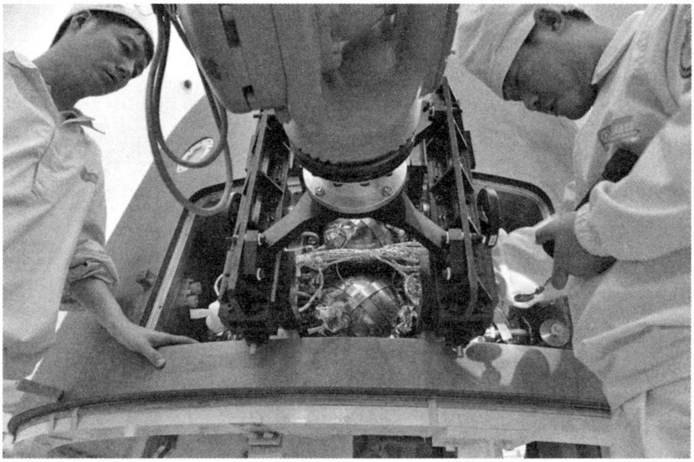

在不断追求总装工作精益求精的过程中，张舸更加坚定了只有创新才能持续发展的信念，不断挑战固有传统方法，坚持"用双手赢得尊严、用创新推动发展"，有效保证了各项任务的高质高效完成！

攻坚克难，善学勇干流程优化

"载人航天，人命关天"，这是神舟载人飞船研制团队所有参研参试人员心中至高无上的信条。随着中国空间站进入建造阶段，中国航天员将常态化进驻空间站生活与工作，神舟飞船将进入每年两艘的高频次发射阶段。神舟飞船总装班组也将面临"多、快、好"完成飞船总装的新难题，从以往的两年 1 艘飞船总装到如今的一年 2~3 艘，并且一年将有至少 4 个月的时间同步开展北京与发射场总装任务，现有的总装模式已无法满足任务需求，必须对总装流程进行优化，进一步提升总装效率。为了更好地推动神舟飞船总装工作高质量、高效率开展，张舸主动请缨，成为神舟飞船总装模式转型升级小组中唯一的技能人员，并同团队成员一道，针对制约飞船总装高效实施的痛点、难点，开展了大量的探索与实践。

神舟飞船内部安装有内装饰层、隔热被、热控包覆材料、大底热控膜等，上述热控产品的设计和实施难度相对简单，但总装实施主要依赖工人手工完成取样、裁剪、制作和粘贴，制作效率较低，占用飞船较长的研制周期，且存在产品实施质量一致性较差与美观度不足的问题。针对上述难题，张舸带领团队成员将现有舱内热控包覆材料、舱外多层、大底热控膜进行逆向设计，反向获取相关产品信息，利用数字化技术形成产品的详细参数，并利用自动化裁床进行裁剪制作，取消手工取样、手工裁剪和制作，通过将“主线工作辅线化、辅线工作专业化”，使得该项工作效率提高至少 3 倍，并极大地改善了产品实施质量和美观性。

在神舟飞船总装工作中，飞船大底拉偏加热片的粘贴及引线焊接是制约飞船研制周期的主要工作项目。面对神舟飞船整船测试时间长、总装实施进度紧张等难题，张舸同团队成员认真梳理、严谨分析，为提高返回舱大底拉偏加热片粘贴及引线焊接效率，张舸同技术人员反复交流研讨，探索性地将飞船返回舱大底拉偏加热片由原本的硅橡胶粘贴型加热片变更为自带胶加热片，并在神舟十四号飞船上成功应用，同时将加热回路引线连接方式由手工锡焊更改为压接连接形式，大幅提升了总装实施效率，可为型号研制节约至少 5 天主线研制时间。

载人飞船返回舱质量特性测试流程复杂，需要开展大量的逆流程作业、舱段分解与对接等高风险工作，吊装操作多、改装周期较长。张舸同团队成员一道提出对载人飞船返回舱质量特性测试改装阶段流程进行优化的方案，优化后的方案将减少吊装操作5次，为型号研制节约至少5天主线研制时间，并且能极大地降低操作风险和难度。

2021年，在集团公司、五院各级领导的大力支持下，孙占海国家级大师工作室正式获批，张舸作为大师工作室主要带头人，面对空间站建造阶段载人飞船批产需求，他积极参与到生产模式转型等工作中，与技术人员一起探讨优化工作项目、工艺装备升级改造、绝招绝技经验固化，提出了弹簧分离推杆预紧力设置工装设计、舷窗外层玻璃安装工艺优化、内装饰辅线自动化生产、返回舱配重优化方案等一系列建议，有效提升了飞船总装研制效率。

“长风破浪会有时，直挂云帆济沧海。”张舸时刻秉持“四个特别”的载人航天精神，面对成熟型号，不守旧，以适应飞船批生产为目标，积极开展流程优化工作，有效促进飞船各项总装工作高质、高效开展，切实提升飞船的研制效率和质量，为空间站建造及在轨运营提供坚实保障。

严慎细实，心中有数手下有准

“航天器质量在我手中，航天员安全在我心中”，这是张舸对自己、对团队成员的共同要求，因为他深知人命关天是载人航天的特殊标签，在神舟飞船的总装操作中没有“差不多”，只能是万无一失。

在飞船总装领域，张舸被戏称为飞船总装的“人脑识图器”，在他的脑子里仿佛有各个舱上产品的3D仿真效果图，你随便说出一个产品的名称，他都能将其安装位置、安装要求、注意事项准确说出。他痴迷于将复杂的装配流程直观化，将紧张狭小的操作空间具象化，将装配结构多样的总装工作简单化。

参加工作19年来，他早已养成了“严慎细实”的过硬作风。神舟飞船舱内有效操作面积不足0.7平方米，仅有4个踩踏点，200余台设备、数百根管路和电缆纵横交错布局于约6立方米的返回舱内，有的元器件之间甚至只有一指宽的安装距离，一旦进入飞船舱内操作，短则一两个小时，长则半天时间，因此心静如水是飞船总装人员需要修炼的基本功。在如此狭小的空间内，总装人员每完成一艘飞船的集成装配，需累计完成共计40余册总装工艺、1181道工序、15000条工步操作，涉及1000余个导线焊点、5000余颗螺钉、2000余个插头，落实到工步动作更是高达近80万次。但这些操作一次都不能错。错，就完不成神舟飞船任务。为了实现操作“零缺陷”，张舸坚信只有心中有数，才能手下有准，他与技术人员一道，细化量化操作过程：每颗螺钉拧紧力矩是多少，螺钉紧固顺序如何，力矩按分级施加还是一次性施加，都要做到“以数据为纲”。

在飞船总装过程中，有时需要在视线不可见的区域完全凭借手感完成直径只有3毫米螺钉的安装，由于舱内空间有限，螺钉安装最小操作间隙只有不到1厘米，并且操作人员必须在身体扭曲将近180度的“瑜伽式”状态下完成安装，这对总装人员的技能水平提出了极高的要求。为了能够啃下这块硬骨头，首次操作前，张舸在模拟舱反复“练体能”“练技能”“练精准”，最终实现微小螺钉安装“一次成”，紧固力矩测量“一把准”。他用过硬的技能本领和严慎细实的工作态度，践行了一名星船建造工匠的承诺。

薪火相传，倾心打造一流团队

2019年，载人航天工程向着空间站在轨建造阶段大步迈进，以“神舟十二号”“神舟十三号”“神舟十四号”等为代表的载人飞船总装任务再一次落在了神舟飞船总装班组的肩上，而此时的张舸，已经成长为神舟飞船总装班组的班组长。经过20余年的发展，神舟飞船的技术已初步定型，逐步具备了小批量生产的条件，但为了满足空间站建造及在轨运营阶段的需求，神舟飞船的研制周期也大幅缩短，从发射倒推研制节点，每一艘载人飞船在保证零缺陷完成全部总装工作的同时不得延期，这就对张舸所带领的总装团队的能力水平提出了更高要求，如何快速提高团队成员的能力水平、组织团队高效率地完成飞船总装任务并且保证成功，成为摆在张舸面前不得不解决的新难题。

张舸所带领的神舟飞船总装班组共承担着神舟飞船返回舱、轨道舱及整舱的总装任务。该班组现共有成员 12 名，以前每年发射一艘载人飞船，班组人员分工可按照精细化、专业化进行划分，班组成员按照轨道舱电装主管、钳装主管，返回舱电装主管、钳装主管，内装饰主管，舱间连接锁体主管，整船主管等专业进行“各管一块，分工推进”，每人专门负责飞船某部分的总装任务。而现在每年常态化 2 艘载人飞船发射的同时需同步开展至少 2 艘飞船并行研制的工作，如果仍按照原来的专业化分工和研制模式，空间站建造阶段的飞船研制工作在现有人员条件下将成为根本不可能完成的任务。面对研制质量和研制进度的双重压力，张舸并没有退缩，他坚信办法总比困难多。在细致分析了载人飞船多型号流程交叉匹配性和人员能力特点后，提出了“一岗多专、一岗多能”的团队建设思路，正如他一次在班组会上动员时所说：“班组的大多数成员经过多年的培养和实践，已经成长为能够独当一面且具有一定专业能力的总装人员，但当前的任务需求对每个人的综合能力有了更高的要求，必须加快融合，实现一岗多能。”

他是这么说的，也是这么做的。他系统梳理神舟飞船总装工作技能要求，制定了神舟飞船总装团队技能人员能力矩阵，并根据每人特点和能力制定了详细的一岗多能培养计划。对于班组里的新人，张舸倾囊相授，其中张博和杨宇来到班组的第一天，张舸就开始全面细致地带领他俩了解载人飞船总装的各项工作项目，工作中，张舸总是一边操作一边向他们讲解操作要点、操作手感、个人心得体会，把自己十几年来总装过程中积累的经验毫无保留地传授给他们。同时张舸还率先在班组推广“双师带一徒”的技能人员师徒培养机制，为每位新人指定两位经验丰富的师傅，并分别从钳装技能与电装技能两个方面各有侧重地手把手指导。培养高素质全面手，是张舸培养新人的目标。对于组里的骨干，张舸多次组织操作技能经验、绝招绝技交流，他将技能交流作为班组的常态化技能提升项目，旨在让组员们在质量分析会、实际操作中互相交流切磋，共同提升，并鼓励大家积极参与各项专业知识学习。经过培养与锻炼，组里骨干成员综合能力水平有了显著提升，其中谢喜龙、贾海利两名团队成员更是在技能竞赛中脱颖而出，分别荣获“航天技术能手”与“五院技术能手”称号；一艘载人飞船的主管人数配置也从之前的 7 名优化至 4 名，实现了现阶段神舟飞船领域多船多地并行研制与人力资源的精准匹配。该模式在神舟十二号、神舟十三号飞船研制中得到成功应用，现已推广至神舟飞船后续型号研制中。

张舸坚信，“一花独放不是春，百花齐放春满园”，为了全面提升团队整体技能水平，在大力改革人员配置模式的同时，还

狠抓人员基础技能与劳动纪律。在他的带领下，班组内或同其他班组之间定期开展技能交流，相互取长补短、共同进步，同时主动邀请设计师、工艺师为班组成员进行专题授课，加深对神舟载人飞船的理论认识，做到“知其然并知其所以然”；在日常工作中，张舸对于工作服规范着装、工位整洁、不良操作习惯等都采取了严格的管理措施，身体力行，率先垂范，将因为个人操作失误而导致发生质量问题的可能性降至最低。

诺言难兑，家国情怀以慰愧疚

在张舸身上，可以看到中国人的诸多传统特质，他敬业、有责任心、有理想，同时又爱家人、重朋友。然而 17 年的航天从业之路，家庭与工作间往往无法完美兼顾，从最初的纠结、犹豫到如今的温和、坦然，他深知家国情怀、国之大者，于是将对家人的关心、内疚融入对工作的追求与奋斗中，同时也将对工作的责任和成就升华至对家庭的关爱与呵护中。

在绝大多数人的印象里，张舸是爱岗敬业、敢打敢拼的航天战士，是一腔热血、忙前顾后的神舟总装班组长。工作中的他是个拼命三郎，加班对于他来说已然是家常便饭，他每年都要参加两次长达两个月的发射场任务，加之作为班组长的他更需要统筹安排北京地区与发射场总装操作协同开展，各项事情的繁复琐碎与压力远超常人想象。在型号任务不断成功的背后，是以他为代表的众多航天工作者坚守岗位的默默奉献。对于家庭，张舸是心有愧疚的。每一次提及爱人、孩子、父母，他都难掩心中的愧疚与感谢，愧疚于无法常伴家人左右尽自己的责任，感谢于家人对自己的理解与默默支持，永远为他撑起坚强的后盾。

“我的宝贝闺女，当你醒来的时候，爸爸已经在发射场出差了，之前答应陪伴你一起过生日，可能又要失约了，等爸爸回来，一定好好补偿你，到时候给你讲述爸爸在发射场发射飞船的故事……”，这是2021年执行神舟十二号飞船发射场任务时，张舸在出发当日留给女儿的温馨话语。无法陪伴身边时，他总是通过视频与女儿进行联系，多年频繁的离别让他更深切地感受到了女儿的成长与懂事，现在女儿已经懂得安慰他，懂得对他嘘寒问暖，懂得告诉他会乖乖等他回家，懂得让他不要挂念自己要专心工作……每当这时，他都会加倍思念女儿与家人，但他更深知自己所承担任务的重要性，当听到女儿和小朋友们自豪地说“我爸爸是航天人，我爸爸是最棒的”，他又觉得一切的努力与付出都是值得的，家人给予他的理解、鼓励与支持是他前进的强大动力，太多的感动故事都被他深深地埋在心底，不与他人说，却时刻督促着自己努力前行。

总装十余载，张舸真正做到了不忘初心、担当使命、无私奉献，他用自己的精湛技艺打造神舟飞船航天精品；用自己的实际行动践行“特别能吃苦、特别能奋斗、特别能攻关、特别能奉献”的载人航天精神；用自己的智慧和忠诚不断续写着中国载人航天的新辉煌；更用新时代产业工人的匠心，为航天强国建设持续拼搏奋斗。

工作感悟

我自2005年参加工作以来，一直从事神舟载人飞船的总装工作。17年来，亲历了我国载人航天工程第二步、第三步走战略从梦想变成现实的全过程。在这个过程中，我从实习工成长为高级技师再到如今获评“大国工匠”，这不仅仅是我个人的成长与荣誉，更是组织培养的见证。在成长的过程中，我将切身感悟总结为“四心聚力”：初心铸担当、专心做工作、匠心塑精品、倾心建团队。

初心铸担当

“政治意义重大，人命关天”是载人航天的特殊标签。在党史学习教育中，我对习近平新时代中国特色社会主义思想和党领导我国载人航天事业发展历史的学习，更让我把对载人航天的向往、敬畏、忠诚与笃定沁入骨髓，让我更加坚定了发挥党员先锋模范作用、造一流载人飞船的信念。

2021年新冠疫情期间，神舟十三号飞船总装任务异常繁重，当时部分组员由于疫情原因被隔离、单机产品交付延迟，我作为共产党员以身作则，带领班组的其他4名党员及另外3名骨干轮班坚守岗位，积极协调资源，连续作战，保证了型号各项工作的圆满完成，让党旗在航天重大工程一线高高飘扬！

专心做工作

神舟飞船作为多个系统高度集成的大国重器，从零部件到发射需完成高达近80万次操作，这些操作不允许有一次出错，错，就完不成神舟飞船任务，就不能交出令祖国和人民满意的答卷。

为了实现操作“零缺陷”，我与技术人员一道，细化量化操作步骤，编制用于指导总装现场操作的标准作业指导书数十份，对每颗螺钉拧紧力矩是多少、螺钉紧固顺序如何、力矩分级施加还是一次施加等，都做到“以数据为纲”“精益求精，追求极致”。

载人航天、人命关天。“拧好每一颗螺钉、插好每一个插头”，这是对我这样飞船总装操作人员最基本的要求，只有养成过硬的工作作风，并持之以恒地坚持下去，才能将千千万万个最基本的操作做到万无一失，最终完成不平凡的成绩。

匠心塑精品

2016年，我作为“神舟十一号”参研参试代表受到了习近平总书记的接见，总书记“只有不断创新，中华民族才能更好走向未来”的叮嘱自此在我耳边回荡。当时我就暗下决心，要不断坚持创新，努力打造神舟飞船总装精品！

如果只是把一件事完成可能很简单，但是要把一件事用心做好则并不那么容易。把普通的事情做到极致，我认为就是工匠精神。而作为神舟飞船的总装操作者，就要求我们一旦进入工作状态，就要将自己的观察力、执行力高度集中，进入一种“飞船在心中，下手如有神”的状态，更要像带着放大镜一样对自己所操作的对象进行仔细审视，发现飞船各个系统、各个零部件之间的关联，进而通过模式优化、装备升级、方法革新做到飞船总装更加精益。针对最初飞船内装饰采用手工效率不高、装饰观感不够好的问题，我与团队开展技术攻关，依托航天数字化制造平台，实现了三维数字化设计和自动化制作，极大提高了工作效率和质量，将航天员的座驾从“经济舱”升级为“头等舱”。正是这样每项操作都始终保持拥有一种精益求精的匠心精神，才让我在飞船总装这个平凡的岗位上练就了一身不平凡的本领，不断实现自我价值。

倾心建团队

我的师父孙占海大师被航天员誉为“神舟飞船舱门守护神”，曾在我国载人航天发展之初作为航天员飞天前“关舱门”的唯一指定人，而2016年之后，我从他的手中接过“接力棒”，成为守护航天员安全的“关舱门”团队新的领路人，并在“神舟十二号”“神舟十三号”等型号中多次出色地完成临射前舱门关闭任务。

良好的传承，是总装团队发展壮大的宝贵经验，我所在的神舟飞船总装团队则是一支具有优秀传承传统的团队。无论是我的师傅孙占海还是我，都将团队的精神内核与操作技艺毫无保留地传授给了更加年轻的团队成员，现在已形成了“全国技术能手”“航天技术能手”“五院技术能手”等为骨干的多层次立体式人才队伍体系，团队成员已然都是多面手，我自己先后带徒10名，言传身教、共同进步，其中4人已成长为技师，3人担任班组长，团队凭借过硬的业绩荣获“全国质量信得过班组”称号。

结束语

19年来，张舸的视野只有那么“狭隘”，他眼中仅有一直陪伴的神舟飞船；他的心胸又是那么的宽广，他把所有的精力和心血都倾注于祖国的航天事业。他初心不改、矢志不移，用满腔的热血书写着新时代神舟飞船总装人的忠诚与担当。时光流转，岁月如歌，他毅然坚守岗位，奋勇前行，争做航天强国建设排头兵，立志成为“精神的传承者、匠心的凝练者、责任的担当者、丰碑的铸就者”。他用自己的实际行动完美诠释着“将忠诚献给祖国，将奉献交付事业，将卓越闪耀太空，将平凡留给自己”的铮铮誓言。这，就是张舸，一位在神舟飞船总装岗位上不断努力践行“工匠精神”的航天人。

撰稿：王海鹏、李琦、王佳、邹亮、王超杰、郑鹏、肖正懿

火箭心脏钻刻师　匠心逐梦可摘星

——西安航天发动机有限公司数控车工何小虎

人物简介

何小虎，男，汉族，1986 年 11 月出生，陕西延安人，中共党员，特级技师，高级工程师，西安航天发动机有限公司数控车工，主要从事液体火箭发动机推力燃烧系统高精密产品的生产加工。

工作 14 年来，何小虎先后解决液体火箭发动机精密加工难题 75 项，获奖 70 项，申请专利 23 项，发表论文 7 篇，获得国际专利 1 项。他独创的微小孔高效加工法、极限加工稳定性控制法、首件标定参数法，提升了火箭发动机喷注燃烧系统工作的可靠性，有力保障了我国载人航天工程、探月工程、火星探测工程等使用的各型号火箭发动机的研制生产。他是我国高端装备领域难得一遇的杰出青年技能人才，也是中国航天“既出成果、又出人才、更出精神”的象征，是名副其实的“大国工匠”。

他曾获2022年“大国工匠年度人物”“全国技术能手”、全国五一劳动奖章、中国青年五四奖章、首次火星探测任务先进个人、“全国向上向善好青年”“全国青年岗位能手”、航天贡献奖、“中央企业青年岗位能手”“陕西省技术能手”“三秦工匠”、陕西省五四青年奖章、“陕西省带徒名师”、首届“西安工匠”“西安市劳动模范”等荣誉。现为全国青联常委、全国青联优秀委员和陕西省青联常委，陕西省技能大师工作室领衔人、中国航天科技集团公司技能大师工作室领衔人。

工匠故事

用匠心铸就航天梦

何小虎总是穿着一套印有“中国航天”字样的藏蓝色工装。他说，穿上这身衣服，就要对产品质量负责。

这个出生在陕北延安的农村娃，高中时就在心里埋下了一颗“航天梦”的种子。凭着一股肯钻研的“倔”劲儿和对产品精益求精的追求，他不断磨炼自己的技术，攻克了一个又一个技术难关。

作为中国航天科技集团有限公司第六研究院西安航天发动机有限公司的一名数控车工，14年来，他先后解决多项液体火箭发动机生产研制问题，并申请专利，是西发公司最年轻的一线技能专家。

他被称为“火箭心脏钻刻师”——如果发动机是火箭的“心脏”，发动机上的涡轮泵就是火箭“心脏的心脏”。何小虎说，产品也像他的“心脏”，在与国家发展同频共振。

对于何小虎来说，“钻刻师”的“钻”有两层含义。一方面，在火箭发动机的涡轮泵和推力室相关零部组件精确加工的专业技术领域，“钻削”是一种常见的技术；另一方面，“钻”还有钻研的含义，“希望在这个工作岗位上继续钻研技术，把发动机制造得更加可靠稳定”。

这意味着，何小虎的工作容不得半点马虎，产品的精度直接影响着火箭发动机及飞行器能否精准入轨，丝毫差池都会导致火箭发射的延误甚至失败。信奉着打铁还需自身硬的何小虎，靠着勤勉踏实和灵活创新，在不断精进自身技术、掌握更多设备操作方法的同时，挖掘机床设备潜能，为液体火箭发动机的精密制造奉献自己的能量。

“神舟”飞船上天揽月，“慧眼”卫星遨游太空，“天问”探火，“羲和”逐日……经过几代航天人的接续奋斗，我国航天事业在世界舞台上绽放异彩。身为航天装备制造领域的高技能人才，何小虎把青春梦融入航天梦，从“小徒弟”到“老师傅”，从“普通工人”到“大国工匠”，他用行动助力航天强国梦的实现，也一步步实现着自己航天报国的人生理想。

走出陕北大山，航天梦想落到实地

何小虎加工的零部组件早已随着“长征五号”“天问一号”等众多型号飞入广袤的宇宙。但在上大学之前，这个来自革命圣地延安的农村娃，还离“火箭”“航天”这样的字眼很遥远。

回忆起来，童年只剩下一个“苦”字。二十世纪八九十年代的陕北农村，有些靠近山区的地方还没有通电、通车，没有自来水。要用水，只能到一公里外的山下河道里挑。何小虎家里四个兄弟姐妹，他是老大，顺理成章地承担了更多责任。扁担太高，就把两头牵着水桶的铁链折上一折，再扛到肩上。

在这里，人被迫与自然长久斗争。延安的冬天，气温达到零下二十多摄氏度，路上都结了冰，但何小虎每天早晨还得骑自行车去五公里外上学。半路上冻得太厉害，他们一群小伙伴就停下车，在路边捡些柴火，点着了暖暖身子，再继续走。

“那时候，如果能全身心在家里学习、看书，我就感觉很幸福。”对于当时的何小虎来说，世界不会比眼前这条歪扭崎岖的土路更远、更宽。后来，家里有了电视机。何小虎记得，在自己 17 岁那年，有个叫杨利伟的航天员乘神舟五号飞船进入了太空，那是中国首次成功发射载人飞船。从此，何小虎的内心就对航天产生了向往和憧憬：“如果自己将来能有机会从事航天事业的话，家里人一定会为我感到高兴和自豪的。”但对于那时的他来说，这一切还遥不可及。

因为尽管非常努力学习，但高考成绩还不理想，无法进入高等学府实现设计者和研发者的梦想。

如何抉择自己的人生方向，是小虎面临的最大难题。既然不能成为航天器的设计和研发者，能不能成为它的制造者呢？经历了 10 多天的思想斗争，何小虎豁然开朗，毅然决然地报考了高职院校——陕西工业职业技术学院，走上了技能成才之路。

当时小虎就给自己定下目标：既然选择做工人，就要做最优秀的技能工人。

2007 年，他考入陕西工业职业技术学院机械制造与自动化专业。拿到录取通知书的那一刻，微笑和泪水交织着，他知道自己离梦想近了一步。

刚开学不久，入职西安航天发动机有限公司的学长回学校开讲座。“发动机”“火箭”这些词汇第一次出现在自己耳边，何小虎开始偷偷打听如何才能进入西发公司，“梦想”第一次有了具体的形状。

在校期间，他非常珍惜学习时间，业余时间全都在练习技能，一有机会就到学校实训基地反反复复地做零件、磨刀。高重复性的工作总是会带来厌倦，他就给自己设定一些“极限”，不断去挑战。“原来我可能用 200 转的转速加工一个零件，我就挑战用 1500 转加工。这可以锻炼反应能力和操作能力。如果反应慢点，高速旋转的刀具就撞到主轴上去了。”

磨刀是最基础的工作，但把刀磨好，需要长时间的训练。何小虎记得，每磨完一把刀，满身都是沙砾，一不小心，手还会被磨伤。虽然总是满手油污、灰头土脸，但那段日子在记忆里却熠熠闪光。

除了学习理论知识，他还泡在实训基地，刻苦练习，培养技能，增进技术，整个大学三年，何小虎把时间利用到了极致。就这样一步步，小虎从开始磨刀、加工零件到最后参加技能竞赛，不断的努力学习和刻苦训练，使他的技能水平得到快速提升。何小虎大学时期成绩名列前茅，并且频频在国家级比赛中获奖。毕业前获各种竞赛奖励证书 18 项，最高获国家级机械创新设计大赛二等奖，作为学生申请了人生的第一个专利——一种自动化折叠床的设计。

2009 年的秋天，西发公司的面试官终于来了。

前一天晚上，何小虎将简历核对了无数遍，不停地在脑海里预演面试可能发生的状况，甚至问同学借来一套西服。

何小虎从 300 多人中闯过了简历关，面试后开始了漫长的等待，迟迟不见下发理论考试的通知。那漫长的两三个月，何小虎内心充满忐忑，晚上常常失眠：会不会是没录上？

也不是没有过别的打算。中途有一次，何小虎已经通过了某集团的面试、准备签合同了，想了一晚上，他最终决定再等等。

冬天来的时候，好消息也来了。最终，何小虎顺利通过了理论和实操考试，并以实操第一名的优异成绩，顺利进入航天六院西发公司成为一名数控车工。那时候，拿到入场券的人，包括他在内，只剩下 7 个。

何小虎还记得，接到电话的那天，他正在延安的家里。父母一生面朝黄土、朴实内敛，他们不太明白这份工作具体是什么，只叮嘱儿子“好好干”。但背地里，他们总是告诉别人：“我家孩子是干航天工作的。”何小虎认为这份工作很有意义，能看到将来自己发展的空间和高度，他的航天梦想之路，也就此翻开了全新篇章。

成长：穿上“航天蓝”工装

2010 年 1 月，何小虎顺利进入西安航天发动机有限公司，成为他曾经遥望的“航天人”中的一员。刚开始工作时，一个月工资虽不多，但他充满干劲。

进公司第一件事，就是发印着“中国航天”的藏蓝色工装。何小虎心里美滋滋，激动的内心飘荡着五个字——“中国航天人”。对于何小虎来说，只要穿上这身衣服，就得以更严格的标准要求自己，要有使命感和责任感，对产品的质量负责。

入职的第一课让何小虎震撼至今。在火箭发动机零件加工主要依靠手工钻刻的时代，被誉为“航天钻头”的全国劳动模范曹化桥师傅，最拿手的技术就是“打小孔”。他可以在两张 A4 纸直径大小的平板上，打出 2000 多个不同角度、不同直径的小孔，其中最小的孔径只有 0.12 毫米，和一根头发丝差不多。更令人钦佩的是，他几十年如一日，从来不看电视、手机和电脑等电子设备，以确保钻刻时的精度，这种精度甚至以毫米计算。第一次听到这个故事时，何小虎 24 岁，刚入行。他大为震撼。从此，“航天工匠精神”在何小虎心中有了具体的落点。

何小虎刚上班那年，师傅董效文同时带三个徒弟。论年龄，何小虎排中间。但是他不服，说“要排，就都拿出自己的‘绝活’来。”凭着“绝活”，何小虎在比试中获胜，自封为“大师兄”。

但现实很快给了何小虎一记打击。和学生时代不一样，如今他真正穿上了印有“中国航天”的藏蓝色工装，就必须对产品质量负责。在学校，他只学过最基础的机床指令，根本不懂工作中需要的代码。更重要的是，每天重复着同样的工作，产品却总也做不好。产品报废得多了，还会受到师傅严厉的批评。小虎迷茫了，虽说自己是山区长大的孩子能吃苦，但自己能像曹师傅那样持之以恒吗？自己到底行不行？能不能成为一名合格的航天人？

为了成为像曹化桥一样的航天工作者，小虎一直在努力，一直在学习。每当他在平凡又枯燥的工作中快坚持不住时，都会有一个声音告诉自己：一定要继承和发扬老一辈航天人的精神财富，做一个有理想、有担当、有目标的新一代航天人。

忐忑不安的心在向往梦想的信念下逐渐恢复平静，因为小虎始终坚信“天道酬勤”。在最初工作的一千多个日夜里，小虎每天的工作就是把产品装到数控机床上，加工完后从数控机床上取下来测量，随后清洗完放到规定位置。这样的重复性动作，一天得有几百次，虽然很枯燥，但每次他都会百分百用心去做。因为他知道，从普通工人到工匠，要的是十年磨一剑的耐心与积累，重复的事情用心做，就是赢家！

从此小虎对自己严格要求，最早进入车间、最晚回到宿舍成为常态。每天早晨刚上班，是小虎的黄金学习时间，利用机床二十分钟左右的热机时间，一句一句学习指令。机床正常运转后，就立即将刚刚学习的指令在实际加工中进行验证，就这样一边学习、一边实践、一边复习。同时要求自己在重复中求进取，原来一天重复 600 次的动作，能不能达到 800 次。就是这样，小虎给自己定下一个个小目标，挑战种种极限，以这种方式来激励自己不断去努力。和何小虎差不多时间上班的同事姚波记得，何小虎总是在机床旁练习到晚上 11 点多。“他干什么事都认真仔细，特别关注细节。”

何小虎还抓住各种机会，向前辈老师傅请教。在前辈那里，何小虎真正感受到了技术的传承是毫无保留的。那时，何小虎总是磨不好钻头。他找到有名的技术“大牛”曹化桥求助。曹化桥二话没说放下手头的工作就帮何小虎把钻头磨好，还详细地讲解应该如何磨。何小虎按照他的方法发现自己提升得非常快。不只是曹化桥，何小虎先后受过多位师傅的指导，“有人关心你、帮助你，感觉像融入了一个家庭中。”

在同事和董效文等师傅的鼓励和支持下，没日没夜的坚持终于让他可以稳定操作，熟练掌握了机床特性和先进加工技巧。终于，经过10多年的努力，现在的小虎可以操作10多种不同型号、不同种类的机床，从最传统的手工操作机床，到现在企业精度最高的数控机床，甚至微米级的产品加工对于他来说都游刃有余。

在不断学习的过程中，小虎深知参加技能竞赛可以让技能水平得到快速提高。2011年作为航天加工菜鸟的他，最大的难题就是如何加入西发公司技术协会，也就是技能竞赛班。刚出徒的他经历了三次碰壁后成为西发公司第一个写申请书加入的学员，开启了近六年20次的竞赛之旅。每次不管是大赛还是小赛，他都会尽最大的努力去完成好，这种习惯一直坚持到现在。

加入技协的第五年，小虎迎来了第一次代表单位参加国家级技能竞赛的机会。当时，他以陕西省第一名的成绩去北京参加决赛，准备出发前，同事开玩笑似的送了他一句话："三好，吃好、玩好、逛好。"赛前队友们都说陕西省加工水平处在中等，参赛队成绩也不拔尖，大家信心不是很足，而小虎听到这些话时心里很不舒服，"谁说我们不行，我一定要努力一把证明我们的实力!”

于是，赛前小虎提前半天拿着笨重的工具箱来到现场熟悉设备，从早上8点到晚上9点，中午没有休息吃饭，晚上回到宿舍四肢发软，但头脑却异常清晰亢奋，因为信念一直指引着他!

实操比赛的第一天，他早早来到现场远距离观战。仔细观察选手的操作和评委评分情况，晚上回到房间自我总结。一场接一场的观摩，小虎的心态越来越平稳，轮到自己上场比赛时，对周围环境已经比较熟悉，一点都不胆怯。在日常工作中，小虎一直操作的是进口设备，而国赛指定的却是宝鸡机床厂生产的新型数控车床。为了尽可能减小设备差异造成的操作失误，小虎第一时间拨通了刚认识不久的宝鸡机床厂宋小佳师傅的电话，详细询问了设备特性、参数和操作注意事项，尽早做好准备。备赛以来，小虎很少回家，一到周末就泡在车间琢磨。国赛前，组委会提前出了一套模拟题练手，小虎按照正式比赛认真对待，从制定加工方案到操作细节，每一步都缜密设计，不断和师傅讨论修改，为正式比赛积累经验。

就是这样一次次的坚持，小虎获得了陕西省参加该项赛事以来的最好成绩——全国第四，同时荣膺“全国技术能手”；2017年，他第一次参加中国大能手选拔赛，成为陕西省入围全国十强第一人，位列第六。就是凭着这股肯吃苦、敢吃苦、能吃苦的虎劲儿，经过十几年的不懈奋斗，何小虎从最初的技术能手成长为竞赛评委，2020年他担任第一届中华人民共和国职业技能竞赛国赛和省赛裁判，2021年他担任第九届全国数控技能大赛裁判。

“航天人，要有干事的精神”这句话已经深入何小虎骨髓。在成长道路上，何小虎秉承着实干精神，不断提醒自己，任务说明信任，干活就是锻炼，多承担一项任务、多完成一件工作，就多一份立足的资本、多一份难得的收获、多一个成熟的机会、多一次认可的概率。

创新：独创“极限加工稳定性控制法”

发动机被称为火箭的“心脏”，研发液体火箭发动机燃烧系统相关产品更是心脏之中的心脏，就像是给心脏动手术，既需要精湛技术，同时也更需要很强的综合能力。

引水方知开源不易。2012 年开始，全自动化的设备在逐渐替代传统设备的加工技术，如何实现航天发动机高质量生产，创新是关键。而创新的来源是对加工基础技术的深入研究，包括何小虎在内的青年一代开始崭露头角。

西发公司 35 车间劳模创新工作室负责人岳敏说，年轻人爱动脑子，会用“巧”劲儿，胆子也大，敢于“不走寻常路”。“小虎的发明专利有很多，都是他在现场自己去想、去发现，每一个小点都不放过，想尽一切办法搞创新，用大脑解放体力。”

2014 年，何小虎的基本功已经娴熟起来，他也遇到了工作后的第一个“大拦路虎”。“推得精、飞得稳、变得妙、落得准”是大家对月球着陆器和天问一号着陆火星所使用的变推力发动机的写意描述。这类发动机负责探测器在着陆时获得反推力，使其减速、悬停、平稳着陆，其关键部件就是燃烧室喷管。

何小虎加工的火星探测器着陆变推力发动机所用燃烧室喷管，由于喷管结构特殊，加之材料属于难熔金属，其加工一直是公认的行业难题。

“让我试试吧，我们的困难自己可以战胜。”一天，何小虎主动要求攻关。所有人都被这个仅有 4 年工作经验的年轻人震惊到了。

自那以后，同事们在车间总能见到何小虎。一年后，令所有人不敢相信，何小虎深入研究材料特性，通过大量试验验证，独创了一种冷却液的制备和使用方法及车削加工技术，彻底解决了这类喷管精密加工难度大、合格率低的世界级难题。由他撰写的《一种切削液及其制备方法和应用》获西发公司首个国际专利授权。之后的几年，何小虎不断寻找工作中的难题，并利用下班休息时间，全力攻克解决。

2016 年，何小虎和他的团队实现了一个历史性突破。在长三乙火箭发动机喷注器架的生产过程中，有几项基本尺寸为 3.5 毫米、公差为 0.008 毫米的深小轴，精度相当于头发丝粗细的 1/10，加工难度达到设备上限，即使是经验丰富的高级技师加工，初期试加工合格率也仅为 20%，严重制约了产品交付周期。

大家都认为，现阶段根本不具备加工条件，更别说加工出合格的产品了，大部分人都避之不及。但小虎当时就凭着永不服输的劲头，主动请缨准备拿下这个难啃的硬骨头。其实小虎当时也没有十足的把握，但他下定决心要全力以赴完成这个挑战。那段时间，他满脑子都是这个难题，有好几次做梦都在做方案论证。

当他得知项目进展困难时，便开始留心了。“是设备不行还是手段有限?”何小虎心里嘀咕。“那时候我就想，既然能设计出来，就肯定能生产出来，我们要有信心。”于是，在接下来的半个月时间里，他反复试验、摸索、查阅资料，后来发现，零件的精密加工会受到温度的影响，也就是说，只有在某个特定温度条件下，机床才能达到极限加工的精度。

有了这个思路，他又开始了新的试验——测试一天当中哪个时间段最合适。从起初的一个小时一个小时地试，到后来半个小时半个小时地试，经过了一周多的时间，终于发现了规律，每天下午 2 点到 4 点这个时间段加工出来的产品精度最高。

经历了近 50 次失败，小虎独创了“极限加工稳定性控制法”和“首件标定参数法”的新加工概念，即准确掌握机床最理想的加工时间段进行精密加工，沿着这个思路他们完全颠覆了传统的加工方法。正是依托这个超精密加工的新方法，第一批次试加工时产品的合格率就达到了 100%，生产效率提高 4 倍之多，实现了产品效率和质量的双提高。

在不断挑战自我的道路上，何小虎从未停步。针对异型零件难找正问题，他总结出“四点两线”粗找法、“三点一线”精找法，零件找正效率提高 200%；在某重载发动机涡轮泵离心轮的研制攻关中，何小虎的多项技术突破满足了我国载人航天、深空探测和发射大规模空间设施任务需求……

从“小喷嘴”到“外太空”

2021 年 4 月 29 日，长征五号 B 遥二运载火箭将中国空间站天和核心舱顺利送入太空，何小虎生产的离心式喷嘴就是液体火箭发动机燃烧室的核心部件。

然而，从“小喷嘴”到“外太空”，技术难关的攻克布满荆棘。

离心式喷嘴加工精度直接影响液体火箭发动机燃烧的稳定性，可能导致火箭发动机剧烈振动、局部烧蚀，因此，其精度要求极为苛刻。

2018 年年初，一项艰巨的任务摆在了何小虎面前。由于空

间站即将进入建造阶段，众多发射任务正在密集试车验证，发动机喷嘴的需求量从每年一万多个激增到四万多个，但喷嘴加工精度低、毛刺多、合格率低、劳动强度大、效率低，是车间多年无法解决的“卡脖子”难题。难就难在每个喷嘴都有 12 个直径 1.05 毫米的离心孔，而每台发动机则需要 200 余个喷嘴同时工作，加工难度极大。

“12 个离心孔的一致性误差必须控制在 5 微米，也就相当于我们 A4 纸厚度的二十分之一。”何小虎说，过去喷嘴一直采用传统的机械加工，加工后形成的毛刺必须配一个经验丰富的老师傅手工去除，零件的液流试验合格率也只有 50% 左右。

何小虎多次和同事们分析、讨论，还在师傅引荐下，拿着产品跑到西北工业大学机电学院找教授交流。

近两年的时间里，他们没有找到可行的方案，这个项目被搁置了。但何小虎没有放弃，甚至做梦都梦见自己仍在攻关。一有空，他就和团队的同事一起查资料、翻文献。为了提高自己的综合技术能力，下班后，他经常去其他车间“偷师”。

2019 年，何小虎第一次提出采用车－铣－磨高效复合加工法，实现无人化加工的理论设想，将钻削改为铣削，遭到团队里所有人的反对。有人问，如何让机床实现这种指令？该选择什么样的刀具、什么样的参数？加工出来的质量如何保证？

所有的问题都指向“不可能”。机床厂家的程序员编辑了两天，反馈说，实现不了。何小虎感到沮丧，但转念一想，“创新嘛，肯定会遇到困难。想通了以后我就释然了，想着如何去解决问题就完了。”

又查了大量的资料后，有一天，何小虎跟公司的技术部门谈，能不能在原有成熟指令的基础上，通过计算的方法把这个功能编制出来？技术部门的工作人员觉得，这个思路挺好，可以试一下。

整整两天的时间，何小虎编了又改、改了又编，不知道重复了多少次，最后终于编制成功，实现了在机床上铣削的动作和功能，并进行了产品试验。他发现，这个方法完全能满足设计要求，而且质量、效率都比原来高得多，产品合格率甚至达到了95%，返修率大幅降低。

经过百余次反复迭代，何小虎在反复实践中总结提炼出“微小孔高效加工法”“车–铣–磨”集成加工法等操作方法，保证了新一代液氧煤油发动机燃烧喷注系统的稳定性。

他将传统钻削改为铣削，在直径为0.05毫米也就是半根头发丝大小的空间内实行三轴联动加工，最终精度完全达标，并实现了液体火箭发动机离心式喷嘴无毛刺加工，保证了12个孔一次加工成功，产品一次合格率从60%提高到99.9%以上，生产效率提高两倍多，人员减少一半，每年节约成本上百万元。该项技术已申请国防专利，同时也在我国可重复使用液体火箭发动机中立下汗马功劳。

如今，何小虎作为喷嘴单元攻关项目的负责人，完成了10

种工艺流程优化和加工转型，喷嘴产量也从 15 万件提升到 30 万件，周围同事纷纷支持何小虎带队进行数字化和智能化转型。

“享受挑战带来的真正充实感”

“我喜欢给自己设定一个较难的目标，然后不断去挑战和突破自己，最终享受这种挑战带来的充实感。”何小虎说。

在何小虎办公桌上，一个三层嵌套、正十二面体的“玲珑球”是他“工匠精神”的具象体现。它由一整块不锈钢的毛坯料一次加工成型，从创意到加工完成，历时三个多月。它有个浪漫的名字叫作“航天炫”。之所以取名中有“航天”二字，一是由于其中应用到了航天级加工技术，二是创作者向自己所从事的事业致敬。

“前些年网上流传的一段视频，展示了一个三层嵌套、正四面体结构的玲珑球，被网友称为最牛车工的作品。同为车工，我不服。”何小虎笑言，一开始对于正十二面体的加工均以失败告终，直到有一次给孩子讲解地球仪的过程中，突然间有了加工灵感。“它的结构很像地球仪上经纬线的分布方式，这个思路最终让我找到了加工的技巧。”

终于在两个月后方案出来了——车床一次性加工成型。十层壁的每一层内部都是球面，最薄的壁厚是 0.4 毫米，加工的时候一不小心就断了，每条棱误差在 0.01 毫米，制作中小虎和团队琢磨出了一系列衍生技术，目前都用在了世界上推力最大的高压补燃双喷管液体火箭发动机研制中。

这套自创的“航天炫”作品和技术，不仅荣获了陕西省职工科技节技术工人优秀课程、讲座、绝活（视频）三等奖，还申请了实用型专利和发明专利。

何小虎对技艺的追求始终“步履不停”，“把从前辈们那里学到的技术和精神传承下去”是他心之所愿。

在运载轴承座的加工技术创新过程中，加工装备如何设计，强度、刚性、重量都需要考虑得特别清楚，何小虎与技术人员多次就相关技术问题进行探讨，通过自行设计工装，刀具、总结试验相关加工参数，在“使用－问题－试验”不断循环一年时间后，颠覆了近30年以来一直沿用的旧加工方法，实现了该产品由普通的手工设备向数控自动化设备的技术革新，使加工效率提升4倍之多，一次加工合格率提升至90%以上，每年节约生产成本近10万元，为高质高效的加工提供技术保障。

传动轴是调节发动机方向的关键零部件，其中72齿的精密程度将直接影响发动机的变轨精度，如何进一步提升产品精度是迫在眉睫的重大任务。半年时间，何小虎通过查找相关资料和技术方案论证，利用高精度的车铣复合加工中心，实现了该产品由原来的8道加工工序缩减为2道，实现了“以车代铣”“以车代磨”的加工技术创新，使产品加工合格率和准确率提升至100%，加工效率提升1倍之多，该加工法填补了相关技术空白。

面对一次次挑战，小虎从不服输，要干，就干出个模样。如今，智能化时代来临，何小虎想要把多年来的实操经验都编进机器程序里，追求更为完善的加工方法和操作规程，不断提升精细部件加工的产品合格率。从中国制造升级为中国智造，需要不断创新思路和方法。用先进技术手段提升加工生产的效率，将成为何小虎穷尽一生的梦想。

初心：与航天事业一起成长

春播一粒种，秋收万颗粮。

何小虎解决了火箭发动机加工难题75项，可以操作十多种不同种类、不同型号的数控机床，目前操作的也是航天六院西发公司精度最高的多轴车削中心，可以利用最先进的数控加工手段完成微米级的产品加工，在“长征五号”“天问一号”、北斗组网、探月工程等任务中作出了突出贡献。

在单位的培养下，何小虎实现了多次突破，是公司最年轻的技协导师、六院技能名师，“陕西省带徒名师”，连续11年荣获西发公司技能明星，是陕西省数控技能大赛最好成绩的保持者，是公司国际专利授权的第一人，在技术攻关方面实现了多次突破。

过硬的技能、创新的思维、坚定的信念，何小虎把青春梦融入航天梦，在建设航天强国的伟大征程中恪尽职守，成为液体火箭发动机动力之源名副其实的“守卫者”。

何小虎说自己是幸运的。这份幸运源自航天六院西安航天发动机有限公司内部良好的学习氛围。刚入职时，全国劳模曹化桥开了场讲座，告诉大家，航天产品，质量至上，一个小失误就有可能导致重大影响，给国家和人民带来无法估量的损失。何小虎时刻敲响警钟，把不能有丝毫马虎和懈怠的工作态度，践行在工作的方方面面。

曹化桥等技术“大牛”对何小虎的影响，不仅于此。何小虎最高兴的事情就是将自己总结的新方法、新工艺、新技术、新技能与大家分享。他还自发组织各类职业技能竞赛及赛前训练工作，从技能培训到经验传授，带领年轻人苦练本领。

“我就属于那种闲不住、爱管闲事的人。不仅把自己岗位上的工作做到效率最高、质量最好，我还看其他同事哪里有问题就去帮忙。”何小虎说。

也许正是因为这样，何小虎越来越忙。如今，他的工作和生活已经分不开。他几乎天天穿着那套藏蓝色工作服，无论是工作，还是骑车、吃饭。他的家就在单位旁边，骑电动车穿过大片的绿山墙和虫鸣，驶入车水马龙之中，不到10分钟就能到达。

2020年新冠肺炎疫情期间，何小虎主动提出利用线上平台进行网络授课，停工停产期间共组织开展了8次网络技术培训，网络课程累计有2000余名职工收听收看。如今，何小虎带领着95后、00后这样年轻的团队，正潜心攻克一个又一个技术难关，向着建设航天强国的目标迈进。他总告诉刚入行的年轻人，要有理想、有目标，并将个人目标融入国家的发展中，脚踏实地地把工作做好。

艺无止境，德艺双馨，何小虎还下功夫带领更多年轻人成长进步。现在小虎也带徒弟，他向徒弟们学习新的思想，也会给他们讲更深层次的东西，包括如何去攻关、如何把自己的成果转化出来。对刚入职的学生，小虎付出的精力多一些，因为他们可能还不是很适应公司，需要不断锤炼。

作为陕西省带徒名师，几年间，何小虎先后培养出 20 多名徒弟，其中高级技师 2 人、技师 9 人，吴焯琳曾获陕西省五四青年奖章，姚波等 2 人获陕西省五一劳动奖章，徐显斌等 10 人获"陕西省技术能手"称号。如今，他的徒弟变成了一排排"生产单元"，他自己也开始投身和挑战新领域，成了车间数字化和智能化能力提升的负责人。

小虎心里一直有一位偶像，就是钱学森老先生，从小时候就听他的故事，从他提出的"系统工程论"里学会了把目标拆解的方法。每次遇到困难，没有前进动力的时候，他就会想到钱老，就会有一盏明灯在指引着他。

青春与梦想同行，初心与祖国同在。何小虎给自己孩子起名为"天宇"，天空的天，宇宙的宇，他希望把航天人的精神传递给下一代。天宇喜欢电影《流浪地球》，对太空知识很感兴趣，经常会问"太空是什么？我们怎样才能去太空？"，何小虎期待天宇以后也能成为优秀的航天人。

宇宙无垠，浩瀚无边，步履不停，无畏向前。

"非常荣幸见证并参与了我国航天事业的腾飞和发展。"何小虎说。推动航天事业，不仅需要自身数年如一日的坚守，更是需要将航天精神传承给每一位为中国航天事业奋斗的年轻人。

未来，他将和更多年轻人一起，共同助力中国航天事业更上一层楼，继续朝着自己的梦想前进，无愧于"中国航天人"的身份和"大国工匠"的荣誉称号！

工作感悟

13 年前，青春年少的我满怀对祖国航天事业的期许进入航天科技集团六院西安航天发动机有限公司。13 年后，当我荣获“大国工匠”称号时，内心对西发公司、航天六院、集团公司、党和国家有着满满的感激。“大国工匠”这个荣誉称号对我来说非常重，是对我过去工作的肯定，需要我用一生去守护、去践行。我坚信，只要我们能够勇于突破、坚持不懈、把自己当下的事情做好、孜孜不倦地去追求，就没有实现不了的目标。

对我来说，航天不仅是一份工作，更是一份事业，西发公司让我实现了自己的人生价值，让我在追求自己航天梦的道路上有了依靠。

我小的时候，航天对我来说是一个遥不可及的梦，当我在电视上看到神舟飞船将我国第一名航天员送入太空的时候，我的心里除了激动和自豪之外，还有着对航天事业的无限向往。为了这一份单纯的向往，我努力学习，想要靠近自己的梦想，当我考上高职院

校后，我知道，要想追寻自己的梦想，就要走技能成才的道路。

如愿以偿地加入祖国的航天事业后，在工作中，我追求精益求精，保证加工的每一项产品稳定可靠，我追求那种极致和挑战，我希望把产品做到更精，只有更好、没有最好，我一直用这样的工作态度来要求自己。我曾经很认真地研究过每一位航天工匠的成长历程，发现他们有一个共同点，那就是可以把普通的事情干到极致。

我们这个行业很神圣，也很重要。我们从事的行业必须要求我们做到精益求精，万无一失，坚持不懈地朝着自己的理想和目标去努力、去攻关、去创新，然后用实际行动把我们每一件事情做好、做到极致。

对现在的我来说，全心全意完成好每一件工作，把每一项产品做到最好就是我追求的目标。而在生活中，对家庭的热爱、对家人的付出也是我坚持干好工作的动力。我最大的快乐就是每次攻关成功，那种问题解决以后的成就感，以及和家人分享我成功的幸福感。

青春与梦想同行，初心与祖国同在。如今我正带领着更为年轻的团队，攻克一个又一个技术难关，助力我国朝着航天强国梦迈进。未来我会用实际行动带着他们继续勤勉、踏实地坚守工作岗位，和更多的年轻人一起进步，用新方法、新工艺、新技术、新技能，为实现航天梦想添砖加瓦！为民族复兴贡献力量！

撰稿：张燕、许桄滔

奋楫笃行三十载　太空之吻接未来

——上海航天设备制造总厂有限公司三分厂总装工王曙群

人物简介

王曙群，男，汉族，1970年6月出生，江苏徐州人，中共党员，航天特级技师，上海航天设备制造总厂有限公司三分厂对接机构组班组长，长期从事航天空间精密机构的总装总测工作，是我国载人航天工程总装领域杰出的技能领军人物。

作为载人航天工程空间对接机构总装负责人，王曙群带领总装团队参与完成对接机构的研制工作，成为国内唯一掌握全部对接机构总装总测技术的班组，交付的产品先后参与天宫、天舟、神舟、天和核心舱、问天实验舱、梦天实验舱的飞行试验考核，始终保持产品在轨运行零缺陷。参与完成了探月工程的多种产品研制，交付的“玉兔一号”“玉兔二号”“样品转移机构”均实现靶场开箱合格率 100%，在轨任务均取得圆满成功，有力地保障了我国实现首次地外天体的巡视探测及首次月球土壤采样返回任务的圆满成功。在目前我国空间站建设任务攻关期间，他带领总装团队，负责参与了多项空间机构产品的研制生产工作，全力保障了空间站任务的顺利实施。

在担任对接机构总装组组长期间，王曙群始终注重调动班组自身活力及自我管理能力提升，构建了“二长九大员”的班组架构，强化班组成员“知责、尽责、担责”的责任意识，带领班组连续 6 次荣获上海航天金牌班组，先后荣获“上海航天示范班组”“集团六好班组”“集团金牌班组”“上海市质量信得过班组”“全国质量信得过班组”等众多荣誉，秉承“质量是政治，质量是生命，质量是效益”的企业质量观及以国为重的航天职业精神。2018 年，他又带领班组总结提炼了基于精准对接、筑梦空间的“五零三化”卓越质量管理方法，荣获中国质量奖提名奖（班组），是中国航天总装领域唯一获此荣誉的班组。

2011 年，王曙群获聘上海航天首席技师，担任“航天空间机构”工作室负责人；2013 年被国家人力资源和社会保障部命名为“国家级技能大师”；2019 年中国国防邮电职工技术协会授牌成立“精密机械装配”专业技术委员会，王曙群担任专委会主任委员；2020 年，中华全国总工会授牌成立全国示范性劳模和工匠人才创新工作室，王曙群担任工作室负责人。作为上海航天首席技师，王曙群始终重视技能传承及岗位创新，在担任上海航天高技能人才培养基地技能实训分中心聘任的内训师期间，参与鉴定导弹（火箭）总体装配工数十人，班组成员也在其带领下，在2019年实现工作10年以上的组员技师考评全覆盖，成为上海航天制造领域整体技能等级最高的班组。他始终立足岗位创新，坚持走自主创新之路，积极组织开展岗位QC活动，累计获新型实用专利7项，参与完成了多项岗位创新项目的攻关任务，其中《航天超细直径小腔检漏管路制造技术及推广应用》的创新项目，获2018年国家科学技术进步奖二等奖，是中国航天制造领域首位获国家科学技术进步奖的一线技能工人。

作为中华全国总工会第十八届执行委员会主席团委员，上海市十四届、十五届、十六届人民代表大会代表，王曙群始终坚持以航天精神为指引，以航天人的使命担当，投入代表履职能力的学习中，快速做好代表角色转换，树立人民选我做代表、我做代表为人民的指导思想，承担起选民的重托及组织的信任。深入社区，深入选举单位，倾听选举单位及人民群众的意见，真实反映人民群众的诉求，同时配合做好宣传、引导、解释工作，积极化解选区中的民情矛盾，坚持参加每一次区、市的人大会议，认真审议好每一项议题，充分发表自己的意见及观点，履行好一名代表的职责。

2019年7月，王曙群担任上海航天兼职工会副主席、上海市总工会兼职副主席后，围绕我国《新时期产业工人队伍建设改革方案》贯彻和落实组织开展调研工作，针对产业工人队伍调研集中暴露中的产业工人素质，畅通发展通道，依法保障权益等突出问题，形成调研意见报告，提交反馈相关部委，全力推动工会学堂建设与上海工匠评选工作，在全社会倡导劳动光荣、劳动伟大的新风尚。2020年担任上海市职工技术协会会长后，更是全力推进搭建职工培训、竞赛、创新的平台建设，组织开展职工创新工作室及上海市优秀发明选拔赛的评选工作，拓展职工岗位成才的职业通道。

个人曾获2011年中国“载人航天工程突出贡献者”；2012年“全国技术能手”、中华技能大奖、上海市十大感动人物；2013年上海市“十大工人发明家”；2015年享受国务院政府特殊津贴；2016年首批“上海工匠”；2018年国家科学技术进步奖二等奖、全国五一劳动奖章；2019年全国爱岗敬业道德模范；2020年全国劳动模范；2023年何梁何利基金奖科学技术创新奖等众多荣誉。

工匠故事

“历史只会眷顾坚定者、奋进者、搏击者，而不会等待犹豫者、懈怠者、畏难者。”习近平总书记在党的十九大报告中揭示的这一哲理，就是王曙群从一名技校生成长为大国工匠奋斗史的真实写照。

聚焦主业主职，持续岗位赋能

王曙群于1989年中技毕业进入上海航天工作，那时，我国航天事业正处于发展的低谷期，很多人都说“造导弹的不如卖茶叶蛋的”，企业平均3年才承担2发运载火箭的发射任务，型号任务屈指可数。看着身边的同事陆续离开，王曙群也曾经犹豫彷徨过，是一辈子在工人岗位上发展，还是在提升学历后向工艺技术线调整？或者是离开航天，到外资企业找一份上千元收入的工作。就在这时，王曙群的师傅单培林发现了他的情绪波动，就给他讲述了倪志福（曾任中华全国总工会主席）在生产中发明“群钻”，成为工人中楷模的故事。还有航天的同行赵阿狗勤于探索，成立了“新江厂技师攻关队”，承担了企业大部分的非标准设计制造工作，先后完成了十余项革新项目。通过这些楷模故事告诉他，只有脚踏实地地坚守，才能实现仰望星空的梦想，让王曙群从内心里暗暗下定了今后发展的目标，沉下心认真钻研，争取有朝一日，在众人瞩目的人造卫星中也有自己攻克钻研出来的部件。

1994 年，厂里举办高级工培训班，规定工龄在 10 年以上的职工才能参加，当时王曙群才工作 7 年，但他得益于中级工考试获得全厂第二名的好成绩，破格让他参与了培训班。

1996 年对接机构产品开始研制，已养成了学习的好习惯及技能扎实的王曙群被选为对接机构研制的总装负责人。用他的话说，“新的任务、新的技术，一下子激发了我的激情，我想学，想好好学，恨不得想把对接机构研制初期遇到的问题统统在培训班里找到答案。另外，学到的新知识点，我也想赶紧在生产过程中实践起来。理论与实践总是需要一些时间去融合。刚开始接触对接机构装调时，感觉没啥难的，自以为一定能在短时间内做出来。但随着时间的推移，遇到的问题越来越多。1998 年，对接机构进入初样产品研制阶段，由于很多工作都是首次，很多问题出现的也让人措手不及，有的甚至觉得无解。”他说：“当时遇到的问题都是从未遇到过的，有时出了问题归零都不知从何入手，感觉越来越难，甚至对自己的工作产生了怀疑，这个东西太难了，到底能不能做出来？”

越是有问题，越是要坚持前进。上班解决不了的问题，就需要下班继续解决。当时，企业效益不景气，加上自己加班加点特别多，“钱挣得不多，家里也照顾不了。”这成了家人经常抱怨的话。一边是家人的抱怨，一边是内心的执着。王曙群还是选择了坚守，他坚信，前进的路虽然是艰辛的、长期的、曲折的，但办法总比困难多。他只有用成功来证明自己的坚守是对的。

对接机构看起来简单，但要真正做出来，却是难上加难，不仅涉及机、电、液等问题，还有材料、加工工艺等一系列难题，比如，对接机构中有 12 把对接锁，这是对接机构中的关键核心部件，是飞船与空间站可靠连接的重要保证。不但要确保连接后各舱室之间的气体不能泄漏，而且对接时必须保持平稳、牢固，12 把锁必须做到同步锁紧、同步分离。开始，并没有觉得有什么难度，但是在装调试验过程中，却发现越来越难，涉及的问题也越来越复杂，分离姿态与设计要求产生较大偏差，而且偏差毫无规律可循，设计人员反复核算、反复评审，确定设计原理和方案都没有问题，那问题就一定是在装配过程中，可问题出在哪里，所有人都不知道。

从那天起，王曙群就和这个问题较上了劲。只记得那一阵子，家里人和同事们都说王曙群像中了“邪”一样，走路时想、睡觉时想，有时甚至在饭桌上也会不自觉地用手比画。有一次王曙群爱人打电话让他加班结束后去接一下补课的儿子，结果王曙群加完班，却完全不知道该到哪里去接？就这样，反反复复用了近一年的时间，他发现连接对接锁的钢索在大载荷传动下会变长，张力会下降，这就导致了对接锁钩无法同步运动。找到了问题的症结，王曙群马上提出了新的工艺方案，调整工艺方法，不仅能使柔性传动的对接锁系快速精准地调整到同步，也使同步稳定性从最初的 3 次提高至 50 次以上。

在对接机构研制过程中，为了提高装配的可靠性。他牵头研发了50多台套专用装备，完成论文15篇，获得7项专利，是对接机构技术国家专利主要发明成员之一。对接机构中的每一套单机必须经过各项试验，合格后才能进行总装，其中有10大类31套单机还需经过热循环试验的考核，一次热循环就需37个小时的连续试验。为了保证试验的连续性和测试数据的准确性，王曙群总是带领他的团队每次都坚持连续工作37小时，每到半夜困意袭来时，他们就用冷水擦一把脸；饿了，就啃几块饼干。就这样，31套单机他们连续做了31次37个小时的试验。光做单机试验的工作量尚且如此，整个对接机构试验的工作量就更不用说了。

“天宫一号”作为带着对接机构首次上天的飞行器，承载了王曙群团队太多的寄托。可就在“天宫一号”发射前，当大家刚要为完成前一阶段的工作要稍放松一下的时候，对接机构在进行最后一项热真空试验过程中，发生了无法解锁分离的问题，现场一时无法判定问题症结。该问题惊动了所有研制线上的技术人员，问题如果不在短期内解决，不仅经济上造成巨大损失，更会直接影响到“天宫一号”的发射计划。技术人员经过分析后，列出了所有故障模式，但一时无法判断问题根本。他们把最熟悉对接机构的王曙群请到了现场，了解故障现象后，他想：“这个时候，我必须比谁都冷静。”通过系统分析后，他沉着地列出了所有故障可能性，逐一分析、排除，很快将问题定位在锁驱动中的一根传动轴上，判定该轴已经断裂，且是由于试验设备过载造成，后来也得到了事实验证。故障得以迅速排除，“天宫一号”如期发射。

16年攻关的路虽然漫长，但终究是胜利了。曾经也失败过、气馁过，但最终王曙群还是选择了坚持，一路上，有了与困难做斗争的心，再多困难都会迎刃而解。

聚焦队伍建设，夯实人才复制

随着航天事业的不断发展，2004年，中国启动了探月计划，并命名为“探月工程”，中国人开始迈出月球探测的第一步。2005年，对接机构研制进入关键时期。王曙群所在的班组接到了新的“指示”——迎接新的型号任务，开展月面巡视器的研制工作，也就是“玉兔号”月球车。如何做到对接机构和月球车研制“两同步”“两不误”，单靠王曙群一个人肯定不行。王曙群想到的是给年轻人压担子。压担子，光压肯定不行，关键时候需要“带”。

他经过综合考量，选择了班组里基本功较好、干活比较踏实的路爱忠作为负责人，辅助他开展研制工作。同时，他大胆选用年轻人，挑选了3个“90”后作为月球车的主操作。队伍建好了，王曙群便给他们上了“第一课”：他拿出了厚厚的三本笔记本，笔记本上都是他研制对接机构10年来的装配“宝典”，给他们分享在对接机构总装过程中遇到的难题，以及如何解决的故事。同时，他结合自己的理解，讲解了月面巡视器产品的移动分系统、结构分系统装配中的几大难点、重点和易犯错的地方。通过这样结合自身经验的生动讲解，以“传、带、帮”的形式，让年轻组员在该型号装配方面更快成长。

2012年春节前的一个凌晨，王曙群接到北京打来的电话，在月球车整机振动试验时，测试人员发现了测试数据不符合要求，要求他立刻去北京参与排故。在接到电话后，王曙群犹豫了。“嫦娥三号”试验任务已经进入倒计时的关键阶段，自己去，可能型号“老总”更放心一些，但年轻人又错过了一次锻炼成长的机会。最后，他还是顶住压力，说服型号“老总”，让赵杰、夏巧伟、吕雯龙三位年轻人一起去，他留在上海做后方支持。他们去排故期间，王曙群时刻都关注着手机，就怕错过他们给他的电话。但他接到他们的第一个电话就是：“王师傅，事情解决了！产品没问题，是振动试验数据离散性问题。”“好好好！我就知道你们肯定行的！你们辛苦了！”其实排故的24小时时间内，王曙群基本没合眼，比结果更让他激动的是，他们成长了。

在月球车试验阶段，需要对其进行环境模拟试验，且试验需要尽可能模拟月面真实的环境条件（高真空、高低温、太阳光照、宇宙辐射、低重力和月球表面地形地貌等），该试验需要不间断地进行2个月的时间，24小时不停转，这样的试验势必需要进行轮班进行。篮球馆般大小的实验室地面由火山灰堆积而成，堆积起来足足有一栋三层小楼之高，地面上还人为地设置了许多大小不一的沙坑、岩石等；月球车需要模拟“月面”移动、爬坡、越碍、拍照、土样分析等多项试验内容。

由于火山灰模拟的“月球表面”土质较轻且很松散，人一踩上去就会使得周围“尘土飞扬”，像极了严重的雾霾天，试验人员必须“全副武装”——佩戴防尘的“猪鼻子”、护目镜、橡胶手套，同时穿着防静电服等。对这样“恶劣”的试验环境，王曙群淡淡地说了句，“我先试试”。一天下来，他脱下“装备”，笑称自己像刚刚作业归来的煤矿工人，头发是灰的，脸上流淌着“泥浆水”，手掌因长时间带着橡胶手套而发白，身上散发着汗臭味……

这一切，夏巧伟和吕雯龙都看在眼里、记在心里，在他们轮班的两个月的试验时间里，他们没有一句怨言。言传身教大概就是航天精神得以传承并发扬光大的奥秘吧。

王曙群坚信国家要发展，民族要复兴，离不开一代代技术工人的共同努力，优秀的技术工人发挥着不可替代的重要作用。在班组技能传承方面，坚持以培养“四硬”人才为目标，大力推动人才复制计划，领军人才队伍的建设，通过三年的提升，班组已有国家级考评员 1 名、上海市考评员 6 名、上海航天内训师 2 人，在王曙群的带领下，通过内、外的培训，班组 60% 的成员有两个不同专业的岗位证书，60% 的成员荣获过院级或院级以上的“技术能手”称号，2019 年实现工作 10 年以上的组员技师考评全覆盖，双师比例达 18% 的技能技术型班组，成为上海航天制造领域整体技能等级最高的班组。

在2011年王曙群被聘为航天空间机构工作室负责人后，王曙群主持编写培训教材7套，致力于推动企业技能人才队伍建设工作，在2012年推动成立了上海航天导弹（火箭）总体装配工实训基地，是上海市资助的首批实训基地之一，2015年再获得上海市经费资助995万，制定的《火箭总体装配工鉴定方案》通过了上海市职业鉴定中心认定，具备每年考级鉴定30名装配工的能力。近三年，累计为本企业培养了67名高级工、24名技师，培养出多名“上海市技术能手”“质量能手”及“全国技术能手”。

2012年9月19日，中国首位航天员杨利伟在“第二届感动上海年度十大人物”颁奖典礼上高度评价对接机构研制团队时表示：事业成功的背后是由于有千千万万的航天人用他们的智慧、他们的汗水换回了航天员的平安。

聚焦班组管理，铸造质量文化

通过长期技能及协调能力的积累，随着型号研制工作量的增加，对接机构总装团队也由二三个人的小团队，陆续增加到十余人，2005年企业决定成立对接机构总装组，王曙群担任组长，成为对接机构总装团队的灵魂人物。王曙群深知班组系统组成部分的环环相扣、不可互相取代、不可省略的“木桶理论”，深知只有激发全体组员的自身活力，发挥集体力量才能使班组成为最具自我管理能力的团队。

王曙群作为班组长始终重视以人为本的班组“家”文化氛围营造，倡导敬重老师傅，帮带青年人的“家风”。并经常通过丰富多彩的集体文化娱乐活动，给组员更多的交流沟通机会，拉近员工之间的距离，在紧张的工作之余，让组员感受到班组大家庭的温暖，增强存在感和归属感，从而凝聚团队。深入每个班组成员，经常和员工及其家人沟通，了解他们的基本家庭情况，关注班组成员当前所存在的困难，对员工所遇到的实际困难，从财力、人力、物力等方面给予及时的帮助和鼓励，解除组员的后顾之忧，让他们能够全身心地投入到工作中。在探月工程月面巡视器的总装阶段，班组成员在较长的一段时间里，月均加班时长超过 100 小时，班组内很多年轻职工面临着工作忙、加班多、出差多，以及对家人及孩子照顾少的情况，家人普遍存在不理解的声音。王曙群及时与部门领导沟通，采取弹性工作制，与部门书记对部分同志进行上门走访，向他们的家属讲述航天高速发展既是国家赋予我们的神圣职责，也是个人锻炼成长的机会，并邀请他们来企业参观。对家住外地的年轻职工，以班组的名义给每位职工家属寄去慰问信，附上他们的工作照片，让他们的家人能够感受到班组的“家”文化。

作为我国唯一掌握对接机构总装总测技术的班组，主要产品有对接机构、月面巡视器（俗称月球车）等精密航天器，为我国开展空间站建设提供了关键技术支撑。参与探月工程的多种产品研制，交付的月面巡视器完成了我国首次对地外天体的巡视探测及人类首次对月球背面的巡视探测，交付的对接样品转移机构，实现了我国首次月球轨道交会对接，为实现月球土壤采样返回提供技术保障及后续深空探测器的研制储备了相关技术。

航天产品的特点决定了：班组承制的产品必须满足高质量、高可靠性的基本要求，同时具有单件生产、手工制作、技术新、难度大等特点。结合产品特点，班组经过多年实践，逐步形成了具有航天匠心精神的质量文化。

王曙群带领班组坚守“以国为重、以人为本、以质取信、以新图强”的核心价值观，围绕企业使命、经营理念、市场观、管理导向提升班组的使命意识。坚持“打造同心锁对接未来、共筑空间站梦圆苍穹”的班组愿景，对标“质量无懈可击”的班组质量观，推进班组“知责、尽责、担责”的作风观建设，明确质量控制“五零”标准。结合班组研制的产品及“一次成功、追求卓越”的目标，逐步形成了“五零三化”的管理方法。通过聚集质量风险点，放大质量改进措施。以“自我管理”能力提升为核心思想，构建“两长九大员”的班组管理架构，以顾客需求为导向，依据统计过程控制（SPC）、约束理论（TOC）及制造资源等工具，从质量、生产、技术、人员等方面采取有效措施，全面提升班组“保成功、保交付”的能力。

在质量管理工作中，通过制定班组“质量日志”“岗位依据目录”“岗位作业指导书”等措施，推动质量管理。构建最短路径的“扁平化”生产流程，采用型号负责制与专业划分相结合的方法推动班组生产管理。通过航天空间机构工作室和专业工艺研究室平台建设，带动班组技术技能创新能力提升，以抓平台建设，促进技术管理。

明确员工岗位星级评价标准，促进员工岗位星级成长，构建岗位能力需求评价制度，合理调配适用的人力资源，实现对班组人员的分层、分级管理。秉承“质量是政治、质量是生命、质量是效益”的企业质量观，全面推进班组质量五零标准实施。以制定行业、企业标准为基石，梳理出岗位依据目录，岗位操作手册，规范岗位要求，以建成火箭“导弹”总体装配工实训基地为平台，提升操作技能水平。班组以完善规范性指导文件及技能提升为手段，保障生产操作“零”差错。制定《关键过程实施细则》，落实关键过程、关键检验点及多媒体记录要求，建设信息条码系统，形成产品原始数据包，以数字化建设为手段，保障数据“零”疑问。

依托航天“双归零”制度，识别出班组岗位规范负面清单，形成以“三不原谅”“六不准”“十条禁令”为核心思想的红线法则，体现班组对质量问题的“零”容忍。针对精密机构多余物多发问题，编制《产品保证大纲实施细则》，形成《飞行器多余物预防与控制规范》，明确生产过程多余物预防、控制、检查、清理、验收等要求和方法，保障交付产品“零”缺陷。坚守企业质量观，建立多维度顾客满意度评价标准，建立顾客反馈信息库，并不断持续改进，实现顾客“零”抱怨。

班组现有组员30人，高级技师5人，推进基于“精准对接、筑梦空间”的“五零三化”卓越管理方法，在相关行业内得到推广复制。该方法获2018年中国质量奖提名奖，是中国航天总装领域唯一获此荣誉的班组。班组以航天产品“一次成功”为追求目标，坚持“质量无懈可击，提升永无止境”的质量理念。秉承着“严慎细实”和“四个特别”的载人航天精神，通过不断技术创新，突破多项关键技术，先后有多人荣获中华技能大奖、“全国技术能手”“上海市技术能手”等个人荣誉以及“全国工人先锋号”“全国质量信得过班组”“全国优秀质量管理小组”等集体荣誉，班组也成为一支精益求精、锐意进取的航天工匠团队。

聚焦岗位创造，弘扬创新激情

王曙群始终注重立足岗位，开展持续性的创造创新活动，在班组内持续弘扬创造热情，激发创新激情，近年来持续开展岗位合理化建议活动，连续多年组织生产现场的QC攻关活动，带领团队开展《提高对接锁系一次校验合格率》的QC活动，将测试合格率由原来的85%提升至99%，该QC项目获“上海市优秀质量管理小组”称号。《提高月面巡视器桅杆驱动机构摩擦阻力矩一次测试合格率》解决了机构摩擦阻力矩数据小于5N·mm、一次摩擦阻力矩测试合格率从22.2%提高至100%，该QC项目获“全国优秀质量管理小组”称号。

王曙群在2011年被聘为上海航天首席技师后，更是借助职工创新工作室优势平台，大力瞄准型号研制任务中的瓶颈问题，参与完成了多项岗位创新项目的攻关任务，累计获得新型实用专利7项。在载人航天空间站工程建设中，对接机构是实现两个飞行器交会对接的关键产品，之前仅有俄罗斯能够制造，并为美国等提供配套。

超细直径小腔管路的制造与检漏是对接机构研制的一项核心技术，直接决定着两个飞行器能否成功对接，其成熟度与可靠性关系到航天员的生命安全。超细直径薄壁管路制造与检测技术成为我国航天领域亟须解决的工艺技术难题，在对接机构研制初期，采用熔焊技术制造的产品合格率仅为20%左右，管路多余物清洗合格率为77%左右，王曙群立足生产岗位第一线，带领项目团队开展了技术创新活动，一举突破了超细直径小腔检漏管路制造与检测的技术瓶颈。

项目共形成三项创新技术，建立了超细薄管焊接工法，创新了交变磁场方向垂直于导管的加热感应线圈。通过对110件钎焊试样的焊接试验和性能测试，找到了高频交变磁场方向与导管垂直加热的最佳钎焊工艺参数，研制了精确加热的高频感应钎焊线圈，钎焊试样合格率达到了99%以上。甄选出适应超细直径管路钎焊的填充焊料，配制了一种不同成分比的钎焊材料。通过在传统钎料中提高Ag含量、同时添加适量Sn元素的5组配方调整，甄选出可以降低熔点、提高润湿性能的最佳钎料配方，经过50件钎焊试样的钎焊试验和性能测试，焊接质量均达或超过航天标准QJ1156A—96 II级焊缝的要求，管路漏率满足$\leq 1\times10^{-7}Pa\cdot m^3/s$的产品指标。优化了传统的超细管路清洗工艺路径，配制了独特成分比的清洗溶液，实现了超细直径管路多余物的有效管控。通过数百次清洗方法和工艺流程改进，配制出一种分解油污能力强、自身易挥发的清洗剂，采用高压气体驱动浸泡了特殊清洗剂的高分子材料在导管内多次高速往复摩擦，有效去除超细管路内壁残存的油污、金属颗粒等有害多余物，产品检验合格率为100%。

该项目形成的创新技术已在我国载人航天工程中得到验证，经过了天宫、天舟、神舟、天和核心舱、问天实验舱、梦天实验舱的飞行试验考核，并在运载火箭、空间飞行器及地面密封检测设备等航天产品中得到了推广使用，为后续空间站、深空探测等工程奠定了基础。

聚焦社会效应，传播工匠精神

王曙群不仅制造出了“高精尖”的大国重器，还在社会上发挥更多的辐射和传承作用。最近三四年，只要有机会，王曙群都会抽时间去给大中小学的学生们讲座。对中小学生，他会讲述我国的航天发展史和航天科普知识；对大学生和职业院校的学生，他会更多地讲述自身职业成长的经历，让即将踏上工作岗位的同学们明白专业知识更新迭代的速率在加快，只有及时调整自己的知识结构并不断赋予自己新的能力，才能成为时代领跑者，只有不断赋予自身新的能力，在未来的职业生涯中，才能走得更远、飞得更高。在王曙群看来，能够凝聚孩子们的爱国情怀，把积极向上的力量传递给更多即将踏上工作岗位的年轻人，也是推动社会发展的一种力量。

王曙群作为上海市首届“上海工匠”获得者，具有较高的社会认可度，近年来受聘为上海市中福会的名家讲坛特聘导师，走近青少年讲述航天精神，帮助孩子们从小树立正确的世界观、人生观、价值观，培养他们的爱国主义精神。受聘为南京机电职业技术学院客座教授，帮助年轻人树立劳动光荣、劳动美丽的正确人生观，讲述岗位成才的正确途径，使即将踏上工作岗位的年轻人能够树立正确的职业观，帮助他们在职业生涯的道路上走得更稳。受聘为上海工匠学院特聘教授，讲述自身成长经历及岗位创新方法，帮助上海市工匠人才能够不断刷新观念，赋予新的能力，帮助他们能够在不同的岗位上实现自身价值的不可替代性。受聘为上海市职工讲师团，在全社会弘扬劳模精神、劳动精神、工匠精神，让劳动光荣、劳动伟大成为全社会新风尚。

多次担任上海市技能大师工作室评委专家，为评选统一标准献言献策，辅导产生了十余名省部级技能大师及创新工作室领衔人，担任上海市总工会职工技师创新工作室评选标准授课讲师，提升职工创新工作室整体质量。2019 年担任上海市总工会兼职副主席后，聚焦产业工人队伍建设改革，多次参加产业一线工人队伍建设情况调研，为新的五年产业工人规划献言献策，努力提升职工岗位获得感及社会地位的满足感，推动工匠学堂和职工创新工作室建设，为职工搭建岗位成长平台，关注“上海工匠”评选活动，坚持推动产业及区局层面工匠评选活动的开展，构建多层次、广覆盖的工匠人才梯队。

2020 年担任上海市职工技术协会会长后，王曙群更是以上海市职工技术能力提升为己任，多次担任上海市优秀发明选拔赛评委会组长，聚焦人工智能、生物医药、芯片制造三大高新产业，多次辅导产业工人总结提炼项目成果，使上海发明选拔赛成果的质量更高，具有更高的社会认可度。同时组织开展《关于深化上海职工科技创新服务体系建设改革》的调研，针对存在的评选活动较多、递进机制不全、物质奖励不丰、跟踪服务不足的问题，从项目分层次荣誉激励开始探索，发挥上海职工创新成果火车头效用，逐步打造从岗位创新“五小”项目中培育合理化建议和先进操作法优秀成果，进而孵化上海市优秀发明选拔成果，最终挖掘上海职工优秀创新成果推荐参加全国职工创新成果和国家及上海市科技进步奖的职工创新成果荣誉递进体系，以点代面，形成新时代发展时期职工创新灯塔作用。

通过以王曙群为代表的一大批优秀航天人在全社会弘扬航天精神，积极传递正能量，推进全社会形成新时代爱国主义精神，在全社会广泛宣传和弘扬“中国梦、劳动美”的时代新风，让劳动光荣成为时代主旋律，也体现了航天企业的社会责任担当。

工作感悟

历史是个舞台，你方唱罢我登台，当改革开放让我们习惯于经济的快速发展，习惯于看不见脚下的风景，习惯于忽视许多我们原来坚守的东西，导致代表我国综合国力的制造业，目前依旧无法拿出响当当的中国制造的“名片”，其背后所折射出的恰恰是我们工匠精神的缺失。经济快速发展，人们已经习惯于一夜暴富的神话，浮躁的心态让我们忘记了不走捷径就是最快的捷径的道理，也失去了将产品做到极致的信念，从 20 世纪 80 年代开始，越来越多的家长不愿意自己的孩子成为技能工人，目前选择从事技能岗位的年轻人，绝大多数都是无奈之举，其根本原因是从事技能岗位的职业成长通道目前并不顺畅，薪酬待遇明显偏低，同时在意识上将辛勤劳作的技能工人看低一等，能够安心从事技能钻研的年轻人越来越少，心态反而越来越浮躁，也许这正是我们工匠精神缺失的根源。

国务院总理李克强在2016年3月5日作《政府工作报告》时说，鼓励企业开展个性化定制、柔性化生产，培育精益求精的工匠精神。所谓的工匠精神对于我们来说到底应该是一种怎么样的精神呢？工匠精神并不是一个晦涩的概念，一说大家都懂。工匠精神就是对细节和完美的无限追求，它在中国人的传统文化中并不少见的，但也是难能可贵的。在车间和作坊里我们经常能听见工人的一些口头禅，比如“差不多就行了”，而在车间和作坊外，这也成了很多人的生活态度。经常听到有人说我们这个时代很浮躁，事实上每个时代的人都说自己所处的那个时代很浮躁，这种观点无非是人在特定年龄段里的特定想法。但是工匠精神在我们国家的传统文化中并不缺失，工匠精神中的坚守、奉献、敬业的内涵能够让我们放下心中浮躁的冲动，是值得我们为之坚持的。

在我看来，工匠精神是一种坚守精神，坚守不一定成功，但成功一定离不开坚守。2011年11月3日的凌晨，“神舟八号”与“天宫一号”的对接机构完成首次太空之吻，此时距离我加入对接机构的研制团队已经过去16年，在这16年中，我体会到更多的是研制的艰辛、失败的沮丧，但正是因为我始终能够坚守着成功的梦想，准备用一生的代价去做这件事情，才能让我的生命沉淀下来，才能让我拒绝身边无穷无尽的诱惑，才能让我把事情做到极致而变得完美，才能打造本行业最优质的产品，拥有其他同行无法匹敌的卓越品质。

但我知道我们身边有不少人轻视自己的工作，心中抱有不切实际的幻想，缺少定力，这山望着那山高，漂浮不定，不愿意把自己有限的时间集中到自己能干想干的一件事情上，最后不仅一事无成，还白白浪费了时间。事实上，成功的路上从不拥挤，因为很多人走着走着就放弃了。只要你愿意坚持到底，成功的概率就会大大增加。

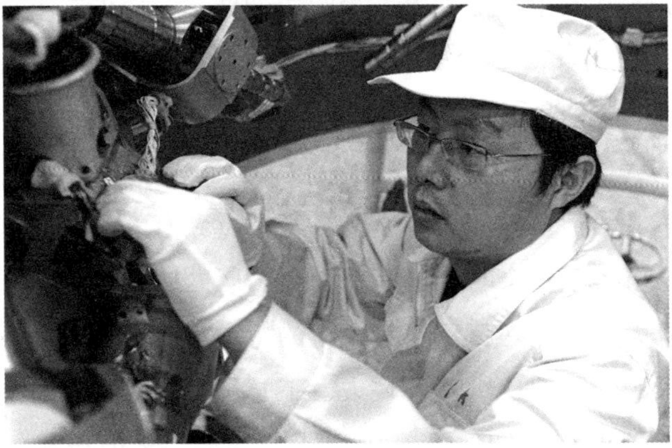

在我看来，工匠精神是一种奉献精神，平凡造就伟大，成就在于奉献。成功有千万种姿态：有团队协作，也有个人打拼；有白手起家的创造，也有年复一年的劳作；有十年如一日的坚守，也有关键时刻的抉择。但是无论哪一种成功，奉献精神永远都是其中最闪光的品质。在载人航天精神的“四个特别”中就提到了“特别能奉献”的精神，23 位两弹一星功勋奖章获得者，正是这种爱国主义奉献精神的代表人物，他们理解了小我与大我、个体与国家的辩证关系，克服了外界带来的种种诱惑，用他们这种奉献精神激励着一代又一代扎根航天、奉献航天的年轻人。如火箭发动机“焊接第一人”高凤林，拒绝了很多企业的高薪聘请，长时间的默默无闻，无私地贡献着自己的光和热，才能够在火箭发动机焊接专业领域达到了常人难以企及的高度，0.1 秒，完成焊接允许的时间误差。正是他始终保持一颗平常心，把简单的工作做到极致，才成为企业里不可或缺的人物，从而也确保了企业始终保持活力。

在我看来，工匠精神是一种敬业精神，精于术、竭其力、乐其业。18 岁包起帆进入上海港当了一名装卸工，为了实现用抓斗代替工人装卸木材，不再让装卸工人受到伤害的梦想，包起帆如饥似渴地自学物理、数学等基础知识，刻苦钻研业务，生活被浓缩在起重、力学、机械的理论和计算之中。经过无数个日夜的努力，尝遍失败、艰辛和磨难，包起帆和他的同事终于创造出木材抓斗，填补了国际港口装卸工具的一项空白。只有拥有了敬业精神，我们才能全身心投入到工作之中，才能够把创新当作自己的使命，才能使企业拥有不竭的竞争力。敬业会让你出类拔萃，不满足于普普通通的工作现状，要做就要做得最好，超越平庸，选择完美，往往是敬业者的一生追求。

虽然我们只是企业里的一滴水珠，但是每一滴水珠都可以折射太阳的光芒。认真工作、追求完美，这不仅是为了企业的利益，更是为了自身的成长，努力工作不仅仅是我们赚钱谋生之道，还应该是追求实现目标与梦想的舞台，更是中国制造向中国智造所必须跨越的台阶。

在 2020 年 11 月 24 日的全国劳动模范和先进工作者表彰大会上，习近平总书记说："国家综合国力的竞争归根结底是人才的竞争、劳动者素质的竞争。"国家的辉煌离不开工匠精神的传承者，而这些传承者也必将成为我们国家综合实力的"名片"。树立"功成不在大小"的工作理念，能够帮助我们认同企业的文化、企业的价值，认同并热爱自己的工作，才能学会用心去看、用心去听、用心去做，全神贯注地将目光集中在把产品做到极致上，就像在日本羽田机场，有一名来自中国的普通女性，她以“清洁工”的身份获得了日本国民的尊重，拥有“大师”的尊荣，是因为她能够把机场当作自己的家一样，用心去打扫，并把这份心意传达给来机场的每一名旅客。

杨利伟曾经说过：“有一种生活你没有经历过，就不知其中的艰辛，有一种艰辛你没有体会过，就不知其中的快乐，有一种快乐你没有拥有过，就不知其中的真谛。”因为航天梦想就是由他们坚持不懈地编织而成，通过一代一代航天人艰苦奉献，戈壁滩上腾起了蘑菇云，《东方红》的歌声传遍大地，这保障了国家能够全力搞经济建设，才有今天的国泰民安，才有杨利伟实现中华民族千年的飞天梦想。但是我们在探索星辰大海的道路上，还有更长的路需要走，我们距离当今世界上顶尖的航天强国还有不小的差距，这更应该成为我们继续发扬奉献精神的动力，领先者不可能停下脚步来等待我们，只有靠我们自己奋起直追。既然在千万种社会分工中选择航天事业作为自己奋斗终身的职业，那么我们的青春将注定与奉献同行，成为工匠精神的践行者。

有时放慢一下前行的脚步，规划一下前行的方向，不失为一种对工匠精神的诠释。只有培养一种专业严谨的工作态度，才能使我们在中国智造的道路上走得更为脚踏实地。中国制造要走向世界，需要有更专业严谨的工作态度。多年前的一条新闻对我触动很大，就是上海市政工程管理局收到了一封寄自英国工程设计公司的来信，信中说，外白渡桥的“桥梁设计使用年限为100年，现在已到期，请对该桥进行维修”，并“建议检修水下的木桩基础混凝土桥台和混凝土空心薄板桥墩”。当然，英国设计单位这样做的目的是为了免除桥梁发生意外后所需承担的法律责任，但也从另一方面反映出他们专业严谨的态度，这成为对工匠精神的最好诠释。

在我看来，劳动精神、工匠精神是劳模精神的重要组成部分，每一个劳动者都应该通过树立求知善读、终身学习，不断学习新知识、掌握新技能、增长新本领，赋予新能力，争当“有理想守信念、懂技术会创新、敢担当讲奉献”的学习典型，自觉成为劳动精神、工匠精神和劳模精神的传承者、践行者、诠释者，共同成为推动时代向上的磅礴力量。

撰稿：范文超、金菁、王姝书、周欣彬

精准装配臻完美　筑梦太空展风华

——上海卫星装备研究所卫星总装组卫星总体装配工周恩杰

人物简介

周恩杰，男，汉族，1979 年 6 月出生，上海市人，中共党员，航天特级技师，上海市“工人先锋号”、中国航天科技集团有限公司金牌班组——卫星总装组班组长，是上海市“周恩杰劳模创新工作室”带头人、院“卫星精度测量工作室”首席技师。

从业 20 多年来，周恩杰曾获得“全国技术能手”、首届“长三角大工匠”、上海市“先进工作者”、上海市五一劳动奖章、“上海工匠”、国务院政府特殊津贴、上海市第九届“工人技术创新能手”、上海市优秀发明奖、中国航天科技集团有限公司技能大奖等荣誉称号和奖项，2018 年获“中国梦·大国工匠篇”网络媒体采访团宣传报道。

从事我国卫星总体装配工作20多年，周恩杰带领队伍圆满完成了以“国之重器”为代表的我国新一代高轨气象卫星“风云四号”系列和火星环绕器等十余颗卫星的总装任务，参与研制的卫星在轨运行质量可靠，其中国家重点型号卫星荣获国家科学技术进步奖一等奖；完成的“卫星太阳翼水平展开技术攻关”，得到在轨验证，技术国内首创、国际领先；负责的国内最大双载荷卫星平台装配，实现双载荷安装精度误差低于发丝直径的一半，达到国内领先水平；作为中国航天科技集团金牌班组长和院“卫星精度测量技能大师工作室”首席技师，他主持编写《卫星总体装配》职业技能鉴定操作题库等十多份教材，为打造一支卫星总装“国家队”，为我国国防事业作出了突出贡献。

宝剑锋从磨砺出，梅花香自苦寒来。20余年初心不变、匠心不改的他，保持着自己的步调和方向，与卫星专注对话、托起卫星羽翼的同时，也把自己磨砺成了一颗光彩夺目的星。

工匠故事

“冷板凳”磨练工匠成长路

“我是20世纪90年代进所的，那时我们只有两个在研卫星型号，风云一号和二号，只有一间不到50平方米的红砖厂房，刚够放下两颗卫星。”置身宽敞明亮的现代化厂房，周恩杰总有一种恍如隔世之感。和现在的占地近300亩的智能化厂房不同的是，那时里面铺的是水泥地，没有通风系统，没有防静电措施，人员出入还要靠笔头登记。由于当时我国还缺乏制造航天器的经验，设备工装跟不上卫星研制的需要，费时费力，效果也无法保证。但就是在那样的条件下，以周恩杰为代表的早期航天人仍旧执着地坚守着航天梦，凭着一股“钻”劲和“狠”劲，学设备、学技能、学作风，向书本学、向身边人学，艰难地向前迈进。

双腿跪坐、双手上举，长时间仰头完成一个部件固定后，操作工长出一口气正要停手时，“等等，让我再看一下！”周恩杰的徒弟马上说道：“等我再处理处理这里。”面对多余的一点线头，徒弟捻起它轻轻旋转，再将旋成环状的线束别到后方固定，捏成一个紧致的圆扣，确保线束牢牢捆住的同时看不到绳结，这才满意地点头收手。

“讲究！”同组的人连连赞叹道，徒弟却不以为然：“这也就我师傅的平均水平而已。”

放眼舱内，数以万计的电线被捆扎成无数个“一丝不苟”的小辫子，松紧、朝向完全一致，虽有无数个线圈包裹，但正面却看不到一点线头或绳结，漂亮得就像艺术品一样。

周恩杰经常说：“工艺，就是功能加艺术品，既要好用，还要好看。”他自己是这样做的，也是这样指导徒弟的。学徒一年多，虽然还没接触到核心技术，但就这点“皮毛”也让小徒弟费了不少力气。“第一次拧螺钉，我们觉得到位了，师傅过来一检查，还有三分之一余量。师傅当时就说，上天的东西，来不得半点马虎。”

从一颗螺钉开始，周恩杰从习惯、意识入手，给徒弟们牢牢系好航天第一颗扣子。平常和蔼可亲的他这顿噼里啪啦的教训，让徒弟一下就绷紧了弦：“干事要多想多看，半点马虎不得。”

比起祖师爷的“严苛”，周恩杰这番操作真算不了什么。

1998 年，成绩优异的周恩杰从上海纺织机电工业学校毕业后进入上海卫星装备研究所。虽然是凭借优秀学生的身份被老师推荐就业，但报到后周恩杰却被师傅安排坐了三年的“冷板凳”。当时所里型号少，只有“风云一号”和“风云二号”两个型号。初来乍到又最年轻的周恩杰还没资格接触卫星。只能每天跟着一位女师傅踩缝纫机，做卫星的防热套。偶尔搭把手，剪剪胶带、贴贴粘纸，听师傅们讲讲星上琐碎的事。从羡慕、委屈、不甘到沉淀、静心，机车上逐渐匀称的针脚见证了周恩杰蜕变的心路历程。如今回忆当年，许多事情已然模糊，但仍旧在周恩杰脑海里挥之不去的是老师傅们工作时那种专注耐心的神情。

三年时间里，周恩杰虽然在技术上没有取得特别大的突破，但做事仔细、耐心、认真、专注的习惯就是从那三年里萌芽，形成习惯，让他受益至今。“小伙子没什么特别，就是干活特别认真。什么活儿到他手上都能干得有模有样。”一起搭档十余年，见证周恩杰从学徒一路成长为大师的老师傅为人十分淡然，说起周恩杰，难得地用了“特别认真”四个字。随手往偌大的厂房一指，周恩杰待过的现场一尘不染、工具盒井井有条，甚至是产品内部的走线和布局也漂漂亮亮，俯仰之间，似乎时时、事事都可以印证他的话。

三年缝纫机踩下来，“慢了、稳了，也细了”的周恩杰终于有机会跟着师傅、师兄上星操作。虽然仅限于辅助操作，但周恩杰也兴奋得走路脚步带风、干活眼中含笑，最让他高兴的是终于可以参与具有相当技术含量的星上精度测量工作。

卫星素有“地面装调失之毫厘，天上观测差之千里”的特点，要在36000千米的太空中“站得稳”，才能让相机镜头“看得清”，天气监测与预报“测得准”，这就对总装工人的精度测量和调试水平提出了超高的要求。因为测量仪器是瑞士进口的，属于精大贵稀设备，刚开始周恩杰不能直接操作设备，只能在卫星底下操作相应工装——精度测量转台。

能从望“星”兴叹到隔“座”探星，对于周恩杰来说，这已经是极大的跨越。面对盼望已久的机会，他丝毫不敢懈怠，一边找师傅和师兄借来相关资料，研究仪器的操作方法和测量原理，一边偷偷观察，对照工艺人员计算的精测结果进行自我演算。

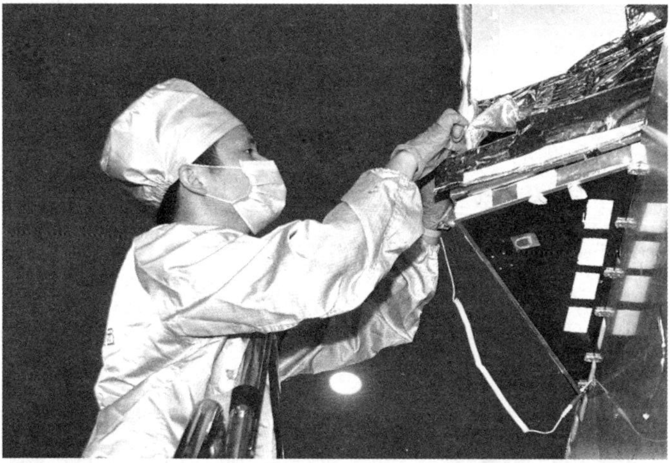

设备是单位刚刚引进的，师傅和师兄也只接受了基本培训，所知所解并不多。借来的设备说明书又是全英文的。找谁学？怎么学？兴奋之后，周恩杰又陷入迷茫。对于刚刚发现兴趣所在的他来说，再多的障碍也只是刹那的眉头一蹙。短暂的迷茫后，是及时有效的行动。他先查资料，把设备说明书翻译成中文版，将设备性能吃透。精度测量需要计算，就把高中数学翻出来重新学习；技能方面则不断摸索、训练。他不但自己学习，学会后还教别人。他说，看到其他人有所提高，甚至超过自己，就会很开心。

学、练、教、试，在自己的勤学苦练、自己和他人的互动切磋下，几年下来，周恩杰不仅熟练掌握了精测技能，还练就了一手“瞄得快、算得准”的本领，别人要用一天半才能完成的工作，他用 4 个小时就可以搞定，而且测量和调试精度可以达到 3 角秒，保证卫星在万里之外稳如山，成为研究所精测“第一人”。

他的字典里没有“不可能”

从“偷师学艺”到“成师授艺”，精测技能探索之路，周恩杰似乎很快就走到了顶点。然而，他并不满足。又将发现的触角延伸到下一个环节。当时卫星测精度，数据的采集还得靠人报读、记录并计算结果，容易出错不说，还影响研制进度；所里仅有的一台机器既无滑台又无多点测控功能，承载能力相当低，略大一点的单机试验都无法完成……周恩杰敏锐地发现，人工记录和计算很容易出错，而且一旦出错，原本就不高的精测效率将会变得更低，研制进度时常因此受到影响。“有没有合适的精测软件可以使用呢?”他暗地里思索着。通过调研，周恩杰发现当时国内使用的精测软件多是从瑞士进口的一款，价格高昂不说，程序也不适合卫星总装使用。果敢的他当即决心自己开发一款软件，“让测量的数据可以直接输入电脑中，确保数据的百分百准确，不会因人工失误造成错误。”

软件开发需要编程技能作为支撑，不服输的周恩杰利用业余时间报考了上海交通大学计算机专业，学习软件编程开发等相关知识。白天在高强度的型号任务中，他勤于观察，将工作中的实践内容变为软件开发的“金点子”；晚上下班后坐两个小时公交车到上海交通大学上课，回到家再拿出一本本厚厚的专业书自己钻研、试着编程，有时甚至到夜里两三点，第二天六点再起来上班。这一坚持就是整整五年。“那段时间他就像着了魔似的，经常半夜就从床上坐起来，嘴里不知道念叨啥，掏出本子唰唰写两笔，有时候又跑到书房，一坐半天。”回忆起那段时间，妻子语气里嗔怪之中夹杂着欣赏、心疼等诸多感情。

终于，功夫不负有心人，经过反复试验，一套由他独立设计开发的精测软件终于完成，开创了型号卫星测量数据自动化采集的先河。

一颗卫星从开始研制到最后发射的周期长达五六年，要求卫星总装工人能够全方位运用操作技能并熟悉各类仪器、设备、工具的使用方法。比如，要娴熟掌握钳工、精测、胶结、行车、电连接器插拔、起重司索指挥等技能，擅长使用经纬仪、激光跟踪仪等各种测量设备，以及各种装配工具、各种运输捆扎工具，还要会开各种升降车，甚至还要学会使用绣花针。技术要全面且精深，靠着“十八般武艺”对卫星上的每一根导线、每一个螺丝、每一个器件进行精雕细琢，才能确保卫星全过程的装配任务圆满完成。

经历十几年的型号工作磨砺，周恩杰终于全面掌握了卫星装备的各项技能，作为主岗带领团队开始了一段段攻坚克难之旅。他不仅带领队伍圆满完成了“风云二号”“风云四号”气象卫星等十多颗卫星的装配及发射任务，发射的卫星在轨运行质量可靠，还实现了多项重大技术突破。比如，解决的“卫星太阳翼水平展开技术攻关”，在国家重点型号中得到在轨验证，实现了技术水平国内首创、国际领先；负责的国内最大双载荷卫星平台装配，实现双载荷安装精度误差低于发丝直径的一半，达到国内领先水平。

周恩杰清楚地记得，那天午饭后，他坐在所内职工活动中心星天地看论坛、搜网页、查资料，一开始还感受着空气中翻涌的热气，到感觉阳光从身体这边变到了另一侧，才发现时间已经过去将近两个小时。这是他饭后休息时间最长的一次。遗憾的是所有检索显示，太阳电池阵水平展开试验方法在国内没有先例，国际上也只有单轴翻转式水平展开的报道。

“年轻人要保持对技术的敏感性，若能把平时吃饭、休息的时间都用到思考技术问题上，那么技术突破就快了”，所总工艺师经常鼓励年轻的后辈们。周恩杰也是这样做的，一次吃饭、休息的时间不够，那就两次、三次、每顿、每天……对于周恩杰来说，面对新技术、新问题、新挑战，他的字典里没有“不可能”，满脑子都想着“怎么能”。

未知领域的挑战和全新试验方法带来的技术风险激发了周恩杰无穷的求知欲和战斗力。以他为核心的研发团队查阅了档案室内所有与太阳翼设计、装配、展开、测试的设计、工艺、工装图纸等文件资料，赴外地专程走访哈尔滨工程大学、北京航空航天大学等国内多位从事机构展开测试的高校专家，对国内外现有展开测试方法逐项进行研究论证，编制了数十份方案论证报告、仿真计算报告。从方案设计、仿真分析到装置调试安装、试验参数量化，他们开展了复杂多体刚柔耦合动力学仿真、多点多自由度悬挂的多因素分析、系统摩擦力测量及精确补偿、瞬时冲击控制等关键技术研究，逐步掌握了该技术的研究脉络。

在进行初样星整星级试验时，团队发现前后两次展开试验时间差异较大，而且某一侧的太阳翼铰链无法有效锁定。现场的气氛瞬间凝结，来自各方的压力、各种质疑的声音压得这群年轻人透不过气来。“新技术研究不可能是一帆风顺的，从哪里倒下，就从哪里爬起来”，型号两总的鼓励给了团队极大的支持和强劲的动力。那段时间，周恩杰日思夜寐，他反复观看试验展开录像，仔细对比两次试验参数，对要素影响程度重新进行验证分析，发现机构初始悬挂高度过高、悬挂质量质心偏差过大、导轨摩擦力过大是导致试验时间差的关键问题。

最难啃的骨头还是单点配平精度对太阳翼锁定性能的影响，团队采用控制变量法对十多个关键参数进行量化控制，周恩杰作为型号总装主岗配合完成了大小 300 余次的太阳翼水平展开验证试验。一次又一次地推倒重来，一次又一次地自我否定，经过数十轮对方案的反复迭代，摸索了大量的试验数据，为试验技术研究提供了大量的理论分析基础，他终于摸索出了一种“采用多点、多自由度配重悬挂”的方法，还针对展开锁定瞬时的太阳翼平面度问题提出了一种简单易行的技术方法，提高了试验的稳定性和精度，保证了太阳翼水平状态下一次展开锁定。他还以此为基础，完成了多板太阳翼的水平展开试验，摸索验证了太阳翼水平展开试验状态下，工装调节、太阳翼装配、吊挂、测试等关键试验操作实施难题。并且，一举有效解决配平精度对太阳翼锁定性能的影响，将重力平衡精度控制在仅仅几克级，相比传统的展开方式，成功将精度提高了几十克级，从此能更加真实地模拟卫星在轨展开过程。

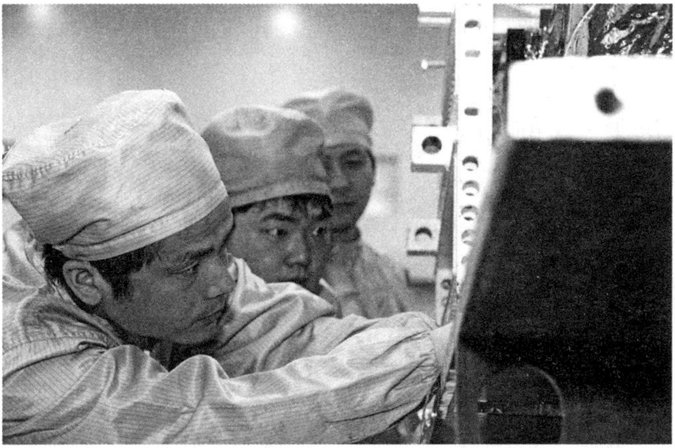

伴随着卫星成功发射、太阳翼在轨成功展开，上海卫星装备研究所承担的卫星太阳翼水平展开试验技术首次实现在轨成功验证。这一技术的攻克实现了国内首创，达到了国际一流水平，标志着上海卫星在空间机构展开测试领域取得了突破性进展。

“把简单的事情做完美，把困难的事情变简单”

卫星研制工作难度大，节点要求非常紧，卫星装调需要反反复复，用很长时间去重复做一件很可能失败的事，团队成员一起加班更是家常便饭。工作的反复、工作时间的不确定倒是其次，关键是随着卫星功能的升级，载荷的增加、增大，如何在有限的空间内让各部件各司其职同时又协同作战，发挥“1+1 ＞ 2”的功能，始终考验着研制团队的勇气和智慧。

被称为“国之重器”的“风云四号”研制过程就是如此。该卫星是国内最大的双载荷卫星平台，素有“地面装调失之毫厘，天上观测差之千里”的特点。36000 千米高空对地探测精度误差要求控制在 1 千米之内——这个精度要求相当于，要从 36000 千米外精准定位到上海市徐家汇的东方商厦，就不能错位到几条马路开外的淮海路东方商厦。要让这个太空“最牛摄像师”看得准，取决于卫星的“眼睛”——由各种载荷安装的精度决定的，细如头发丝般的装调偏差，就会影响到精测误差。误差越小，“眼睛”看到的就越清晰，天气监测与预报才能测得越准确。

为了确保卫星“耳聪目明”，设计师提出了相当严格的精度要求，所里就“大载荷高精度装配技术研究”课题开展专项攻关。周恩杰作为型号总装主岗再次成为攻关骨干。载荷如何安装和卸载、结构平台刚性如何保持、摄影测量等操作如何实施、各类试验状态下如何开展精度测量？面对设计要求，周恩杰沉心静气，将课题逐项拆解为近 20 项大大小小的问题，开展了大大小小超过 120 余次大型载荷精度装调测试试验，克服了试验技术难度大、干扰因素多、重力卸载精度要求高等困难，分析了大量的试验数据，为试验技术研究提供了大量的理论分析基础，并针对载荷重复安装精度偏差大的问题提出可行性技术改进，最终把难题逐个击破，提高了载荷重复安装精度，保证了大型载荷多次重读安装精度的稳定性。

一千多个黑夜白天的努力付出，经过从初样、正样到发射场首发星的层层验证，研制团队终于突破了试验关键技术难题，实现了型号成功应用，助力“风云四号”等卫星成功在轨运行，达到国内领先水平。这其中，少不了周恩杰及其团队的艰辛付出。他们夜以继日、循环往复地不断攻坚克难，历经数不清的调试和试验，最终将设计指标提升整整 3 倍，“超额”完成任务。

一次次攻关的磨砺，让周恩杰的实力保持匀速上升，不仅超越自己、超越同行，甚至还开始了超越设计的惊人突破。一次，设计师提出卫星载荷安装面的精度0.1毫米，大家都觉得难以企及，但周恩杰就是不服气，通过一整套精密装配方法最终做到了0.05毫米，发射后在轨测试也表明载荷安装精度高，优于预期。

“精度调整方面，平时一般人一到两天完成的工作，我可以两到三小时实现要求”，平时沉默内敛的周恩杰说起自己的“杀手锏”，言语间透露着自信。

只有身边人才知道这份自信来得多不容易，超出别人的精彩靠的是比别人付出更多倍的心力。单就插拔插头这一项基本操作，周恩杰就比别人多下了许多功夫。从一个插插头的操作开始，他首先“学”，看标准、查规范，了解所有插头的性能、规格，如何锁紧、风险点在哪儿，带电操作时要注意哪些事项。然后用“手术刀”般的眼光去看，有没有多余物、歪斜、锈蚀或氧化层脱落的情况。正式操作时，凝神聚气，垂直出手、一次对准，边插边“听”，有没有异常、阻滞，一旦手感不对或声音有变，就赶紧收手，找问题、查原因。反复练习，看力度、找手感，直到完全吃透插座性能和操作注意事项。“一颗卫星价值上亿元，很多操作不可逆，必须一次成功。”周恩杰是这样想的，也是这样做的。透过简单的操作学原理，找规律、练手感，不断总结，不仅确保了一次成功，而且实现了快速成功。每一个比别人快一点、比设计要求再高一点，背后都是他自己多琢磨一点、多练习一点、多改进一点的经验积累。“工匠没有速成法，成功是一步步的累积。”每一次行云流水的演练，徒弟们佩服师傅高超技艺的同时，也对师傅的努力和用心发自内心的钦佩。

“所谓工匠，就是通过工人的手用作品呈现他对工作的决心、慧心和责任心。”说起技能工人，很多人的印象是手头功夫，更偏重于体力劳动。但对于航天工人来说，一发卫星由上万个零部件组成，吃透每个零部件的性能、协调这些零部件相互的空间关系，没点慧心可不行。周恩杰的慧心的动力之源在于责任心，驱动着他在万众瞩目的大型号、大难题上披荆斩棘、攻坚克难，也在众人目光不及的角落，立足岗位、立足日常，主动、自发地做着一项项改进和提升。

2011 年，周恩杰被选为卫星总装主岗，以精细出名的主岗配以精细为特色的型号，大家都说这是“绝配”。

工位内，周恩杰正在安装一台单机，伴随着手上令人赏心悦目的操作，他时不时低头看向身侧。他身旁是用于存放星上单机螺钉的螺钉盒。这种普通的螺钉盒，很多型号工位都有，但却极少有型号做得这么精致。每一个小小的螺钉盒上都有一个标签，标记着单机编号、螺钉规格与数量。一台单机对应一个螺钉盒，安装单机时，工作人员只要看一眼螺钉盒就能知道这台单机的螺钉有没有全部装上；而拆除某台单机时，只要再看一眼螺钉盒，就知道这台单机上的螺钉有没有全部拆除。这种看似简单的方法，既能保证不出错，又确保了单机的安装效率，同时能有效地保持工位整洁，一举三得。周恩杰这种简单有效的形迹管理很快在现场得到推广，大家都享受到“把手头的事做简单做漂亮”的便利和可靠。

而当形迹管理得到推广和学习后，不出两年，细心的人又发现周恩杰的工位再次与众不同。别人的工作台上整整齐齐摆放了一大排螺钉盒，而他的工作台上只有寥寥数个螺钉盒。“所有螺钉全部进盒贴标统一管理虽然安全可靠，也整齐好看，但会耗费很多时间和心力。所以我把螺钉又进行分类，一次拆完就不装的螺钉使用频率并不高，单独管理即可。需要反复拆装的螺钉再应用形迹管理，避免出错。”那段时间，只要工间得闲，周恩杰就会拨弄螺钉，一边数一边在本子上写写画画。工友们甚是纳闷，这“大国工匠”难不成要在钉子上雕花？直到周恩杰亮出数据，边动手边说明，将工作台上的螺钉盒清理过半。大家才恍然大悟，原来这个精测小王子又在做减负工作呢。

正是从手边小螺钉开始入手的点点滴滴改进，让周恩杰在十年一星、七年一星、两年一星、数星并行越来越密集的任务和不断加快的研制节奏中找到自己独到的减压之道。“时间就是海绵里的水，卫星装配有成千上万个工序，这里挤挤那里提速，8小时内就可以干更多的事情。我有时间学点别的，大家可以多点时间休闲，挺好的。”从发射成功中收获大的成就感，在不断的小改小革中发掘成就感，在航天的这些年月，周恩杰便是这样用双手“思考”，以一颗匠人之心、一双匠人之手，让简单的事情臻于完美。

把简单的事情做完美对于周恩杰来说，已经成为一种习惯。而把困难的事情变简单，则是他的又一重追求。

卫星结构装配是卫星整个总装过程中的前期重要工序，结构装配的精度将直接影响到卫星后续的单机及载荷装配精度。而结构装配的关键在于精确加工和精确调整，先进的机床修整设备固然能减小人工调整的难度，但对于小批量、机床加工的盲点区域、特殊复合材料、复杂形状产品以及其他特殊高精度安装要求的修整，机床修整设备显得无能为力或者经济性相对差。人工调整成了必须的选择。传统的人工装配调整方式有直接垫片法、垫片胶接铲刮法、修锉法等，虽然机动灵活，但不可避免地存在装配效率低、操作风险大、装配精度低、产生大量多余物以及力学性能和热性能相对低等缺点，与高效率、高质量、高效益的卫星装配要求相去甚远。

周恩杰再次开动脑筋，利用结构胶胶体固化前流动性的特点和增材制造的理念提出了精准赋型胶接技术，用于优化传统的调整方式。实施的难点则是要先获得所需的相配的固化后胶体形状。新一轮海量试验和无数个不眠之夜开始了，历经夜以继日地尝试后，终于攻克了难题，保证了结构胶胶膜的精准厚度，实现了卫星结构精度单机安装面的应用。不久，结构胶精准赋型胶接方法成功在型号上得以运用。各项性能数据结果表明，这一技术方法能有效满足卫星结构及单机高精度安装指标要求，同时提高卫星结构及单机装配精度和装配效率，大幅减少卫星结构及单机反复装配所带来的操作风险以及修配过程中的多余物引入风险，具有较高的应用价值。

这场攻关结束，小徒弟发现师傅抽屉里又多了厚厚的一摞本子，“师傅有好多小本子，每一本都是密密麻麻的，记着各种问题和数据，还有手绘的草图。”一本本手工书写的“型号秘籍”，是全车间共同的秘密。工友受益了，徒弟学习了，车间领导也看在眼里，给周恩杰提供教学台带着大家一起学。一花独放不是春，百花齐放花满园。双鱼座的他，专注地沉浸在专业天地里各种钻研，同时以开放的姿态，无私地把自己的思考和成果拿出来分享。以他为首的“工人先锋号”班组、劳模创新工作室和团队，既是解决难题的攻关站，也是传承技术的培训站。

“技能要传给更多的人才有价值”，秉承这样的信念和想法，周恩杰多年来总结提炼了数个“绝技绝活”、编写培训教材 17

篇，开展专项技能培训19次，并作为院首批卫星总装操作专家，编制了《卫星总体装配工理论知识题库》和《操作题库》等十余份，还积极参与行业内各种操作技能晋升的指导工作，着力提升全体技能人员的水平。

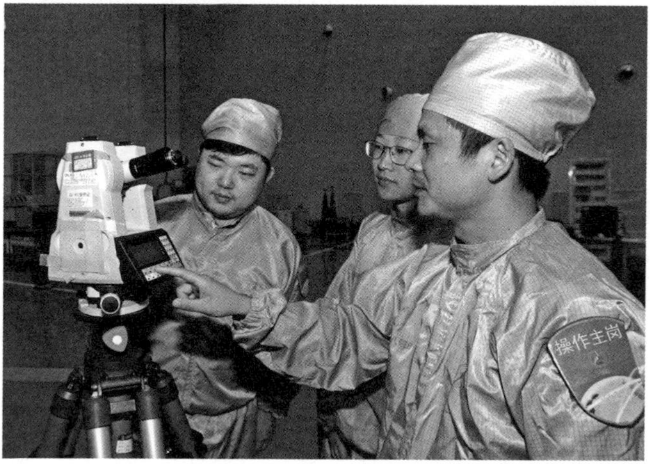

“大家”与“小家”

从事卫星总体装配工作23年，周恩杰先后参与完成了以风云系列气象卫星为代表的十余颗卫星的总装制造及发射任务，成长为上海卫星装备研究所乃至上海航天当之无愧的金牌工人。“有我的军功章，就有大家的”，掌握了成功密码的周恩杰，凭借硬的技能、方法，到软的精神、文化的双重输出，将优秀的因子“复制”，实现了一个人的优秀到一群人的卓越。

作为班组长，他带领上海卫星装备研究所卫星总装组先后荣获中国航天科技集团有限公司金牌班组、中国航天科技集团有限公司“六好”班组、上海市“工人先锋号”、上海市“文明班组”、院“示范金牌班组”等多项荣誉称号，成为航天基层响当当的金牌班组。

班组生产现场，各种奖牌、荣誉证书挨挨挤挤占了满满一面墙。说起班组管理，勤于思考的周恩杰很少用言语做要求，经常是和大家一起商讨，然后身先士卒率先做。

卫星总装组是院唯一一个专业从事卫星总装工作的班组，主要承担上海航天卫星机电热总装集成、大型试验改装、发射试验任务，是型号生产第一线上的“主力军”。近年来，面对多型号并举、高强密度的研制任务发展态势，以及岗位人数有限的现实局面，迫切提出了人员提能挖潜的需求。在岗位上历练多年的周恩杰通过对年度工作任务、人员能力水平进行盘点，透过日常工作捕捉到三点情况。一是总装操作与星上电装工作项目界限分明，彼此间人员流动差，造成机装、电装忙闲不均；二是型号研制阶段性强，研制强度不等，以目前人员统筹安排来看，存在应对高峰研制任务班组人员不足的情况；三是电测阶段星上电装有效工作时间短，确认和等待时间长的情况。开展机电热融合，拓展班组每位成员的能力水平的实践应运而生。

从深化全员培训、组织互相学习、组织专项竞赛入手，周恩杰大力推进“以学促进、以考促建”学习方式，持续深化班组全员能力整体提升。32 类操作规范培训、12 次实操练习，他自编教材，将多年的知识、经验做成深入浅出、通俗易懂的独家教材，把提炼总结的操作法、要点录成小视频，上台讲、带头练、天天学，让班组成员掌握了整套卫星机电热理论知识。

一人为师还不够，周恩杰还让有一技之长的组员们逐一上台各显其能，交换知识和经验。开展班组内不同专业人员的互相学习。“人人可师，人人为师”，引导不同工种的操作工相互学习，让总装操作工学习电装操作工的电缆网敷设、捆扎固定，学习散线压接、走线、焊接，学习各类接插件插拔，又让星上电装工学习单机安装、多层包覆、加热器实施等总装技能，通过自发结对，利用工作之余加班学习，部门已有三分之二的人员全面掌握了机电热技能。“你有一个苹果，我有一个梨，我们彼此分享，获得了两种香甜的味道。”一专多能的互学互训不仅缓解了班组人力紧张的困难，还让学员们也尝到了“又多了一门手艺”的甜头。

懂理论，扩技能，只是打通了“学”这一关。周恩杰不断潜移默化身边人，不仅要和自己“从无到有”比学懂，还要和别人“比优争先”比学好。

在重大型号实战考验前，班组在人力资源处、党群工作处、质量技术处的协助下分批次开展了多次机电热融合考试竞赛。42

名班组成员人人参考，人人通关。通过深入开展机电热融合能力提升工作，以往一颗卫星需要3人（2名总装操作和1名星上电装），目前需要2人（1名总装操作和1名星上电装）；电测试过程1名总装操作可以兼顾总装操作和星上接插件插拔，总装、电装忙闲不均的情况得到极大缓解；掌握机电热技能后，应对型号阶段性高强密度研制时，班组能够更加得心应手，班组潜能得到充分挖掘。

与此同时，为贯彻落实上级“星上工作星下化、主线工作辅线化、辅线工作单元化、单元工作自动化”的要求，周恩杰带领班组成员积极响应，在单元建设、人员带教等方面发挥主观能动性。以热控单元间为例，单元间定人定岗，热控实施集中单元间开展，统筹型号间实施差异。实现了专业的人员做专业的事情，令专业事情做到极致。目前热控实施效率提高了40%以上，以3000平台推进系统热控装配为例，实施时间由14天工期缩短至8天，100L贮箱时间由5天缩短为3天。

作为卫星总装试验基地，上海卫星装备研究所的卫星总装现场涉及多单位、多人员、多工装、多设备、多工种操作。除了“管人管事”，班组长周恩杰还积极响应本所“主岗责任制”的要求，深入研究落实主岗责任制的要求，根据科研生产实践，总结出落实总装现场主岗责任制“十得”，也就是，文件学习得仔细、生产准备得提前、现场操作得规范、过程记录得及时、工装设备得检查、人员进入得控制、星上风险得规避、敏感防护得到位、带电操作得模拟、现场整洁得保持。繁复的现场管理通过周恩杰的总结提炼，有了工作抓手，让各型号主岗掌握主岗职责制要点，管好自己的一亩三分地，实现现场管控能力显著提高，有力保障了各项科研生产任务。

说起自己的小家庭，周恩杰的寥寥数语里颇有感情的起伏：“我老婆挺能干的，我这边忙，家里顾不上。为了照顾家庭，她换了好几次工作，我都是后来才知道。”妻子聪明能干、活泼开朗，他俩相识于初中，重逢于成年。那时候，“干航天不如卖茶叶蛋”，周恩杰在所里跟着师父踩缝纫机，辛辛苦苦挣工时，是妻子看中了他的勤勉努力和踏实肯干，毅然顶着家庭的压力，偷偷拿着户口本和周恩杰领了证，走进了婚姻殿堂。

婚后的日子并不像童话故事里说的那样轻松美好。周恩杰的工作，节点紧、任务多，为保证卫星装备后墙不倒，他早上出门干到凌晨回家都是再正常不过的事。那时，为了方便周恩杰上下班，妻子把家安在了他单位附近，每日承担着地铁、公交往复换乘的辛劳。周恩杰在基地执行任务，妻子独自产检、通勤上班、买菜做饭，却从未向他抱怨过一个字。

“作航天人的妻子，有很多常人无法体会到的辛酸。我们那时新婚顾不上度蜜月，后来孩子逐渐长大，他事业上也更忙了，很难一家人一起度假期……”某次所里组织“你是我的骄傲”职工家属看航天活动时，妻子回忆起往事，难得袒露自己内心的脆弱。

此生许国、难以许家，航天人就像不穿军装的战士，航天工作的特质让太多的丈夫、妻子只能把后方留给家人，铆足一口气，为了型号工作奋勇冲锋，前线有太多相似的辛苦，后方也有许多共同的辛酸。

伴随密集的发射任务和工作安排，除了缺席妻子的十月怀胎，周恩杰也错过了许多和其他亲人的重要时刻，有时甚至连坏消息都不曾收到。“他有他的任务，全国人民都盯着。家里这块，我只能也必须顶上。”虽然不在航天，但和周恩杰几十年的朝夕相处，妻子已经饱经磨砺，锻炼出女汉子般的果敢和坚毅。老人住院，她一个人守着、扛着，有意地隔离消息，保证让周恩杰心无旁骛地投入工作，换来型号“星星成功”的喜讯。

也许是见证并陪伴了太多妈妈一个人的坚守，儿子的作文里对妈妈“坚强”“能干”“勇敢”等形容词满溢其中，而对享誉航天的爸爸却少有提及。“他小的时候，我干的大多数型号保密级别很高，不能讲。等到后来做风云系列卫星，他长大了课业忙，没机会讲……”错过了孩子的成长，周恩杰遗憾也无奈。有天晚上，准备用电脑的他在书房外等待良久，忍不住进门一看，才发现儿子正在电脑上看他的宣传视频，翻过来倒过去看了很多遍。

多年的卫星总装工作，让周恩杰养成了认真、细致、严谨的习惯。无意识地也把那种要求带入生活中。“要知道，卫星的装配环境洁净度是十万级的呀，家里怎么做得到。”随性的妻子常常因为家里环境布置和物件摆设被周恩杰念叨。对于他近乎苛刻的整齐、整洁、整理要求感到很是无奈。

“这两年很少念了，只是不声不响地跟在我和儿子后面‘善后’。”跟着周恩杰“三”迁其家的丁丽霞这两年明显感到了丈夫的变化。“所里在给我们想办法，不断改善劳动条件、优化流程，让我们享受有尊严的工作、温暖的生活。我也尽量给家人减减负，让他们也感受一下航天的温暖。”

最近周恩杰又搬了一次家，新家就在研究所附近，骑自行车就可以满足通勤要求。他终于不再为加班错过地铁末班车回不了家而苦恼，也可以在结束工作后尽快回家多给家人一些陪伴。

“加班更方便了，随叫随到”，搬家最深的用意被妻子一语道破。但除了工作之外，丈夫尽量把时间留给她和儿子，他的努力，她也能充分感受并认可。人到中年，周恩杰对待工作依然很拼，但也在全力达成工作和生活的平衡。

工作感悟

从 26 年前接纳我，到得到组织的肯定，培养我成为“大国工匠”，激励我成长为“劳动模范”，对于航天，我有着满满的感激。作为一个工人，能见证并参与到我国卫星事业从无到有、从弱到强的发展历程中，我感到非常幸运。

我进所的时候，也是中国卫星起步不久的年代。那时候所里只有两个在研卫星型号，只有一间不到 50 平方米的红砖厂房，刚够放下两颗卫星。里面铺的是水泥地、没有通风系统、没有防静电措施、人员出入还要靠笔头登记。和现在占地近 300 亩宽敞明亮的现代化智能厂房不可同日而语。从 20 世纪 90 年代的两星在研到如今一年发射几十颗卫星并取得“星星成功”，靠的是每一位航天人在岗位上踏踏实实的勤勉工作。作为工人，一双巧手、一颗匠心就是我们干航天最好的装备。

一颗大型卫星从开始研制到最后发射的周期长达五六年，要求卫星总装工人能够全方位运用操作技能并熟悉各类仪器、设备、工具的使用方法。比如，要娴熟掌握钳工、精测、胶结、行车、电连接器插拔、起重司索指挥等技能，擅长使用经纬仪、激光跟踪仪等各种测量设备，以及各种装配工具、各种运输捆扎工具，还要会开各种升降车，甚至还要学会使用绣花针。技术要全面且精深，方方面面涉及的仪器、设备、工具使用都要娴熟，卫星上的每一根导线、每一个螺丝、每一个器件、每一个动作都要精雕细琢。

每天多学一点，多请教一句，多练习一次。对于一个工人来说，做好手边的事情比什么都重要。在业务上磨技术，在岗位上磨年头，经过十几年，我从新手成为行家，练就了这“十八般武艺”，确保卫星全过程的装配任务能够圆满完成、“后墙不倒”。也正是这份磨砺，让我十几年里一直保持着学习的习惯，不断掌握卫星装备各项技能，并朝着精进的方向迈进。

一人近百步，不如百人进一步，技术要传给更多的人才会有价值。首先，精神上要注重传承。要将航天系列精神、“工匠精神”继承、发扬，融入每位技能人员的血液里、骨髓里，打造“航天工匠血统”。“工匠精神”并不一定是“高精尖”。专注地做一件事，做久了岁月会回馈奖励。对待航天工作和产品，就是要做到“固执”“死磕”“硬磨”“忠诚”“专注”。同时，技术上也要“传帮带”，尽量多让年轻人在日常工作中动手模仿，尽快在实战中成长。面对困难，眼睛要向内看，能“捉漏洞”“打补丁”“找差距”“补短板”，不断提升技能人员的技能水平、管理能力、分析能力，逐步养成“反思”“怀疑”“捉漏”“推翻”再“反思”的循环过程的习惯，实现自我进化和产品的迭代升级，切实推进航天“高质量、高效率、高效益”发展。

当前，高技能人才的政治地位和社会地位得到了升级，我切实感受到了“劳动最光荣”的意味，感受到组织为一线工人搭建各种“舞台”的作用。我历经“上海工匠”的选树、成为上海市总工会第十四次代表大会代表、“大国工匠”宣传、“上海劳模”

推荐，班组和工作室也收获了不俗的成绩。在这种浓厚的尊重劳动、尊重知识、尊重人才、尊重奋斗的氛围中，让我最难忘的是，在面对压力、失落和迷茫的时候，是组织对我细心呵护和关爱，给我创造机会拓展眼界，陪伴我、培养我从一个只会默默无闻、埋头踩“缝纫机”的愣小伙，成为如今在工作中更沉稳、更善于学习提高，能在大的舞台上从容表达、展现自我、破茧成蝶的我。

撰稿：周旭、翁海宽、周欣彬

扬帆起航向天问　翼展太空争先勇

——上海航天设备制造总厂有限公司九分厂总装工曹毅

人物简介

曹毅，男，汉族，1970 年 10 月出生，上海人，中共党员，航天特级技师，上海航天首席技师，享受国务院政府特殊津贴，上海航天设备制造总厂有限公司九分厂空间飞行器总装组组长，是我国载人航天工程领域杰出的飞行器总装技能领军人。

20 世纪 90 年代，中国载人航天工程正式启动，曹毅从运载火箭总装团队调入空间飞行器总装团队，同载人航天工程一同走上了成长之路。1999 年 11 月 20 日，当“神舟一号”顺利升空、星箭分离，由曹毅领衔的团队装配的太阳电池翼顺利展开，标志着我国航天事业迈出了重要的一步，对突破载人航天技术具有重要意义，是我国航天史上的重要里程碑。

作为航天一线技能人员，曹毅自1989年参加工作就扎根一线，从运载火箭总装工、空间飞行器总装工，到今天的“大国工匠”、总装班组组长，始终深耕在航天事业的最前线。30多年来，他的足迹遍布了北京、天津、酒泉、文昌等地，先后参加了“天宫”“神舟”“天舟”以及空间站天和核心舱、问天实验舱、梦天实验舱的总装以及试验任务。他带领团队参与研制总装的太阳电池翼，实现了从刚性太阳翼到半刚性太阳电池翼，再到柔性太阳电池翼的总装能力，交付的太阳电池翼在轨展开“零故障”，为航天员的生命安全和在轨试验顺利开展保驾护航。其间，他攻克了太阳电池翼铰链机构精密装配和微动开关调试技术，保障了40余套太阳电池翼100%在轨展开一次成功；攻克了世界最大面积柔性太阳电池翼微重力随动展开技术、微小间隙琴铰穿丝技术，确保空间站柔性电池翼“翼展太空”；攻克了双吊点间隔13米、30吨级的变质心吊装难点，从而，完成了空间站梦天实验舱历次整器翻转吊装和“套娃结构”舱体对接。

作为空间飞行器总装组组长，曹毅及其团队始终围绕“产品质量、操作安全、成功发射”，不断提升飞行器总装操作的可靠性，改进与创新操作方法，总结形成了一套先进的飞行器总装操作方法，结合大师工作室、班组工程建设，培养了一支“能攻关、能创新、讲质量”的飞行器总装团队，带领班组先后荣获上海航天示范班组、上海航天金牌班组、集团公司“六好”班组、集团公司金牌班组、航天工业质量信得过班组、上海市质量信得过班组等荣誉。

作为技能大师工作室负责人，曹毅练就了“准、稳、精、敏、新”的绝技绝活，带领团队持续开展技术、质量改进与创新，固化成书面材料，编制《总体装配工培训教材》等10余套。近年来先后带徒弟16名，其中高级工程师2名、高级技师3名、技师5名、高级工6名，均已成为空间飞行器总装各型号的骨干。

曹毅个人也曾获2000年国防科学技术三等奖，2004年首届曾宪梓载人航天突出贡献基金奖，2005年“全国技术能手”，2017年上海市优秀发明选拔赛优秀发明银奖，2019年“上海工匠”，2021年“国防科技工业先进个人”“践行航天精神先进个人”“上海产业菁英人才”等众多荣誉。

工匠故事

“苟日新，日日新，又日新。”航天事业日新月异，一个个关键型号接连上马，一件件航天器奔向太空，航天工匠必须要不断面对新问题、迎接新挑战。只有革旧立新，把创新创造融入日常，发扬“执着专注、精益求精、一丝不苟、追求卓越”的工匠精神，才能不断发展航天事业，曹毅30余年职业生涯就是这一精神的生动展现。

初入航天　梦起运载

年少的我们，在心灵深处总有一个梦，我们追逐着它的影子不断前行。儿时的曹毅崇拜着在“保密厂”工作的邻居，航天在他的心中蒙上了一片面纱。当1989年9月从技校毕业后，曹毅进入了新中华机器厂工作（上海航天设备制造总厂有限公司前身），至此，他扎根在航天一线30余载，用心用行追逐自己的梦想。

初入企业，曹毅满怀希望地奔着机修岗位而去。然而，不到半天时间，他就接到了岗位调整的通知，被安排到了每一位新员工都向往的总装车间。走进运载火箭总装厂房，面对眼前的庞然大物，一个个硕大的贮箱、一根根细长的导管、一条条交错的电缆、一台台整齐的设备，让他心生敬畏。此刻，他心中泛起了涟漪，眼中坚定的目光炯炯有神。

毕业后进入工作的前八年里，曹毅一直坚守在运载火箭总装的第一线。从第一次押运，到参与首飞任务，再到“敢死队”中的一员。他明白成功的背后是艰苦的付出与无私的奉献。他经常和人说起：“是这份光荣事业选择了我，我没有理由不全身心地投入、回馈。”

在做学徒的日子里，每当有“疑问”时，他就会翻阅总装通用工艺文件，去看看有没有想要的“答案”。

“为了能够尽快熟悉产品，我把它们一笔一笔画了下来。”学徒期间，为了能够尽快熟悉产品，曹毅常常对着图纸和火箭在工作日志上画了起来。在绘制记录过程中，他一边翻阅设计图纸、工艺文件，一边向师傅现场请教，在一个多月的时间内，设备安装位置、电缆插接关系都清晰地呈现在这本“手记”上。对于每一次的技术更改，他还会将前后的设计要求进行对比，了解火箭每次细微变化的“来龙去脉”。

正因为他对岗位的热爱，在工作不满一年的时间，曹毅就有幸参加了长征四号运载火箭的押运工作，这是他第一次出差，让他终生难忘。1990年7月，正值酷暑，他们将完成试验的火箭从山西太原运回上海，参加押运的有厂里4人加上武警一共十几个人，一起住在仪器车内。在押运的22天过程中，车子开动的时候还能供电吹到风扇，但是由于运输火箭用的火车是超宽超长的，很多时候需要在站台让车等待发车指令，在等待发车的过程中并不供电，炎热难耐，就只能到站台上打些水来解热，蚊子多就用风油精涂涂，困了只能在凌晨的时候眯一会儿。

这次22天的出差经历，让他真正体会到了航天人特别能吃苦的精神，可贵的航天精神也一直激励着他日后的工作。无论工作再累、任务再多、节点再急，他永远没有埋怨过，他一直在工作岗位上坚守着……

亲切接见　无比荣耀

作为航天人，他是幸运的，他工作三年后参加了长征二号丁首枚运载火箭的发射任务，在发射成功后受到了江泽民总书记的亲切慰问。回忆起来，他仍旧忍不住喜形于色，从事航天事业能够得到国家领导人的关心，是荣耀的；作为航天人能够在第一时刻就享受成功的喜悦，是无比自豪的。

1990年8月9日，时任中共中央总书记江泽民同志正在甘肃等西部地区视察，欣闻由上海航天局抓总研制的长二丁火箭发射成功的喜讯，他抑制不住激动的心情，执意要到基地里面去看望一下“上海老乡”。要知道，仅从酒泉市到基地里面就要开300多公里的路途，而且当时的路况很不好，被称之为“搓板路”。那种路不仅坑坑洼洼的，而且一个沟槽连着一个沟槽，若碰上一个较大的落差，车辆一个大弹跳，就足以让乘客的头部碰到车顶。因此，车辆在戈壁滩上长途颠簸的状况可想而知。

年轻时候的火箭总装工曹毅非常幸运，作为参与第一发长征二号丁火箭发射的试验队员，曾受到江泽民同志的亲切接见，让他终生难忘。曹毅幸福地回忆起当时的场面：那天是 8 月 11 日上午，天上正下着毛毛细雨，江泽民同志在有关领导的陪同下冒雨来到基地里面。他不顾旅途颠簸的劳累，一下车就紧紧握着时任上海航天局副局长兼试验队队长施金苗和火箭总设计师孙敬良的手，连声表示祝贺。同时向集中在那里的上海试验队员频频招手，用他那洪亮的嗓音大声说："大家辛苦了！祝贺你们的火箭发射成功！"全体试验队员热烈鼓掌，欢迎江泽民同志给大家讲话。接着，在基地的试验宾馆门口，江泽民同志又与大家一起合影。这是上海航天试验队员第一次在航天发射现场零距离地和总书记站在一起，这既是上海航天运载队伍的光荣，也是上海航天人的荣耀。

江泽民同志与全体试验队员合影后，临上车时仍依依不舍地向大家频频挥手。这一动人的场面至今仍留在我们每一个试验队员心中。而那张与江泽民总书记合影的照片，曹毅始终像宝贝一样地珍藏着。

帆板王子　成功转型

八年时间，只是历史长河的一瞬间，是沧海桑田之一粟，但对于曹毅来说，却是弥足珍贵的，他实现了从学子到航天人的蜕变，他从一个学徒成长为能在运载总装中独当一面的熟练工，为他走向太阳帆板总装工、空间飞行器总装工的道路打下了扎实的基础。

1997 年，神舟一号飞船的太阳帆板首次总装。曹毅离开了他熟悉的运载总装现场，和其他人一起组建了一支逐梦团队——921 总装团队。摆在眼前复杂而多样的零件让他感受到了前所未有的“疑惑”。它们是什么？如何装配？能否展开？面对这些，他只能摸索，一丝丝抽离问题、一层层破开迷雾。

在多品种的零件面前，他用“觉得无从下手，只能在摸索中前进”来形容。对于帆板展开中的一个重要关节——铰链，他更是用“毫无头绪”来比拟。因为铰链零件大都是镀膜件，不能直接触碰，必须戴手套，而且结构非常小，不易装配。但是他却用他独有的细腻与细致，不仅顺利完成了铰链装配，还自己设计了装配工装，为后续铰链装配的性能稳定提供了坚强保障。

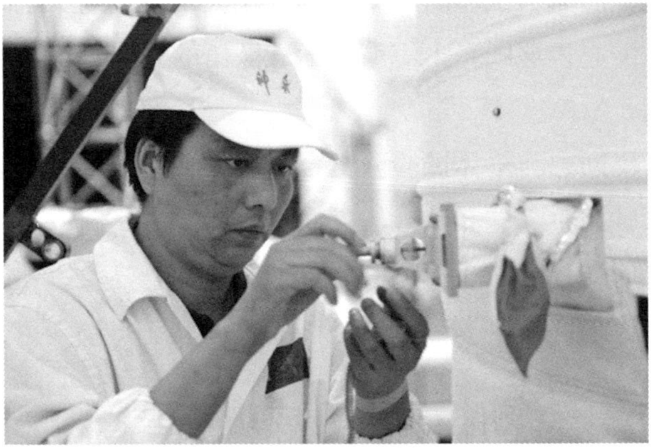

当时，从设计人员到工艺人员，再到总装操作、试验人员都是第一次接触帆板。他摸着石头过河，边操作边摸索，终于把帆板给总装起来了，但是帆板能不能展开是关键，如果在地面试验中都不能展开，更遑论发射成功后在天上打开了。结构船Ⅱ主电源左太阳翼是真正具有展开功能的“第一翼”。经过一个月的总装，太阳电池翼呈现在每个人的眼前。然而，一做试验，它不是展不开，就是展开发生偏向。这给了他们当头一棒。

顶着不小的压力，大家集中精力进行攻关，临时组建了以设计、工艺、操作等为主要成员的攻关小组。那些日子里，他们每天试验到深夜，一会儿爬到展开试验架上查看展开情况，一会儿下来查看展开过程中的测试数据，爬上爬下，拆拆装装，把他累坏了。经过故障树的梳理、原因的分析，时任技术处主任陈飞庭和型号主任工艺师何文松提出了工艺、检测、操作“三结合”的工艺方案，用数据验证可行性，让试验确定正确性。就这样，一个个参数的调整，一次次的重新装配，一轮轮的数据分析，太阳电池翼的展开测试规律逐步被团队摸透。经过 50 多次的展开试验后，钢索张力调整为设计理论值的三分之一、直径调整为原有的一半……最终，太阳电池翼展开试验趋于稳定。

1999 年 11 月 20 日，当神舟一号顺利升空、星箭分离，指挥员一声“帆板顺利展开”，他们的泪水在眼眶里打转，久久未流下……

神舟三号飞船发射成功后，不知是谁的一声“帆板王子”，让曹毅从此有了新的名字。当中国首次载人航天、神舟五号飞船发射成功后，他作为当代工人参与了中央电视台《焦点访谈》栏目专访，他说：“没有最好，只有更好，这是我唯一的工作目标，我将以不断学习、进取和创新的工作态度，为祖国航天事业作出更大的贡献。”这正是他在奋斗道路上矢志不渝的信念。

为了帆板　痛并快乐

对于飞行器总装环境，那 25℃的温度、45° 的湿度而言，每一个奋斗在一线的工人都为之羡慕。然而，常年在这样的工作环境里，在仅有30厘米的舱体支架下，很多工作只能仰躺在地面上，久而久之寒气入侵体内，容易造成身体的伤害。

经历了神舟一号到神舟三号帆板的总装，曹毅个人的装配技能逐渐成熟，但是就在神舟三号帆板运到基地卸车过程中，一次腰部的扭伤让他长期摆脱不了腰部疼痛的折磨。面对疼痛，他靠药物、推拿来缓解，尽管有时痛苦难忍，但他仍选择了坚持一线作业。

记得那次神舟三号帆板运抵基地，曹毅参与卸车工作，就在卸车即将完成的时候，他的腰突然扭了一下，顿时不能动弹了。同事们将他送到宾馆，他还是觉得疼痛难忍，而现场的恢复工作迫在眉睫。于是，他选择了在部队医院每日打一针封闭针、服用五六片止痛药，每周两三次推拿，一直坚持到帆板与舱体对接工作的完成。

看到这些，有人质疑："突然一下扭伤就这么严重?"然而，他们不知，"冰冻三尺非一日之寒"，扭伤对于他而言，仅仅只是一个导火索，一切才刚刚开始。阶段工作结束后，返回上海的他就住进了医院。经过一个多月的治疗，还没有完全恢复，又接到了紧急任务。由于舱体电缆上某个型号的电连接器批次性故障，需要更换，在更换前需要将帆板全部拆下，待电连接器更换完毕后再重新安装。接到命令后，他二话没说，马上办理了出院手续，赶赴基地，直到任务完成。帆板拆除为逆流程操作，过程复杂度高，曹毅紧急和工艺人员一起研究拆卸方案，梳理工艺流程，制定了"倒逆工序"方案。在拆卸过程中，曹毅回忆："每一个动作都像在照顾婴孩一般，小心翼翼。"功夫不负有心人，拆卸、再总装后，任务发射圆满完成。

在反复的治疗中，接下来的任务已经不允许他亲自上阵了，但见到一起成长的团队，他心中仍有深深的那份情。神舟七号飞船总装进入快速的工作阶段，每天的加班加点，曹毅的腰疼再次发作，他只能平躺在床上，眼看还有一个月就要进基地了，还有很多工作没有完成，他只能在家里用电话与单位同事保持联系，保证出厂前帆板工作的顺利完成。

从神舟一号飞船到神舟六号飞船，曹毅每次都参加，在面对神舟七号进场问题上，当时的身体状况是不允许他去的，但是他知道试验队需要他，他也离不开试验队。就在专列出发的前一个星期，他还是决定跟他们一起北上。在基地里，他总出现在每一次关键工序的总装现场。只是原本站立的他，如今只能倚靠在椅子上、坚守在岗位的最前线指导着他们工作。成功后的喜悦让每一个人都忘却了疼痛，他们同甘共苦为航天而奋斗。就这样坚持到第一阶段结束，回到上海等待他的依然是医生。

如虎添“翼” 打造“明星产品”

“建站为应用”是我国建造空间站的出发点和落脚点。梦天实验舱是目前国内体积最大、结构最复杂、设备电缆管路最多、功能性能要求最高、在轨寿命最长的大型航天器。回顾梦天舱的十年研制历程，研制团队克服了大型舱体总装及多回路检漏技术、对日定向装置精密加工与装调技术、数字化弯管技术、多媒体全景影像质量记录等多项难题，但让曹毅最为记忆犹新的还是柔性太阳电池翼的装配和微重力收展。

“第一个吃螃蟹的人往往有着重要的话语权。为了能够适应发展，我们将自主创新成果应用作为了重要的发展方向。”曹毅说道，“原来的太阳电池翼是刚性或者半刚性的，它们的结构相对稳定，但是质量、体积都无法满足任务需求，所以我们研制了一种柔性太阳电池翼，就好比一件薄如蝉翼的‘工艺品’。”

厚度不足 1 毫米、展开长度超过 20 多米的问天实验舱柔性太阳电池翼犹如一张普通的“薄纸”，不仅继承了天和核心舱柔性太阳电池翼的优点，更是“青出于蓝而胜于蓝。”为了能够让柔性太阳电池翼在总装厂房里模拟“零重力”展开状态，曹毅和徒弟张富晶同设计、工艺团队花了一年时间研制了大跨度模块化水平集成装配设备、大面积柔性太阳电池翼折叠过程平衡控制技术。其中，他提出的四个维度横向展开吊挂机构满足了产品的总装精度、立体结构稳定性和各项试验参数的要求，让每一张“纸”在相互协调下都能够按顺序依次展开。

由此，总装人员可以通过一个长达 30 多米的平台将柔性太阳电池翼从水平状态调整至垂直状态，并将其挂在拥有“四个维度”、位移精度高、立体结构稳定的大型试验台上。随着柔性太阳电池翼的解锁，它就如“一幅画一般，在空中慢慢展开”。此时，现场的每一位航天人就好比身处太空，感受着“零重力”带来的神奇景象。

以“梦”为马　逐梦九“天”

作为梦天实验舱总装团队的一员，曹毅做到了“手中握得住技能，肩上担得起责任”，以实际行动践行着“航天匠人”的一言一行，他们共同为完成中国空间站组装建造绽放出不一样的“烟火”。

梦天实验舱工作舱是上海航天首次承担密封舱的总装任务，不同于以往非密封舱段的总装要求，不仅舱内有 500 多根导管、300 多台设备、重达 1 吨多的电缆总装、测试，还有舱内洁净度、环境微生物指标的要求。面对一座不可逾越的“大山”，他们必须有着“愚公移山”般的毅力，一点点把它“搬”完。

坚守的日子是辛苦的，也是快乐的。对于密封舱体而言，如何做到微生物防护也是头等大事，怎么防护、怎么消毒、怎么控制……都是急需解决的问题。在一次次微生物采样测试、一次次的操作规范化培训后，曹毅和他的团队能够适应在防护模式下的总装工作。他们明白，“磨刀不误砍柴工”，宁可在总装之前进行繁琐的各项准备，也不愿在检测后发现“问题”进行“二次返工”。这份敬畏之情，让总装的质量做到了“无懈可击”。

面对总装任务时间紧、任务重，曹毅不单单需要从总装入手，他还需要确保吊装都做到“万无一失”。为保障整舱在总装及测试过程中垂直对接任务的成功，曹毅做到了“一船一策”“一舱一策”。在确定方案后，他带领团队反复演练，仔细推演，验证吊装方案、吊装空间，完善吊装流程，制定岗位要求，协作配合，从而保证了在仅有0.2米吊装翻转余量的情况下整舱的垂直起吊、水平起吊、翻转以及高空操作对接等关键过程不出现任何问题。

此外，梦天实验舱的工作舱内装有13个大型科学实验机柜，单个机柜最大重量接近500千克、操作空间小、安装精度高、装配难度极大。曹毅带领团队，对每台科学实验机柜的外观特征、安装特性以及配合关系进行逐一研究，并设计“大型机柜进舱工装”，实现了1.5米包络尺寸20毫米间隙的大型机柜进舱安装成功。

2022年10月31日15时37分，空间站梦天实验舱搭乘长征五号B遥四运载火箭从文昌发射场冲向云霄。梦天实验舱的柔性太阳电池翼按指定动作完成展开后，发射场测控大厅里传来了“梦天实验舱发射试验任务圆满成功”的消息，掌声此起彼伏，欢呼声更是震耳欲聋。

以质取信　以新图强

“有依据、按依据、留记录。”简简单单的九个字蕴含着航天人对于航天产品的敬畏。曹毅深知质量是航天事业的生命线，产品质量不仅关系到航天事业的发展，也关系到国家的荣誉和利益。因此曹毅在工作中要不断解决质量难题，努力开发和推广先进质量方法、模式。

在太阳电池翼总装期间，铰链微动开关调试是太阳电池翼板间铰链总装过程中的一个关键检验点，操作调试质量的好坏直接影响到太阳帆板的展开到位信号。为了解决“太阳帆板微动开关信号输出正确性控制”难题，曹毅针对该技术进行了专项攻关。在机构研制过程中，曹毅不仅要考虑神舟载人飞船的操作性，还要充分考虑产品在天舟货运飞船、卫星型号生产总装中的通用性，经过一个个数据对比、一次次试验测试，最终，他找到了最适合的工艺方案，设计研制出了一套用于目前载人飞船以及涵盖了大部分卫星型号的太阳电池翼板间铰链微动开关的调试机构。

如此一来，新的调试机构取代了原有手动调试方式，让装配铰链微动开关装调效率更高、操作更方便、性能更稳定，使得铰链微动开关地面调试信号与太阳电池翼发射展开由 95% 提高到 100%。

作为技术型技能人员的代表，曹毅一方面面向基础管理修订了“企业标准”，起草了“总装工作业指导书”，制定了“总装现场管理规范”，优化了“SOP 文件”，组织、参与了飞行器总装标准与规范体系的建立。另一方面，他着重关注产品生产总装过程中的质量，用标准化与规范化的生产准备、过程控制、设备与装备使用、检验设置，并结合 SDCA（标准化、执行、检查、总结）循环，持续优化飞行器总装的标准化作业，不断推动产品制造流程的规范高效与产品质量的精益求精。

传承工匠精神　培养技能队伍

多年来，曹毅坚持开展技术总结与培训，推广了一系列高质量总装工作方法。面对航天型号任务的持续拓展，他不断提升自身技能水平，工作范围从高精度部件装配、调试、总装到大型航天器翻转吊装等领域，申报授权专利 5 项。他认真总结多年来积累的经验，编制《总体装配工培训教材》等十余套资料，为行业提供了大量教学范本。

此外，曹毅积极开展飞行器总装人员的技术、技能培训，自制培训教具、编制培训方法，并且定期组织总装先进操作方法、质量控制方法的讨论。近五年，累计培训数量超过 30 次，累计培训超过 500 人次，对总装队伍的质量意识提升、技术与技能水平提高起到了关键作用。

曹毅积极投身技能大师工作室的建设、运行，组织工作室根据科研生产任务需求，承担各型号科研生产中的技术攻关项目，攻克各项技术、质量难题，开展项目预研究。特别是对总装过程常见的质量问题案例进行剖析，对存在技术难点的空间飞行器总装进行攻关。工作室申请发明专利、实用新型专利共计 14 项，发表专业论文 20 余篇，制修订企业标准 3 篇。在开发新技术服务型号高质量的研制的基础上，形成一系列航天总装质量控制方法，为组织培养了一批创新型技术质量人才。2022 年度，曹毅技能大师工作室入选航天科技集团公司技能大师工作室。

曹毅积极借助技能培训平台，开展带徒传艺、传经送宝活动，提升青年技工岗位能力，将自身技能技巧、质量方法毫无保留地传授。除了自身带教，曹毅还结合大师工作室，每年组织工作室成员开展名师带徒，由技能、技术经验丰富的专家、老师傅与青年技能骨干结对签署师徒协议，每年年底评估带徒情况，使新进青年员工的技能水平大幅提升，更好地立足本职岗位，为空间飞行器总装领域培养了一大批优秀技能人才。他先后带徒 16 名，其中高级工程师 2 名、高级技师 3 名、技师 5 名、高级工 6 名，均已成为空间飞行器总装领域的骨干人员，在重大型号任务、企业技术发展、质量工程建设等方面发挥了突出作用，形成了有序的人才梯队。在众多徒弟中，2 人获全国技术能手、5 人获航天局技术能手、1 人获曾宪梓载人航天基金奖突出贡献奖、1 人获“探月工程嫦娥四号任务突出贡献者”称号、1 人荣立上海航天科研型号一等功、2 人荣立上海航天科研型号二等功、3 人荣立上海航天科研型号三等功。

曹毅作为空间飞行器总装班组组长，长期从事一线班组与人员的管理工作。在相关工作中，他注重技艺传承、班组质量规矩建设、组员质量意识提升、组员技能培养。通过专业理论授课、现场指导的教学、质量案例的学习与分析，为青年技能人员技能与技术、质量意识与方法的提升搭建了良好平台。班组人员的操作技能过硬，班组总装出的产品质量过硬，确保了以空间站工程为代表的各项重大工程任务的顺利开展。

“星光不问赶路人，时光不负有心人。”三十余载，曹毅一直在为航天事业默默奉献着自己的力量，他把型号人的“光辉”埋进心里，把“载人航天”精神写进实际行动里，用奋斗和坚守换来了未知太空苍穹的无限探索和追梦未来。

工作感悟

习近平总书记在致首届大国工匠创新交流大会的贺信中指出：“技术工人队伍是支撑中国制造、中国创造的重要力量。我国工人阶级和广大劳动群众要大力弘扬劳模精神、劳动精神、工匠精神，适应当今世界科技革命和产业变革的需要，勤学苦练、深入钻研，勇于创新、敢为人先，不断提高技术技能水平，为推动高质量发展、实施制造强国战略、全面建设社会主义现代化国家贡献智慧和力量。”

当今我国处于科技快速发展的新时代，知识折旧和技能折旧是每一个人都面对的问题，我认为未来优秀的产业工人一定是具有持续学习的能力，在自身的专业领域做深做实。工匠精神就是一种对专业技艺的高度追求和热爱的体现，每一位扎根在一线的工匠都全身心投入于工作，拥有追求卓越的心态和态度。在这个快节奏、实用主义盛行的时代，我们需要回归工匠精神，重新审视自己的追求和行为，特别是积累经验和提升个人知识面，两者对于事物的认知是相辅相成，有着千丝万缕的联系。回看每一个关键技术的突破，他们都离不开发现事物的根本原因，从而不断地提出新的想法、尝试新的方法。

2020 年 11 月，习近平总书记在全国劳动模范和先进工作者表彰大会上精辟概括了工匠精神的内涵：执着专注、精益求精、一丝不苟、追求卓越。我们取得的伟大成就，离不开大国工匠的倾情奉献。劳动者脚踏实地把每件平凡的事做好，共同培育形成的工匠精神，是我们宝贵的精神财富。这是对工匠精神的全面阐述，也应该是我们践行工匠精神的准则。

“执着专注”就是要目标明确，要持之以恒。在工匠的职业生涯中，会遇到各种困难和挑战，比如技术难题、复杂的项目等。在航天企业工作中，具有大量的特殊过程应用、工艺过程的复杂性、小批量研制的任务特点，我们应该尽量消除工作过程中的干扰因素，创造一个专注和安静的工作环境，沉下心来专注于个人能力提升和创新意识突破，从而不断将自身技能提高到适应产业发展的需求。

“精益求精”就是要持续改进。“成功不等于成熟，成熟不等于可靠，可靠不等于万无一失”是航天工作中最熟悉的一句话，在成功面前，航天工匠也要始终保持对产品质量的敬畏之心，始终保持如履薄冰的风险意识，始终保持严慎细实的工作作风，始终保持不断优化改进的工作态度。要对现有工作不断反思和改进，保持不断努力的动力和热情。

“一丝不苟”就是要注重细节和品质。在工匠的世界里，每一个细微的地方都蕴含着我们的心血和智慧，我们要追求品质的完美，就要做到细节上的完美。比如火箭发动机“焊接第一人”高凤林，在进行长征五号运载火箭发动机的喷管焊接时，需要将数百根几毫米的空心管线编织在一起，而管壁的厚度只有 0.33 毫米，在经历了 3 万多次精密的焊接操作后，才能把它们焊接在一起，焊缝细到接近头发丝，而长度相当于绕一个标准足球场两周。全身心地投入和对工程的一丝不苟是他能够完成这项挑战的决定性因素。

“追求卓越”需要工匠不断学习和创新。技术和社会环境在不断发展变化，新的工具、材料和方式不断涌现。工匠需要不断学习新知识和技能，不断挑战自己的能力和创造力，逐步改进和提高自己的工艺和产品质量。在中国古代，蔡伦从石灰与草木灰中发现了白净、结实的造纸方法，使中国彻底脱离用竹简、缣帛书写的历史，造纸术传入不同国家，加快了世界文化的传播速度。这些优秀工匠的故事诠释了不断学习进步和创新发展的重要意义。

习近平总书记在首个“中国航天日”之际作出重要指示强调，探索浩瀚宇宙，发展航天事业，建设航天强国，是我们不懈追求的航天梦。航天事业是人类对宇宙探索的最高追求之一，要在极端环境中的探索，需要克服无数难题和困难。这就要求航天人具备对未知的好奇心和勇气，以及不断学习和创新的能力。这种追求卓越和不断挑战自我的精神是航天精神和工匠精神共同的特点。

随着我国航天事业的蓬勃发展，航天产业工人越来越成为我国工人阶级中发挥支撑作用的主体力量，是创造社会财富的中坚力量，是创新驱动发展的骨干力量，是实施制造强国战略的有生力量。在我国实施制造强国、航天强国战略中，航天制造产业急需大批成熟宇航制造技能人才，这是实现先进设计、工艺技术的关键，是提升宇航技术研发效率的关键，也是提高劳动生产效率的关键，更是新时期造就一支有理想守信念、懂技术会创新、敢担当讲奉献的航天产业工人队伍的关键。

航天产业工人队伍是一个肩负特殊使命的特别团队。说其特别，除了“特别能吃苦、特别能战斗、特别能攻关、特别能奉献”这“四个特别”之外，还在于航天产业工人承担着国家特别的重任，传承着“四个特别”的精神，正是这种特别的使命和特别的文化，才使航天产业工人有着更赤诚的爱国情、更强烈的责任心、更严格的执行力，并成功运用于实现航天强国梦的伟大实践之中。由此，新时期加强航天产业工人队伍建设，事关我国航天产业的改革发展，事关我国“发展航天事业、建设航天强国”的长远发展。

航天产业工人队伍是实施航天强国的重要因素，如何提高工人队伍整体素质，充分发挥高素质技术技能人才的作用，促进企业精益求精、提高质量，使敬业守信、责任担当成为更多人的职业追求，对航天产业创新驱动发展具有极其重要的意义。科技创新作为创新驱动发展的一个重要方面，最终落脚点要落到航天型号产品中。科技创新离不开一个高水平的生产环节，如果说专业技术人员是科技创新发展的“头脑”，那么技能人员则是科技创新发展所需的灵巧“四肢”。

撰稿：范文超、丛茜、俞忠、崔凡、李凯

立足航天树远志　三尺铣台寄初心

——北京航天控制仪器研究所精密制造中心铣工李峰

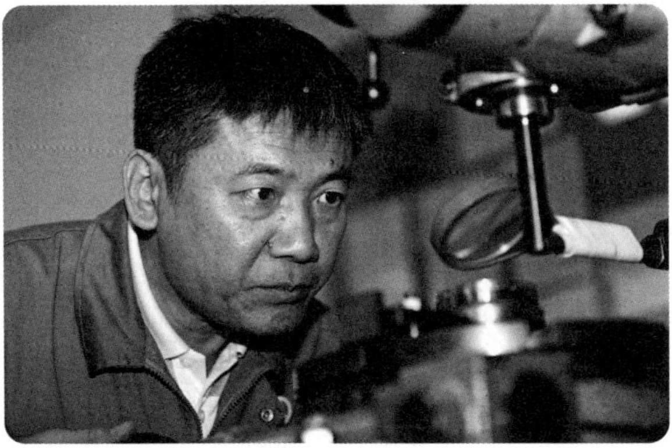

人物简介

李峰，男，汉族，1971 年 3 月出生，河北安平人，中共党员，航天特级技师，中国航天科技集团有限公司技能人才队伍建设工作领域“智库专家”成员、北京市技能大师工作室——“李峰技能大师工作室”技术带头人。

1990 年工作以来，李峰一直在北京航天控制仪器研究所从事运载火箭等核心产品超精密加工工作，并获得诸多荣誉：2004 年获“中央企业青年岗位能手”称号；2004 年获“中央企业技术能手”称号；2012 年获“全国技术能手”称号；2016 年入选由中宣部、中华全国总工会、国家人力资源和社会保障部等部门主办的“大国工匠”；2016年获得国家高技能人才政府津贴；2017年李峰事迹入选《国防邮电产业大国工匠风采录》；2017年入选中央企业“百名杰出工匠”培养支持计划；2019年获国资委首届“中央企业百名杰出工匠”荣誉称号；2021年获第十五届中华技能大奖；2022年当选中央企业系统党代表。

李峰一直从事我国运载火箭、战略导弹等飞行器系统核心产品——惯导系统零组件的超精密加工工作，惯导系统被称作为战略武器和运载火箭打造的“火眼金睛”。他凭借“稳、准、细、精、巧”的精湛技艺，突破了异形、薄壁、特种材料零件亚微米级精密加工等150余项生产加工技术难题，有力保障了我国新一代运载火箭、载人航天、战略导弹、北斗导航系统等国家重大工程型号的研制攻关取得突破，为提升我国国防实力、树立航天强国形象作出了突出贡献。

工匠故事

坚守：一次结缘一生专注

在李峰30多年的职业生涯中，他一直奋战在惯性技术产品精密加工第一线，从未离开过他所钟爱的铣床。正是因为这一份坚守、一份执着，一路走来使他从一个懵懂少年成长为一名航天惯性制造领域的“大国工匠”。

1971年，李峰出生在河北农村，父母因为工作原因都不在身边，从小由奶奶一手带大。小时候家里穷，吃的面里都要掺上树叶子，放学后还要帮家里干农活。小时候吃苦的经历，对李峰后来沉稳内敛、坚定刻苦的性格养成起到了关键作用。

1988年，机缘巧合，高中毕业的李峰正好赶上单位技校招收职工子弟，由此开启了他与航天事业、与铣工岗位、精密加工的不解之缘。

李峰刚进厂时，看着陌生的机器、闻着带有新鲜油印味道的图纸、听着玄奥的机加术语，兴奋中多少夹杂着一丝不安。李峰的父亲是厂里的一名磨工，作为“航二代”，李峰从小就耳濡目染父辈的工作作风，再加上生活中的言传身教，他从进厂第一天起就立志要成为技术全面、受人尊敬的好工人，把老一辈铣工师傅的高超技能学到手。

为了尽快提高自己的加工水平，刚参加工作的李峰从每月为数不多的工资里挤出钱，买回《机械加工原理》《金属材料力学》等书籍，开始艰难地咀嚼。为了啃透苦涩的理论知识，他每天抽出一定时间读书，这个雷打不动的习惯，至今还在坚持。业余时间别人打牌下棋，他却为了熟悉设备、工量卡具、刀具的工作原理和精密结构，虚心请教，潜心琢磨。一旦学习了一种新加工方法或是萌发了一个新思路，就积极在操作中验证落实。为了弥补理论功底的欠缺，李峰还攻读了大专班，利用业余时间进行机电工程专业的学习。三年的时间里，李峰系统地学习了机械加工原理、机械制造工艺学、模具制造、夹具设计等专业知识，为日后开展技术攻关奠定了坚实的理论基础。

航天型号产品的零件不光体积小、形状复杂、加工难度大、精度要求高，更重要的是要有非常高的质量可靠性，在加工前往往需要精细的计算、周密的计量。特别是随着新型金属材料的应用、型号产品的精度日益提高以及零件结构的复杂性增加，产品加工难度也愈发加大。由于加工操作不慎、加工刀具损坏等，导致加工零件报废成了令人头疼的问题。李峰偏不信这个邪，他把工余时间全部用在研究新型金属材料和复杂结构零件的加工上，在刀具角度和刀具材料上狠下功夫想办法，研究设计出工装夹具，创新装夹方法、加工方法，自制加工刀具等，有效解决了生产中的瓶颈问题，提高了产品加工质量和生产效率。

用废寝忘食形容李峰一点也不为过。为了攻克一些加工技术难题，他无论是吃饭时还是睡觉前，都在思考和工件加工有关的问题。有一次，难得按时回家的他在陪家人吃饭时，忽然想到一道加工难题的解决方法，马上放下碗筷拿起笔本，开始对各种数据进行分析、计算。

梅花香自苦寒来。通过不间断的刻苦学习和实践操作，李峰的专业技术水平达到了炉火纯青的程度，成为铣加工方面的行家里手，并多次在各级技能竞赛中取得好成绩。

挑战：用铁的决心完成铁的任务

李峰所在的北京航天控制仪器研究所精密制造中心，是国内专门从事精密零件加工的科研院所。承担长征系列火箭、“神舟”系列飞船、天宫二号空间实验室等航天器控制系统的零部件加工任务。

在承担以上型号加工任务时，李峰经常要面临的挑战是：铣床加工固有精度是 4 微米，但零件要求精度达到了 2 微米，这中间相差的“2 微米”，依靠的只有李峰的技术了。一个零件从毛坯到成型，往往需要经历车、钳、铣、研磨等十多道工序。李峰承担的工序是精铣，也是其中的一道关键工序。

在某项重点型号关键零件加工中，由于该零件材料的特殊性，为了保持零件的稳定性，零件粗加工以后，既要放到 100℃的保温炉中进行高温处理，也要在 –197℃的液氮中经受低温考验。经过不同的高低温，这“冰火两重天”的极限考验以后，零件的性能基本稳定，才能开始精加工。

但在零件完成加工后，虽然检验合格，却没有达到李峰自己预想的精度，问题究竟出在哪里呢？尽管是数控加工，但是由于加工精度高，刀具都需要李峰亲手刃磨。要磨出一把达到要求的刀并不容易。为提高刀具的加工精度，李峰经常需要在显微镜下细心刃磨。

在李峰眼中，刀具是决定加工精度的关键。用于加工的刀具刀尖的刃宽只有 0.3 毫米，在两百倍显微镜下，刀锋的细节逐渐清晰。刀锋上一个小小的黑点引起了李峰的注意，正是这个在两百倍显微镜下才能观察到的微崩刃，导致了零件几微米的加工误差。最终检验的结果验证了李峰的判断，问题确实就出在了刀刃上。

铣工的工作特点决定了李峰的工作几乎每次都在攻坚克难：加工的很多零件都是奇形怪状的异形零件。一把好刀对于铣工而言，就是武士手中的一把好剑。刀用好了可以出精度高的产品，但是没用好却会损伤产品。李峰就有过一次这样刻骨铭心的教训。那是在他刚进厂没多久，因为加工经验不足，忽略了刀具磨损对精度的影响，有一次使用有缺陷的刀具加工零件，结果就把零件给废掉了。

李峰记得，当时师傅并没有骂他，但是，这反而让他心里更难受。当时冒出的那身冷汗至今都让他刻骨铭心。此后的 20 多年里，他一直希望能练就一种“特异功能”：那就是让自己加工的产品，能百分之百合格，还能无限接近零公差。

李峰常说：“我达不到 0 对 0，但我一定要尽量靠近一点，奔着那个方向去调整。一个是咱们零件的精度提高了，质量提高了，出废品的概率也降低了。如果说你一开始就马马虎虎就奔着公差边缘去，老是在悬崖边缘徘徊，有可能任何一个小小的装卡误差或者什么，就有可能出废品了。”

刀具刃磨的火候只有操作者才能把握，近乎苛刻的标准逼着李峰自我加压，他创新了装夹和加工方法，自制出了合格的加工刀具。这看似细微的改进，却有效解决了加工中的技术难题，提高了产品加工质量和生产效率。年复一年，李峰沉浸在加工蓝图中，伴着机器轰鸣的旋律，用自己磨砺出的刀具一次次挑战着加工极限，突破加工精度极致，用自己钢铁般坚韧的意志降服自己手中冰冷的铁块，一次次让看似不可能达到的加工精度成为可能。

攻坚：没有不可逾越的崇山峻岭

“我不是比别人聪明，而是比别人多了一点倔劲。”这是李峰对自己能够多次完成型号研制攻坚任务的表述。在李峰的表述中，“倔劲”就是一种“担当”：“只要航天事业需要，再大的风险也要去闯，再硬的骨头也要去‘啃’，再重的担子也要去挑!”正是凭借着这种敢闯敢干敢啃硬骨头的倔劲，一个个零件加工中的难题被攻克下来。

某产品关键件，零件端面有 12 条动压螺旋槽，槽深公差 2 微米，槽深一致性要求 1 微米。那时，还没有离子刻蚀设备，只能采用铣加工的方法进行加工，操作难度可想而知，实现技术要求几乎是高不可攀。

但此时，高难度的加工问题也已成为影响型号精度提升的关键。在这两难的局面中，“问题暴露就是进步的开始”！李峰没有畏惧、迎难而上，针对问题，潜心钻研。上班时间不够，下班继续研究；平常时间不足，周末也在机床旁。他一点一点地琢磨，一次一次地试验……

既然机床设备精度和状态不能改变，那就从加工刀具上想办法。经过多次的失败和再一次的重新开始，他成功设计刃磨了一种刨刀，实现了在铣床上对螺旋槽进行刨加工，产品合格率由38.5%提高且稳定到95.4%，一举突破了该型液浮仪表的生产瓶颈。该项目获得国防科学技术进步奖一等奖。

某元件支架是某型任务研制初期不可逾越的“高山峻岭”。该支架仅靠两条细筋（壁厚1毫米）连接两端高精度的轴（同轴度3微米），极易变形。在当年缺乏有限元分析工具的情况下，李峰凭借过硬的加工技术和多年练就的高超技能水平，以及持续不间断的理论学习积累的深厚基础，多次演算，估算支架各点的受力，设计了过定位工装，增加径向辅助支撑，经过反复试验、不断调整，最终成功设计了定位工装。该定位工装减小了支架变形，使产品合格率由50.3%提高到92.4%，且稳定在90%以上，成功解决了导电装置支架的生产难题，确保了该任务研制成功。该项目获得国家科学技术进步奖特等奖。

某材料首次在惯性系统中应用，“没有先例、型号需要、周期限定……”，诸多难题“同步发力”，只能“边研制、边生产、边改进”，研制初期其困难程度可想而知。但，这就是李峰的专长——将“不可能变为可能”。特别是小螺纹孔加工，孔口崩角、精度超差等质量问题占比达60%，高达40%的产品只能报废。为保证型号所需，不得不加大投入量，不仅严重影响了生产周期，生产成本也大幅度攀升。

怎么办？面对生产“拦路虎”，李峰主动请缨，发挥了他的“倔劲”，对工艺流程、机器设备、加工方法、工装设计等所有与加工结果形成因素逐个分析、反复试验、积累数据，既对比加工结果，质量稳定性，更考虑加工效率，最终决定从钻头入手。多次试验后，他通过缩短钻头横刃，修磨钻头前角，修磨丝锥的锥角和后角，突破了小孔钻削和攻丝难题，产品合格率由 32.6% 提高到 98.2%，大幅降低了生产成本，开创了用普通高速钢丝锥加工该材料小螺纹孔的行业先河。

质量：对待产品就像对待孩子一样

李峰负责加工的某运载型号火箭的加速度计是惯性器件的核心器件，加速度计犹如眼睛里的晶状体一般珍贵，是决定火箭是否正确入轨和入轨精度的关键。用“失之毫厘，谬以千里”来形容惯性器件是最恰当不过的，加工中每减少 1 微米的变形，就能缩小火箭在太空几公里的轨道误差。

加工产品高质量、高可靠性的特性决定了李峰在进行产品加工时必须时刻如履薄冰。为确保产品质量，多年来，在提高自身技能的同时，李峰有三个“好习惯”坚持至今。

“让自己时刻归零”是李峰确保产品质量的第一个习惯。他常说一句话，就是“认真看图看工艺，多问多沟通，可不能自以为是”。对多次加工、熟悉得不能再熟悉的工件，加工前，他依旧当作第一次加工，把图纸、工艺认认真真地再看一遍，所有的尺寸要求与加工程序仔仔细细再复核一次，心里有了底，才开始加工。

“首件得当孩子对待”，这是他确保产品质量的第二个好习惯。日本最具工匠精神的企业家稻盛和夫曾说：“当你把一个产品完全当作自己的孩子，满怀爱意、细心观察时，必然会获得如何解决问题、提高品质的启示。”批次第一件、每天开机的第一件，换刀后的第一件……凡是加工状态有所变化的第一件，李峰几十年如一日、严格认真，逐个尺寸复核确认，从不省略，正因为一丝不苟，甚至是刻板执拗地落实所有质量规定，才成就了他加工合格率 100% 的超常纪录。

“多沟通、多探讨、多动脑”是他确保产品质量的第三个好习惯。对从未加工过或者技术要求有变化的工件，拿到图纸后，他首先认真看图纸、全面消化工艺文件，用心“仿真模拟”加工方法，预想可能出现的问题、构想解决措施。加工过程中，更是主动和设计员、工艺员沟通交流。更难能可贵的是，近几年他成为集团级“技能首席”了，这份纯真和淳朴依然是他最突出的性格特点，正是这种又倔又不会变通的工作精神，解决了很多生产瓶颈问题，也成就了李峰的高超技艺。

当然，自身高超的加工技能水平也是确保产品质量的关键。在进行某重点型号产品关键零件螺旋轮的加工中，李峰高超精湛的技艺得到了完美呈现。

螺旋轮的加工质量直接影响产品的性能。该零件槽型为螺旋线形，呈放射状；工作面由双面共 24 个螺旋槽型组成，各槽深尺寸为 $0.05_{0}^{+0.002}$，公差带仅为两个微米，要求槽底平整，不允许有接刀痕。每面螺旋槽均匀分布，分度误差要求小于 5 秒，加工难度非常大。

当时单位还未配备多轴联动的加工中心，需要在现有手动普通铣床上完成这项加工。接到任务后，李峰苦苦思索如何在现有条件下加工高精度螺旋槽的办法。他主动打破常规，经过缜密计算，把工件固定在分度圆盘上，用精密扭簧表控制进给方向上的加工量，手动控制立铣头上的专用刀具在工件上画出螺旋线，成功实现了53型万能工具铣床加工精密螺旋槽的创举，满足了研制阶段的需求。

李峰用自己精湛的技艺完美加工出了高质量、高可靠性的产品，加工完的工件就像是一只精美的小海螺，展现了中国航天高技能人才智慧的结晶。

在提升产品质量的道路上，李峰的脚步从来都没有停歇。有了数控加工中心之后，他如饥似渴地学习数控编程和操作技术，很快成为行家里手。这时批量生产螺旋轮的任务接踵而至，他开启了数控加工螺旋轮的新时代，产品精度与质量进一步得到保障，同时工效提高10倍以上，负责此项任务的领导高兴地说："影响生产周期的'拦路虎'终于被驯服了！"。

创新：让不可能成为可能

面对"技术快速发展、设备不断更新、指标逐年提高"的形势，型号研制前行道路上困难重重，李峰咬定青山不放松，孤灯壁影，潜心钻研，取得一系列关键技术突破和多项自主创新成果。

在开始特殊复合材料加工时，国内外几乎没有可以借鉴的资料和经验，可以说一切都是从零开始。"到底能不能高质量完成零件加工任务？"这是当时参与产品研制的人心里共同的大问号。

李峰知道，要拉直这些问号，只能靠不断地思考与实践。深夜的铣床旁，经过多天连续攻关奋战原本疲倦的李峰，内心突然涌现出一种无法抑制的激动，解决问题的办法似乎已经近在咫尺。他紧紧抓住这丝灵感，冲破思维定式，设计出一次装夹多面加工专用工艺装备，并再接再厉设计制作一系列专用刀具，一举攻克了困扰良久的技术难题。

“他真的特别拼，即使晚上待在家里，只要产品研制当中出现问题，三更半夜他一接到电话就立马赶来。”他的领导不无感叹地说。与李峰共事多年，在领导的心中，李峰就是单位超精密加工的“定海神针”。一脉相承，和李峰一同工作的同事也深深领悟到这种“拼”的重要性对于解决型号研制问题的关键性，他们钦佩李峰身上那种强烈的责任感和使命感，也在耳濡目染学习着李峰吃苦忘我、大胆创新的精神。

很少有人能够连续忍耐 6 个月没有休息日的生活。为了突破某型号研制加工的关键技术、解决型号研制和设备刀具中的技术难题，2018 年 3 月到 8 月李峰夜以继日地奋战在机床旁，他的工作台上堆满了厚厚的技术书籍，常常会针对某个技术问题与工艺技术人员讨论至深夜。

“他这个人爱琢磨，就是这种爱琢磨的工作态度实现了我们许多的技术突破。”了解他的工艺技术人员对于李峰爱琢磨的秉性最熟悉不过。

某型号零件在加工时定位支撑受力不均衡一直是困扰产品合格率提升的问题。李峰与工艺、装备、设计等多部门员工共同参与攻关。凭借自己丰富的工作经验，经过多轮试验，精确计算出支架各点受力，设计了“双侧夹持过定位支撑”工装，使产品合格率得到大幅度提升，确保了任务研制成功。他参与生产的项目又一次获得国家科学技术进步奖特等奖。

某重点型号产品加工合格率不足 70%，生产效率低，无法满足型号配套需求。型号研制进度受到了制约，必须突破传统的加工工艺方法，提高某零件的生产效率和合格率。

李峰把加工出的不合格品集中在一起，一个个细心翻弄，深入“扫描”，综合分析，与工艺技术人员一起对加工过程一步步进行追究排查，最终锁定问题所在，并针对该零件材料特殊、结构薄弱、精度较高的特点，开展铣削加工研究，从刀具、切削参数等几个方面解决零件变形、加工效率低等问题，实现铣削加工取代电加工的工艺方法，为该产品大批量生产夯实基础。

“在工作中创新其实并不难，创新就是解决问题的过程，最重要的是冷静分析，不要钻牛角尖，等你回过头来就会发现，其实问题很简单。”李峰经常和组里的年轻人这样说。李峰很注意培养年轻人的创新意识，帮助他们提升业务水平。他常鼓励年轻人要敢于动手、勇于创新。对于难度不太高的工作，他尽量安排年轻人独立完成，他则为年轻人提供指导，培养他们独立创新的能力。

近些年来，李峰开始着手将自己对机床的理解和操作经验进行总结，在此基础上发明了高精度结构件铣加工在线补偿和加工中心立卧转换误差补偿方法；发明了一整套系统实现高精度结构件铣加工在线检测、在线补偿和加工中心立卧转换误差补偿方法，实现了复杂结构件的在线检测和加工中心立卧转换的补偿。

坚持不懈的技术创新，有效提升了核心关键零部件加工生产效能。自工作以来，李峰先后参与完成重点项目 30 余个，承担精密加工任务 2000 余项，在推动加工技术创新的同时，也为单位创造了巨大的经济效益。

提升：主动拥抱技术进步

俗话说磨刀不误砍柴工，李峰对这句话有着更深刻的体会。刀具对机加而言，就如同神剑手的剑，战士手中的枪。刀具刃磨得好不好，往往会影响加工质量和生产进度，其重要性毋庸置疑。

李峰最擅长的就是刀具使用与修磨，而这“擅长”来源于他多年的投入，他的业余时间几乎都花在刀具的修磨和改进上了，他的工具箱里是各种自制的特殊刀具，为他总是能完成特殊任务奠定了“物质”基础。

一次，工艺员忐忑地找到他，希望他能在型腔加工过程中在保证尺寸精度、形位精度的同时一次完成型腔表面的高光洁度要求，而且是超出一般精铣加工要求的。他与工艺员一起仔细分析了影响尺寸、形位精度要求的因素和对应措施，工艺员发觉他根本没把高光洁度要求当回事，就善意地提醒他要给予关注。他自信地说，“你放心吧，保证满足要求”。

他从工具箱里挑出适合的刀具，加工完成后，他把完成的工件交给工艺员。工艺员面对精美的工件仍不放心，专门提交了计量申请，经过三坐标仪的准确计量，零件各项精度都符合技术要求，而光洁度更是远远超过工艺要求。在完成探月工程的加工任务中，他负责钛合金基座和支架两项零组件加工任务，零件精度要求很高，李峰发挥了他在刀具钻研上的特长，在刀具的几何角度上想办法，自制简易工装夹具，解决了零、组件加工的难题，大大提高了生产效率。

近年来，型号任务激增，铣加工任务量成倍提高，如何又快又好完成任务成为李峰的又一个目标。他再次出征，将提升加工效率、提高加工合格率作为新的课题。发明了快速锁紧反拉胀胎，通过锥孔与圆柱销的配合，实现了零件内孔及端面的快速定位和锁紧，单件装夹时间缩短为20秒以内，产品批生产能力得到大幅提升，加快了某重大型号的研制进度，确保了该型号的研制成功。该项目获得国家科学技术进步奖特等奖。

随着“中国制造2025”时代的来临，他充分发挥在精密加工方面理论深厚、经验丰富的优势，积极为智能生产线的建设献计献策。他深入分析各种柔性快换夹具的优缺点，针对惯性系统典型产品的结构，确定了最优装夹方案，设计的接口工装成功将智能生产线的重复装夹定位精度提高到微米级，为推进智能制造技术的进步作出了突出贡献

传承：悉心培育技能新人

李峰所在的北京航天控制仪器研究所是我国航天惯性技术的“奠基者”和“国家队”，被称为“中国航天的井冈山部队”。从最早仿制“1059”开始，60年的航天型号惯性器件的研制生产中，在不同历史时期涌现出了李凯峰、吴式潮等能工巧匠，正是得益于这些老工匠对年轻人的传、帮、带，无私地把自己的经验传递给后来者，才使得超精密加工技术不断得以传承，航天精神

与优良传统不断得以继承发扬，确保了以载人航天任务等为代表的多种型号惯性器件的研制和批量生产任务的完成，为我国国防现代化建设作出了重要贡献。

作为“航二代”的李峰，从小父辈为航天事业付出的青春、智慧、辛劳他都看在眼中。在李峰的成长岁月中，老一辈航天人给他的印象就是用精益求精的技术、无怨无悔的奉献确保航天型号研制任务的完成。

如今，历经磨练的李峰也成为他们中的一分子，在完成本职工作的同时，传承加工技艺与工匠精神，发扬航天精神与优良传统，也已经成为李峰工作中的重要内容。他常说：“我的成长过程离不开企业的培养和老师傅的指导，现在我也要多帮助年轻人尽快成长，这是对企业、对前辈们最好的感恩和回报。”

当初的选择与梦想，如今化作如山使命。近几年，李峰连续获得“中央企业技术能手”“全国技术能手”等各类奖项，2021年6月，荣获中华技能大奖。作为一名普通工人，能够取得这样的成绩和荣誉，应该说已经很知足了，可以无愧于自己30余年的辛苦工作了。但朴实无华的李峰认定一个道理，那就是，一个人存在的价值不在于已经得到了多少，而在于还能为国家、为社会、为企业再创造多少。

今天，已经多项荣誉加身的他，依然忙碌在加工生产一线，承接着一项又一项的生产任务，依然是与人交流有些木讷甚至迟缓，依然是谈起加工、说起技术、拿起工件，别人插不上嘴的，言辞有些锋利的、让人不得不服气的李峰。

李峰干起活来，身上手上似乎总有着使不完的劲儿，还是当年那个年轻小伙子。今天的他，除了更好地践行一名航天技术工人朴实无华的本色外，还在以他名字命名的技能大师工作室，努力发挥着光与热，让自己的经验最大程度地回馈企业，让个人所得的张力在航天不断放大。

李峰常说，“荣誉的获得不是自我标榜的借口，而是事业前行征途上的鞭策”。就凭着这股子改不了的犟强与执着，2013 年 8 月起，他承接了技能大师工作室的建设，作为工作室主要负责人，他比以前更加忙碌了。

技能大师工作室是近几年中国航天科技集团有限公司力推的在更大范围、更深程度上发挥核心技能技术人才引领作用的一项重要举措。面对以自己名字命名的技能大师工作室，李峰深感肩上责任的重大。自 2015 年工作室启动，作为负责人和引领人，每年亲自策划，形成工作重点，过程中，对工作室各项工作“严”字当头，特别是在技能培训、经验传承和技术攻关上，更是不遗余力。

“要将自己的经验传承下去”是他近几年给自己新增的重任。本着这样的初心，在工作室成员的共同努力下，以李峰为主，编写了《刀具刃磨技术研究》《铣加工操作技术》等实用性教材。其中收集整理各种问题和难点，主要是李峰多年来积累的经验和方法的总结。而这两本书的编写和发布，更是他多年工作的诀窍总结，他毫无保留地呈现并传授给身边的职工和同事。

李峰总说，今日的荣誉和成就中，少不了当年带他的师傅的功劳。他还说，作为一名航天企业的技术工人，光自己有能耐是有限的，大家都有技术，都能不断进步，才能形成合力。本着这样的想法，他带徒弟一点不保守，极有耐心地手把手地教，但“严”字是第一要务。工作空余时间，他准备技术材料，利用样件废件，有空就组织大家切磋交流。

“我们这些年轻人都算是李峰师傅的徒弟。”铣工组组长王振说，班组中大多数的年轻人都是师傅李峰手把手教出来的。从30年前第一次接触到铣床，到成为工厂里对铣加工技术理解最深的人，再到现在教出了一批徒弟，李峰付出了许多努力。

为年轻人成长出点力，发挥自己的特长，让更多的青年工人迅速成为科研生产中的顶梁柱，这便是他目前的最大愿望。他说：“技术工人就是靠手上那两把刷子吃饭的，没技术不是好工人。对他们严，就是对事业负责。”他还说：“铣工的活儿没有止境，就像演员一样，嗓子好还看你怎么唱，只要勤奋、好学，都能有出息。”

“学习是一个循序渐进的过程，所以我们在实际培训过程中会强调学员学习的三个阶段，即我做给你看、我教给你干、你做给我看。”李峰为了能让年轻人早挑重担早成才，在青年技能人员培训上，除定期开展系统性培训外，还针对复杂零件加工和特殊问题，采取现场答疑解惑、集体讨论等方式互相学习、共同进步。为了确保培训效果，他主动改变简单说教的方式，带着大家结合具体的零件加工，从熟悉设备性能开始，从消化工艺图纸着手，不断强化训练刃磨刀具的基本功，不厌其烦地进行现场提问、现场解答、现场演示、手把手地教，一遍又一遍，直到大家完全听懂学会为止。

“虽说我们现在都能够熟练进行操作了，可是真正遇到难题了，还是要找我们师傅李峰。只有他能够用最快的速度解决问题，有时候我们真怀疑他是不是有魔法，不管是设备故障还是产品加工，怎么他三下五除二就能解决我们纠结许久的难题。”已经是生产骨干的王振说，有一次他发现设备报警提示“机床润滑饱和度不够”，他查看了机床的操作规程和标准作业书，没找到原因，又向当班的其他员工请教，大家一时都不明所以。于是，他用手机拍下机床显示屏照片，发给正在外面参加技术交流的李峰师傅。李峰在了解情况后进行原因分析，确定是污物阻塞了润滑管。李峰在线指点他进行管路疏通，设备立即恢复正常。这一次在线诊断让王振佩服不已。

李峰还针对年轻人的不同性格、禀赋，开展个性化的实操训练。密切关注年轻人的思想动态，及时掌握他们的所思所想，对症下药搞好培训。在李峰的言传身教下，多名年轻人进步飞快，现如今均已成为单位的生产骨干。

同时，李峰还带领大师工作室开展技术创新、工艺攻关，使产品合格率持续提升，完成多个 QC 课题攻关，解决了 20 余项加工技术问题，确保了型号任务的全面完成。经统计，短短几年间，工作室已累计培训技能人员 6000 余人次，带徒 25 人，其中

高级技师 3 人，技师 8 人。

“一个人走一万步，不如一万个人走一步”。作为单位超精密加工的领军人物，李峰在以身作则带领身边的员工一起争做实现中国梦、航天梦的领跑者的同时，利用系统内提供的各种交流和学习机会，和其他先进人物互相鼓励，寻找差距，交流心得，分享经验，汲取他人所长，共同形成一股奋发向上的合力，带动更多的员工积极向上，为航天的发展汇聚正能量。

遗憾：家庭缺位是他对家人的最大愧疚

自李峰开始从事惯性器件精密加工的工作后，一家人便有了看报纸、读新闻的习惯，总是敏锐地捕捉着各种火箭发射的信息。李峰的家人说，每当看到我国的运载火箭升起的时候，他们一家人都为李峰而骄傲。是的，当火箭发射成功，国人为之自豪的那一刻，我们不能忘记这些为航天事业默默奉献的大国工匠们，每一次成功都有他们的一份汗水！

由于工作原因，李峰经常需要加班抢任务，临时性工作也较多，一年到头，几乎没有什么节假日的概念，因此，他很少与家人团聚。工作取得成绩的同时，却让李峰对自己的家人充满了愧疚。

老父亲干了一辈子磨工落下了腰疼的职业病，李峰自学按摩手法，希望能多为父亲按摩缓解一下疼痛，但由于工作的原因，为父亲按摩也成了难得的奢望。作为远近闻名大孝子的李峰，每天只能在上班的路上匆匆给父亲打个电话问候一下。节假日如果加班结束时间早，李峰总是第一时间赶到父亲家，陪父亲待上一会儿，为父亲揉揉腰。

在女儿的记忆里，父亲爱自己的工作好像更胜于爱自己，别人家的孩子都像心肝宝贝般被捧在手里，可被李峰像宝贝捧在手里的却是自己加工出的产品。孩子很懂事，虽然从小到大爸爸陪自己时间很少，但她总是对小伙伴们说，“我爸爸是干航天的，他是最棒的!”

有时妻子赶上出差，叮嘱李峰晚上要早点回家照顾一下女儿，可当李峰忙完手中的工作想起要赶紧回家，给独自在家的女儿做饭时，往往已经是晚上九十点钟了。回到家里，懂事的女儿把刚刚煮好的方便面端上桌，让李峰倍感欣慰的同时也愧疚不已。

女儿参加高考时，在这人生重大转折点上，多希望父亲能像别的家长一样请假来进行陪考。可由于正在抢一个重要型号的产品加工任务，李峰只是在临考前一天晚上提前半小时结束加班工作，亲手为女儿做了一顿饭。饭桌上，李峰一边往自己女儿碗里夹着菜，一边摸着女儿的头，只说了一句，“爸爸相信你，一定能考好，自己的路一定要自己走。”

刚刚过去的这个“五一”假期，因为操作的机床要进行维修保养，李峰难得能休息几天，一家三口决定一同外出旅游。李峰的妻子回忆起上一次一家人一同外出旅游，还是 10 多年前的事。

曾经有人算过一笔账，李峰平均每天都要加班近四五个小时，赶上产品归零，24 小时连轴转也是经常的事，再加上节假日加班，一年下来加班时间接近 1600 个小时。如果按每天工作 8 小时计算，李峰一年等于比别人多上了 200 天的班。但李峰对于这个数字显得很没概念，他觉得这些都是稀松平常，不过是“下班了晚点走”。

家人生病顾不上、孩子上学不能接送、妻子不能照顾……刚开始，家人经常埋怨他，后来，妻子看到他研究加工技术的钻研劲儿，看到他解决问题后的开心劲儿，也默默地包容、理解了，将照顾家里的重担独自一个人扛下来。李峰说，谁都爱自己的小家，可为了心中这份事业，企业这个大家的事，必须放在第一位。

情怀：有梦想的人生不寂寞

在李峰技能大师工作室，有一排展台，上面摆放着各种精细的零件，每一个都是他加工过的核心部件，凝结着他的智慧和汗水。机械数控化加工岗位非常枯燥，工作环境相对嘈杂、单一。李峰就是在这样一方小小的天地中，用智慧和汗水锻造出一批批航天多个型号的重要零部件。

没有梦想的人生是苍白的。“当工人就要当精彩。在平凡的岗位上一样可以把工人当精彩，成为生产一线的突击力量。”李峰如是说。

冰冷的金属零件犹如一件件精美的艺术品，用自身的曲线、凹凸向人们呈现着加工者内心如铁坚硬又似水柔情的性格，讲述着中国航天“大国工匠”的家国情怀。

在李峰的家中，有一块他已经珍藏30多年的手表。那是1992年，中国替澳大利亚发射了一颗卫星，单位给参与的员工每人奖励了一块手表。这是中国第一次成功替国外发射卫星，参与其中的李峰第一次感受到了国家强大的自豪感，也从此爱上了航天。在外人看来，每天加工零件的工作也许枯燥，但随着中国航天的飞速发展，李峰几乎每年都有新的零件需要攻坚克难，他喜欢接受挑战。

李峰的业余爱好是骑行。就算工作再忙，每个月他也总要抽出时间过一把骑行瘾。骑行的过程很纯粹，心中的烦忧会因为运动中分泌出的内啡肽而逐渐消散。李峰说，这就是运动会让人感到快乐的原因，热爱生活，懂得生活，才能创造出更加有价值的产品。“穿上骑行服，戴上头盔、墨镜，从墙上取下山地车。穿上这身衣服，我自己都感觉年轻了好几岁”。在李峰的心中，越是难的东西越锻炼人，骑行也是一种极限挑战，他就是要挑战极限！

随着各种荣誉的获得，李峰的名气也越来越大，业内外的许多单位都开出丰厚的条件，或许诺年薪50万，或分“大三居”住房，面对丰厚待遇的诱惑，李峰却从未动摇过。他常说：“我是在航天家庭出身，在航天企业成长成才，是这个组织培养了我，我干好每一项工作就是对组织、对企业、对航天事业的回报。”

当年与李峰一同技校毕业分配到单位里的同学，经过读电大、上夜大拿文凭后，或改行、或当官，当工人的早已寥寥无几。而李峰却不为所动，他认准自己的目标，那就是当一个好工人，做一个超精密机械加工行业的能工巧匠！

工作感悟

我自1990年参加工作，一直从事航天惯性器件精密、超精密铣加工工作。30多年来，我的岗位没有变过，“事事刨根问底，件件做到极致”的原则和信念也从未改变。因为入选“大国工匠”，我出了名，但我深知，这并不是我做得多么优秀，我只是有机会成为众多高技能工人的代表。在录制《大国工匠》的时候，记者曾问我：“大师是怎么炼成的?”其实“秘诀”就是“三不”：不停止学习、不放弃钻研、不降低标准。

不停止学习

我1988年高中毕业后进入单位的技校班，学习一年半，然后实习半年。1990年6月正式参加工作。此后，跟着师傅当学徒一年，1991年我开始独立操作机床。由于工作经验少，当时生产条件还较为落后，再加上自身专业知识不够，所以出徒后，在加工过程中经常遇到疑惑、不解和加工问题，只能请求师傅帮忙解决，那时候觉得自己很没用，那也是我第一次体会到知识贫乏给工作带来的影响。于是，1992年我参加了成人高考，考入北京广播电视大学，学习机电工程，边学边将所学的知识联系到工作实际中，技能水平也有了较大的进步。

在随后的几年里，我经常去图书馆借阅专业书籍，从书上获取更多的知识，学习中遇到不明白的就多请教身边的师傅和同事。通过不懈的努力学习，1998年我第一次获得了院级技能比赛铣工组第一名的荣誉，同年破格晋级为高级工。随后的十几年里，我把握住每一次培训的机会，积极参加各级比赛，在一次次比拼中磨砺自己，“技术能手”等荣誉便纷纷落在我身上。然而，荣誉越多，压力越大，我也就越来越不满足于现有的知识和技术水平。因为铣工这个工种的练习需要机床设备，而且物料都不便宜，产品到了我这道工序已经承载着很多人的付出，不能把产品当作练习用。所以，我唯有在加工产品前反复地进行理论学习研究，确保实践生产中运用得当合理，一次成功。然后将每一次完成任务的过程作为我寻找提高精度、创新技术的过程。

我是一个工人，必须做好本职工作。要在工作中学习，在学习中工作。能够好好干活，这只是个态度问题；而要把活干好，却是个技术问题。没有过硬的本领，就胜任不了工作，干不好自己想干的事。

现在，我将中国航天科技集团有限公司“李峰大师工作室”作为我学习的主阵地，利用休息时间与工作室成员们一起讨论图纸和工艺，探讨新技术，一边将所学不遗余力地传承下去，一边为提高自身技能水平储备力量。

不放弃钻研

记得 1998 年我在上海参加一个技术交流论坛的时候，遇到了我的偶像——全国劳动模范高凤林师傅。他说：“技术追求无止境，在技术上要知其然，更要知其所以然。”正是这句话，让我意识到了“创新”的理念，我想技术本身并不存在落后，基础很重要，但是要通过不断“扬弃”的过程，达到技术的进步，这就是创新，唯有不断地潜心钻研、锐意创新，才能不被时代所淘汰。

我对刀具的执着最能体现我的钻研精神。一般刀具只需要简单刃磨即可，但有些关键零件的结构复杂、表面光洁度要求高、薄壁加工容易变形，针对这些难题，用研磨刀具的方法便可以解决。我将刀具的材料、规格、特性和适用范围全部铭记于心，根据零件特点有针对性地选择刀具，为了改变刀具角度和排屑方向、确保刀具切削刃无缺陷，首先要在磨轮下来回反复刃磨，并在研磨平板上进行精研，同时利用高倍显微镜反复检查刃口，最终磨出实现表面光洁度优于十级的精铣刀具，以确保加工零件的精度和质量。例如，我的拿手绝活螺旋轮，就是用自行设计的专用成型切削刀具，在纯手动盘主轴代替电机的加工方法下，实现刀具 0.001 毫米微进给，实现螺旋轮槽深度只有 0.05 毫米、槽深公差在 0.002 毫米内、且 12 条槽深一致性在 0.001 毫米的精度。

不降低标准

我父亲曾经对我说过：“从咱们手中加工的零件，都是要随着火箭上天的，容不得半点闪失！”所以我一直要求从自己手中交出去的产品不但要满足使用要求，还要接近零线公差。我在每一次首件交检时，都主动询问产品的检测结果，我不满足于加工尺寸进入公差范围，只要公差接近上下线，我就毫不犹豫地取回零件，对产品加工过程进行再分析、再调整，使产品加工尺寸更接近零线公差。一个产品的交付要经过车、铣、磨等多个工序，我作为其中一环，绝不能降低标准，这样才对得起这个产品经过的每一双手、每一位师傅的辛勤付出。

结束语

2021 年 6 月 22 日，在第十五届高技能人才表彰大会上，“大国工匠”李峰摘取“中华技能大奖”，这个奖项是我国设立的优秀工人最高奖项，获奖者素来被誉为“工人院士”。

面对荣誉，李峰平静如常。他说，今天的荣誉并不代表职业生涯的成绩，这是一个新的起点，我要从零开始，脚踏实地，努力在今后的工作中创造更大的价值。

在这个世界上，越是朴实无华的东西，越能体现他的高不可及，像大自然，你置身于其中，却无法描摹出它的情韵。从技校毕业生到成为大国工匠、再到“中华技能大奖”获得者，作为一名工人，李峰无疑是成功的。他以执着和朴实无华的工作作风，无畏地向着更高的目标攀登。如果说人生是一条路，那么他在这条路上留下的是一串笔直而又坚实的足迹。

撰稿：戚兴国、魏红雁、郑希

铣尽铅华许报国　能工巧手铸航天

——陕西航天时代导航设备有限公司精密加工事业部铣工刘湘宾

人物简介

刘湘宾，男，汉族，1963 年 6 月出生，山东诸城人，中共党员，航天特级技师，陕西航天时代导航设备有限公司首席技师，陕西省示范性劳模创新工作室——“刘湘宾（劳模）创新工作室”技术带头人。

1983 年 11 月，从部队退伍的刘湘宾来到陕西航天时代导航设备有限公司，带着在部队一以贯之的强军爱国信念，在新的岗位上，迅速成长，勇挑重担，继续践行着他的强军报国诺言。工作期间，他获得诸多荣誉：2010 年获“航天技术能手”称号，2013 年获航天贡献奖，2014 年获“全国技术能手”称号，2016

年获国务院政府特殊津贴，2017年获“陕西省劳动模范”称号，2018年，获陕西省“三秦工匠”称号，2020年获“中国质量工匠”称号，2021年入选由中华全国总工会和中央广播电视总台主办的“大国工匠年度人物”。

刘湘宾自工作以来，一直从事我国航天惯性导航系统的关键零部件的精密、超精密加工任务，惯导系统被称为防务装备和运载火箭的“眼睛”，卫星能否到达预定轨道靠的就是陀螺仪这双“眼睛”的精准定位。近40年时间里，铣工刘湘宾只做了这一件事：擦亮大国重器的“眼睛”。他反复钻研，解决了铝基复合材料难加工、精度难保证等系列技术难题；改进了国家重点任务和某大件的传统加工方案，效率提高3倍以上；自制特种工装夹具及刀具，用工装来补偿机床精度，提高产品合格率；多次对大型薄壁零件进行装夹、精密加工，改进刀具，修正、优化机床参数；借助DNC系统，为陕西航天时代导航设备有限公司储备了数百项铣加工技术资源；出色完成了国家防务装备的重要件、关键件的生产……这些都为我国防务装备、探月工程、载人航天工程以及二代导航卫星研制作出了突出贡献。

工匠故事

平凡岗位，练就本领

刘湘宾是一名标准的“航二代”，小时候随“三线建设”的父母来到秦岭大山深处，当时三线建设奉行“分散、隐蔽、靠山、进洞”方针，陕西航天时代导航设备有限公司在宝鸡市凤县黄牛铺镇，地理位置偏僻，交通极其不便，信息闭塞，配套协作困难。但环境再苦、困难再多，父辈投身航天事业的信念从未动摇过。所以从那时开始，在刘湘宾的人生字典里便烙上了深深的航天印记，航天人的精神也根深蒂固地一直影响着他。

党的十一届三中全会后，我国国防和军队建设进入了一个新的历史时期。1980 年起，全军开始有计划、大批量接收地方学生入伍。17 岁的刘湘宾怀揣着“投身军旅、强军报国”的梦想，在知识青年参军入伍的第三次高潮中光荣入伍。在部队的三年时间里，他敢打敢拼、奋勇争先，为自己的军旅生活画上了圆满的句号。回想起当三年兵的这段经历，刘湘宾深刻地体会到，吃苦耐劳也是种本事。他也形容，“当兵的作风，还有那股韧劲会浸到自己的骨髓里去，一直影响至今。”

1983 年，20 岁的刘湘宾复员后，进入陕西航天导航设备有限公司，从此与航天结缘。作为当时公司里年轻的中共党员，刚进公司时，他就被安排到了机关部门。作为一名“航二代”，父亲的教导让他明白只有学好技术，才是实打实的本事，于是他主动请缨，离开了舒适的工作环境，下到车间学习新本领。

刚到机加车间，就看到了父辈们整天挂在嘴边的“宝贝”，刘湘宾特别激动。航天产品要求精益求精、零缺陷，对于几乎什么都不会，根本不知道什么是铣床、什么是铣刀、什么是钻头，对机械加工知识更是一无所知的他来说，进入这个行业，就是一张白纸，一切都是零，只能从头开始。他当时拜曾在苏联留过学、怀揣一身绝技绝活的老技术工人张大山为师傅，拜师之日起，他就给自己定下了目标：一年内必须达到并且超过同龄的技校生，争取早日学成出徒。当兵三年的经历也让他深深明白：只有国家强大，人民才有幸福生活。进入航天企业，自然要担负起强军、强国任务，为祖国的航天事业贡献自己的一份力量。

铣工是机械加工里最难的工种之一，它要求对数学、物理等学科知识有很好地掌握。因为以前没有数控机床，都是手动机床，所以对手工计算要求极高，空间尺寸的测量也要精确到分。为此，刘湘宾找来了《铣工工艺学》《电工基础知识》《热处理工艺》《机械制图》等课本来为自己充电。那段日子里，上班的时候，他和师傅一起加工零件，学习基本的操作技能；下班后，在其他年轻人尽情玩耍的时候，他没有去篮球场，没有心看电视，也没有花前月下，而是全身心地投入到专业知识的学习上。他明白，起步已经晚，要想有所作为，自然要付出成倍的努力。那段时间里，刘湘宾总是随身带着一个背包，背包里装得满满的全是专业书。工作之余、闲暇之时，不放过任何一点一滴的时间，他把心思全都用在了专业知识的学习上，请教师傅、实际操练、反复琢磨、认真研学，他很快就学完了技校学生三年才能学完的全部课程，并参加了当年基地针对即将毕业的技校生所举行的考试，成绩全部合格，顺利拿到了技校的毕业证。当时考试过关的人员不到30%，而刘湘宾就凭借着自己的实力闯关成功。师傅们听到这个消息后，都不约而同地说，这个年轻人有培养前途。技能考试的成功过关，加上周围师傅的肯定，给从零开始的刘湘宾树立了自信。

俗话说得好："一个篱笆三个桩，一个好汉三个帮。"学中练、练中学的模式，使刘湘宾领悟出了一套独特的快速计算方法，他主动拿出来与各位师傅分享，师傅们也都乐意将自己的独门绝技绝活传授给他。在周围师傅们的帮助和支持下，刘湘宾博采众长，迅速进步，不论是操作技能还是基础理论知识，都得到了突飞猛进的提升。车间对职工进行技能考试，他以扎实的技术顺利过关，成绩遥遥领先于同年进入公司的同事们。刘湘宾快速的进步和优异的成绩引起了车间领导的重视，决定对其进行重点培养，让本已经合格出徒的他带级学徒四年。

四年里，刘湘宾只有基本工资，没有奖金，他摒除一切杂念，跟着师傅们认真学习关键技术。很快就被调入精密加工厂房，学习精密加工技术。在这个厂房里面，所有的零件都到了最后的加工工序或者是关键工序，所加工的大部分零件也都是某纵向重点任务的关键件、重要件，在零件加工时需要格外细心，容不得有半点马虎。师傅干活时，他就站在旁边专心致志地看，仔细地听着师傅的讲解，认真记下加工中的每一个细节和注意事项，看完后立刻上手操作，请师傅观看指导。几次之后，师傅发现，刘湘宾几乎只要教一遍就能够完全记住一种零件的加工要领。因此，在以后的培养过程中，只对他讲解一遍加工方法和要领，就直接让他上手操作。在独立加工零件的过程中，刘湘宾学到的知识、技能得到了进一步的验证和强化记忆，工作干得也越来越好。师傅开始让他独立加工一些重要件、难度大的零件，为了能够按时完成产品的生产，他白天正常上班，晚上主动要求加班，保质保量地完成师傅安排的任务。勤奋、踏实、积极、肯干的刘湘宾以实际行动赢得了身边师傅的一致认可。

短短几年时间，刘湘宾便成了车间精密铣削加工的骨干人员。身边的师傅们，还有车间领导都纷纷称道：“小刘没有上过正规的技校，可技术水平比他们同届的年轻人高多了，干活也踏实。”

刘湘宾在师傅们传授的原有的加工经验、装夹方法、绝技绝活上有了自己的理解和体会，并总结出自己的一套加工理念。在师傅认可的基础上，他进行了实际操作验证，使得当时该批次零件的生产周期得到大幅缩短。这一次加工方法的成功改进，使刘湘宾在车间变得小有名气。

利剑出鞘，行业内展露才华

从长远发展考虑，公司委派刘湘宾去西安交通大学学习数控技术方面的专业知识，作为数控技术人才的储备，为期 3 个月的学习，他掌握了数控设备的基础知识。同时，他抓住机会，将工作中遇到的问题、难点向大学的教授、专家们悉心请教。培训不仅使刘湘宾的理论知识水平得到了一次质的飞跃，而且对他解决工作中的实际问题和难点也起到了指导作用。

从此，刘湘宾不再是埋头苦干的“傻小子”，遇到问题时，他不是盲目地去寻找答案，而是从基础的理论开始思索、反思，找寻解决问题的理论支持，有了理论的支持，使得问题的解决往往能够事半功倍，有时候还能达到触类旁通、举一反三的效果。

当年的生产任务还不是很饱满，加班安排比较少，刘湘宾深知自己的底子薄、基础弱，从不敢将这些宝贵的时间挥霍掉，他总是把精力和时间用在各种专业知识的学习上，并且主动要求加班，充分利用实操的机会验证自己所学的理论知识，以提升自己的技能水平。长期的磨炼使刘湘宾迅速成长，很快便成了公司精密加工中的核心骨干人员。

看着这样一棵好苗子成长起来，师傅格外欣喜，快退休时，对刘湘宾更是高标准、严要求，并倾尽一生之本领，对他倾囊相授。师傅退休后，车间把当时公司精度最高的三台铣床交到了刘湘宾手里，由他负责当时某重点国家防务装备纵向任务的四大件（台体、内环、外环、基座）的关键工序加工任务。这样一来，刘湘宾就一人独自承担了当时最困难的四大件的生产任务。

为了能够保质保量地按期完成任务，刘湘宾日夜不停地加班加点，仔细分析图纸，为了防止出错，还将加工预案在纸上进行了演练，对每一步需要加工的内容提前做了充足的准备。功夫不负有心人，他圆满完成了该项任务。这样一来，他在车间甚至是在公司的名气越来越大，提起刘湘宾，几乎是没有人不知道的。大家相传的都是 21 车间有一个年轻人叫刘湘宾，技术水平很厉害。同年，刘湘宾参加了国家技师的评选，并一次性顺利过关，成功评选为了国家技师，那一年，他 28 岁。这对当时的年轻人来说，那基本上就是想都不敢想的事情，但这个奇迹在刘湘宾身上发生了。

这一次的成功，更是让刘湘宾在公司内无人不知、无人不晓。凭着年轻人的干劲，一鼓作气，他在技术上获得了很多的突破，在那几年时间里，仅是“五小”成果的奖项就获得了 47 项之多，其中还有多项成果被基地分别评选为了一等奖、二等奖和三等奖，刘湘宾凭借骄人的成绩和卓越的成果以及优良的工作作风，多次受到公司的嘉奖。

1993 年，公司从秦岭大山的深处走了出来，搬迁到了美丽的宝鸡。公司全新的征程开始了，刘湘宾的新征程也开始了。他把以前所收获的荣誉、奖项全都束之高阁，静下心来，打算在新的征程中轻装上阵。于是，新华书店和图书馆几乎成了刘湘宾度过所有节假日、周末的地方。

刘湘宾常说：“作为一名航天工人，不管做什么，一定要对自己狠一点，说白了就是严上加严。过了几年或是过了几十年，你一定会感谢那个发起狠劲儿的自己。”

为了适应现代化制造高速发展的需求，公司购买了一台五轴加工中心，并委派刘湘宾去瑞士学习操作技能。虽然前期在西安交大的相关培训，让他具备了一定的基础知识，但是在瑞士的 20 天里，他没有去游览美丽的日内瓦湖，也没有去登攀壮美的阿尔卑斯山，对自己没有过半点的放松，把时间充分地应用在了机床知识的学习上，将全部的精力投入到了学习五轴机床的操作、编程方法上。学习过程中，他融入自己了以前培训所学到的知识和工作经验，事半而功倍，学习成效很快。由于在培训时下了真功夫，回国后，他在平时的工作中可以说是基本上得心应手，一些常见问题也能轻松解决，解决方法更是信手拈来。当时的情况可以说是在工作中顺风顺水，基本没有什么难题，即使有问题，他也能够综合运用自身所掌握的知识很快找到解决方案。

新设备在生产中的顺利应用，极大地缓解了当时的生产任务压力，并且很多产品零件可以一次装夹定位完成加工，由以前的多工序、长周期变成了一道工序直接完成入库，节省了大量时间，显著地缩短了生产周期，减少了出错率。有了这个良好的开端，公司经过评审，又陆续购买了 3 台五轴加工中心用于支撑车间的精密加工任务。然而，随着公司任务的逐步增加，车间所承担的精密加工任务也越来越繁重，逐渐呈现出了即使加班都干不完的情况，刘湘宾作为当时的技术骨干，看在眼里、急在心里，车间如果完不成生产任务，势必会造成整个公司生产订单的拖期，也将会直接影响到公司的效益和声誉。这时候，他静下心来认真地思考了问题所在，发现当时公司的加工能力并不弱，大家也都没有闲着，但是活还是干不完，主要体现在生产准备时间太长。车间所承担的生产任务主要以小批量、多品种为主，每次更换加工零件，都需要很长的生产准备时间，对于数控机床而言，时间主要耽误在数控程序的编写上。当时，应用数控编程软件编程的方法没有普及，仅这一方面就很难提高效率。最终，刘湘宾思来想去决定要去学习如何使用编程软件进行自动编程。几经周折，他自己掏钱，花 5000 元钱购买了 40 个学时的软件编程授课。5000 元对于当时的刘湘宾来说，就是一笔巨款，但他毫不犹豫地拿出来，换购了一直以来梦寐以求的知识，并完全掌握了使用编程软件进行数控编程的方法。回到公司，刘湘宾将所学的知识应用在了产品的实际生产编程上，以前需要 3 个小时甚至 4 个小时才能编写完成的程序，现在使用软件编程，只需要花费不到半个小时就能完成，且极大地降低了错误率，首件的合格率也得到了很大的提升。在周围同事和师傅们还正在埋头编写程序时，他已经成功完成了零件的首件试切加工，并且加工尺寸完全合格。

当同事们都想要知道他加工速度快的秘诀时，刘湘宾毫不保留地将自己掌握的知识和方法全都传授给了大家。软件自动编程在公司的普及应用，大幅缩短了零件加工的生产准备时间，车间的任务压力也随之减小，生产效率得到提高。经过这次事件，刘湘宾又一次成了大家点赞的焦点。

航天报国，心中只有 100%

刘湘宾说，在他上班第一天，师傅就教育他："你制作的每一个零件都是要上天的，所以任何一步都要做好。没有 99.9% 的产品，所有产品的标准必须是 100%！"从此，这句话成了他工作的座右铭，激励着他不断前行。

半球谐振陀螺仪是世界上最先进的精密陀螺仪之一，在航天和防务装备领域都属于关键核心零部件。而作为材料的石英玻璃既硬又脆，形状又是薄壁半球壳形，精密加工难度极大，在机械加工领域一直被视为衡量工匠技艺水平的"试金石"。2015 年，为了突破这一“卡脖子”技术，公司里派刘湘宾到国外学习，并引进一台专门用于加工复杂曲面的高精度数控机床。

连英文字母都认不全的刘湘宾，完全靠死记硬背，学会了操作机床，然而，学会操作机床还远远不够，要将直径25毫米的实心玻璃一点点掏成球壳，需要极为精湛的技艺。在机床主轴的超高速运转下，刀具的运行速度也从零瞬间上升到每秒200转。每次进刀，都是刘湘宾最为紧张的时刻，因为稍有不慎，就会导致内外壁厚出现偏差。刘湘宾一次次画图、建模、调整刀具、修改编程，反复改进，整整六年时间，成千上万次的实验，最终将精密加工精度提升至1微米，仅仅是一根头发丝直径的1/70，远远超出了设计要求，成功打破了技术垄断与封锁。

刘湘宾除了长年秉承工匠精神、做精优产品外，还勇于创新，屡攻技术难关。在涉及国家防务装备、载人航天等惯性导航领域产品的研制生产中，他大胆创新，解决了众多技术难题，提高了产品合格率，确保了某项目的研制进度，此项目发射成功，世界瞩目。2016年，刘湘宾带着数控组联合公司国家级大师工作室通过技术创新和攻关，将某型号关键产品合格率由原来的55%提高到90%，单件成本降低50%，生产数量由原来每月20套到现在每月60套，生产效率提升了两倍，为公司顺利完成某国家重点任务奠定了坚实的基础。

正是为了100%的产品，多年来，刘湘宾从不喝酒。他担心喝酒会麻痹神经，影响到手脚，做不好超精密复杂形状产品的加工。他常常说：“我做的不是产品，是工艺品。”闲下来时，他会把自己造出来的一些零件整齐地摆在桌子上，静静地欣赏，细细地琢磨还有没有什么地方可以改进得更完美。

多年来，刘湘宾对自己制造的产品，要求总是比别人高一些。他也常常对徒弟讲："我们制造的产品，都是高精尖的产品，要飞上天的，事关国防安全，产品质量上来不得半点马虎。"近年来，刘湘宾提出的技术革新和合理化建议百余项，参加国家级、航天科技集团公司技术攻关和课题研究等十多项；他的一项"绝技绝活"被航天科技集团收录入《绝技绝活 100 例》，多篇论文发表于《中国航空制造技术》《导航与控制》等国际一类期刊。自制特种工装夹具及刀具一百余种，先后解决了铝基复合材料等新型材料系列加工难题。在班组内探索多工种生产单元模式，解决关键件半球、球碗加工齐套的瓶颈环节。完成三维工艺试运行、智能化生产现场改造、动压马达柔性制造系统等工艺技术改进成果 13 项。

铝基复合材料具有硬度高、黏性大等金属特性，加工刀具易磨损，造成生产成本一直居高不下。2016 年，刘湘宾向企业提出申请：靠国外进口总是受制于人，能不能生产我们自己的刀具？在企业的支持下，刘湘宾和西安万威机械制造公司、西北工业大学、西安交通大学联合研发复合材料立铣刀刀具国产化研究。到 2018 年 4 月，通过 74 次反复试刀、改进，终于试刀成功，研究出的刀具在加工中比进口刀具耐用度高 4 倍以上，与之前使用的进口铣刀相比，研究出来的新型号铣刀具有寿命长、耐磨性好、成本低、表面加工质量高等诸多优点，此项研究成果已取得国家发明专利，在该材料生产过程中，每年可为公司节约成本 80 余万元，大幅降低了生产成本。

团队合力，攻坚克难

制造企业要拥有工匠精神，才能在长期的竞争中获得成功。这些年，刘湘宾和他的班组将工匠精神视为工作的灵魂，并为之不懈奋斗。四十年是一个人的成长史，也是一个团队的发展史。从初学乍练的新人到现如今的陕西省“劳动模范”“三秦工匠”“中国质量工匠”“大国工匠”，这不是他一个人的成绩，这是他们整个团队一起奋战的结果。刘湘宾常常告诉自己的徒弟们，干航天工作不比去做手机、做电脑，手机电脑坏了，可以拿去修，有试错的成本，但航天的精密零件出现了问题，将会给国家带来巨大的损失。

刘湘宾不忘的是自己的团队。刘湘宾劳模创新工作室成立以来，以精密加工技术攻关研究为依托，一直为企业精密、超精密加工制造保驾护航。现在，他所在团队的轴圆柱度、半球球面度等加工精度在整个西北片区独占鳌头。在某型号球阀的加工中，刘湘宾团队通过自创抛光轮，打破传统硬对硬的加工模式，改变为软对硬的加工方法，保证了毡垫在高速旋转时定位准确。同时，采用工装压表的方法控制机床坐标的位移精度，使球体圆度达到了 0.002 毫米、光洁度达到 13 级的设计要求，使产品合格率达到 98% 以上。

面临紧急突击任务时，不讲任何借口，善于合作、尽职尽责、全力以赴、永争第一的精神是他的团队永远不懈追求的“魂”与“魄”。2015 年，某重点任务平台基座特急项进入数控组，如不能按时完成，将直接影响到举世瞩目的“探月工程”。经过分析后，刘湘宾以身作则，统筹安排几名同事前期加工，连续加班到凌晨三四点，用 12 天提前完成任务，为随后的关键工序争取了时间。在基座关键工序加工时，他带领全组成员打破常规生产模式，和工艺技术人员共同制订加工计划，生产人员一人多机三班倒，检验保障人员统筹安排、全力配合，两个月的任务竟然只用了 22 天就保质保量、按时完成了任务，为随后的装配调试争取了更多的宝贵时间。这一次的任务，又让刘湘宾和他的团队在行业内声名鹊起。公司领导常说：“任务交给刘湘宾和他的团队，就一定能高效保质保量完成。”

关键件半球、球碗的加工一直是动压马达及陀螺齐套的瓶颈环节。2017 年，刘湘宾主动请缨，带领着他的团队，在班组建立了半球、球碗生产单元，全力配合进行技术攻关。对比刃具参数、优化加工工序，进行工装设计和改制。攻关后的半球、球碗两种零件的合格率由原来的 55% 提高到 90%，单件成本降低 50%，生产效率提升了近 3 倍。该项目的推进也大大加快了班组一专多能的人才队伍建设，为公司探索创新生产模式树立了典型案例。

2018 年 5 月，刘湘宾带领团队开展了以某型产品零件加工为代表的航天硬脆材料零件超声振动低应力精密加工技术研究。经过 9 个月反复试验，使加工精度达到了壁厚 0.5 至 0.8 毫米、内外球面同轴度 1 微米，首次在国内行业实现了球型薄壁石英玻璃的加工要求。此项目为院级工艺技术研究课题，典型硬脆材料零件超声振动精密加工工艺技术的突破，满足了设计指标要求，打通了该型号研制的关键瓶颈，为我国新型防务装备研制生产提供了技术支撑。2019 年，刘湘宾带领的班组获得航天工业质量“信得过班组”称号。

作为“全国技术能手”、航天科技集团公司特级技师、一个业务精湛的老党员，刘湘宾常说“兄弟同心，其利断金”，他坚信团队精神是战胜一切困难的法宝。他也常对组员说：“团队没有狼性的执行力，就没有打败对手的竞争力！”

他数十年如一日，经常跟班到夜里 12 点，带领全员周末在车间里抢任务，也和徒弟 5+2、白 + 黑连续奋战保节点。正是由于他“头狼”作用的充分发挥，才带动了数控组全员狼群团队力量的展现。占全车间人数 18% 的数控组，担负了全车间近 60% 的车、铣加工的重任。在刘湘宾的带领下，机加车间数控组常年以群狼团队的班组文化、不讲折扣的执行力、优异的生产效率、稳定的产品质量，赢得了各方肯定，积累了良好口碑。尤其是近年来，面临着高强密度的航天任务形势，刘湘宾带着他的团队，一次次协作配合，冲锋陷阵，在生产一线创造了一个又一个的奇迹，已然成为公司生产线上一面闪亮的旗帜。

在公司及车间的支持下，工作室组织成立了人才孵化基地，瞄准国内外本行业的领先技术，不断提升自身水平，定期组织参加高水平的技术交流和培训活动。开展全方位的技术、技能培训，进一步加强机械加工理论知识、基础应用加工知识、机床操作、三维建模、数控编程、后处理程序优化等相关知识培训；总结绝技绝招，编制培训教材，开展“师带徒”活动，采取师徒结对子等形式，为青年技能人才的培养服务。先后组织工作室骨干成员到九院、六院、四院“庞勇班组”“徐立平班组”“刘浩班组”“董建春班组”“杨峰班组”进行了互访交流，为工作室人员能力的提升，打下了坚实的基础。

工作室创建至今，累计提出合理化建议100余条，涉及“6S”、生产管理、工艺技术、减本降耗、安全生产等多方面内容；根据数控组提出的合理化建议优化工艺50余项；单元管理模式的创新，有效降低了生产管理环节的冗余时间，提高了设备利用率和生产效率；22项攻关成果和研究课题解决了公司最关键、最迫切的技能难题，创造直接经济效益100余万元；《加工中心小螺纹攻丝研究》《机加车间刀具成本控制研究》《可加工陶瓷材料的高效加工研究》《快换夹具在快捷制造中的应用》等课题研究成果在有效提高产品加工合格率的同时，成为车间培养新人的重要技术资料。

刘湘宾作为公司数控班组和劳模创新工作室的带头人，他将班组成员全部纳入工作室中，融入创新氛围，享受攻关成果。他将创新工作室承担的攻关课题，分发到班组内集智攻关，提升全员能力。班组通过建立单元制造模式，变推动式生产为拉动式生产，实现工位配送，建立产品质量故障跟踪卡、生产齐套数据库，采取标准作业指导书、三维可视化工艺规范操作，防差错系统等过程控制手段，形成“质量+素质”螺旋管理方法，最终达到了“工作目标有分解、评价考核可量化、技能质量同步升、过程管理全覆盖”的班组常态机制。工作室 + 班组的工作模式，将工作室创新和班组建设紧密结合在一起，形成创新合力和攻关动力。

现如今，对团队的热爱已沉淀成刘湘宾精神里的一部分，不管任务多复杂、困难多大，刘湘宾团队就是一股打不断、冲不散的力量。刘湘宾团队先后获得航天科技集团公司“六好班组”、航天九院“金牌班组标兵”、陕西省“工人先锋号”等荣誉称号，组员也有多人次获得集团公司“航天贡献奖”、陕西省“能工巧匠”、九院“优秀共产党员”、宝鸡市“劳动模范”等荣誉称号。

工作感悟

我自 1983 年参加工作以来，一直从事航天惯性器件精密、超精密铣加工工作。40 多年来，我的工作没有变过，“没有 99.9% 的产品，所有产品的标准必须是 100%”的工作准则也一直伴随着我。入选“大国工匠”，并不是我比别人优秀多少，只是我有机会代表众多高技能人才站在了那个舞台上。我一直认为：航天强国是我们的使命，航天梦是我们每一个基层航天人的梦，要追梦，就要脚踏实地追，奋勇向前地追。作为劳模工匠群体中的一员，我更有责任启迪新一代的航天人，传递作为一名航天人应当遵守的职业信条和行为操守。什么是工匠精神？工匠精神就是爱岗敬业、一丝不苟、追求卓越、创造精品、敢于创新。

志存高远，心系大事

记得多年前曾看过的一句话：“一心向着自己目标前进的人，整个世界都会给他让路。”那时的我，不解其意。若干年后，今天的我，在成长中经历了许许多多道路的曲折泥泞，我仿佛理解了那句话的含义。

当时，军人出身的我只有高中文化水平，在我说出自己的目标是成为国内精密铣加工技术的最前沿的技能人员时，好多人都劝我说，湘宾你还是踏踏实实干工人该干的事。我其实心里很不是滋味，都是一样的人，别人可以，凭什么我就不行。其实，仔细想来，也许是三年部队生活锻炼了我，军人不怕困难、不讲条件、为荣誉而战的品格塑造了我。光有品格还不行，还要不懂就学、不会就问，只要不服输，就没有双脚过不去的坎。

工作以来，我从最简单的尺寸去余量，到最复杂最精密的箱体加工；从最老旧的手动铣床，到国内最先进的五轴数控加工中心……；从国家技师，到“大国工匠年度人物”；一步一个脚印不断成长。

习近平总书记说，“没有脊椎，人是站不起来的；没有理想信念，人的精神世界就会坍塌”。对于青年同志们而言；立志始终是第一等重要的事情。古人云：“胸有凌云志，无高不可攀”，说的都是志向之重要。志向很重要，而立什么志和怎么立志同等重要。年轻人立志一忌不切实际，二忌缺乏定力；要立长志，不可以常立志；要立志做大事，不可立志做大官；要既尽力而为，又量力而行。作为新时代的人社青年，要筑牢精神支柱，做理想坚定的“新青年”，要担起千钧重任，做堪当大任的“新青年”，立足岗位做创新创业的“排头兵”，在践行以人民为中心的发展思想中发挥自己的聪明才智；要多积尺寸之功，做脚踏实地的“新青年”，认认真真干好眼前的每一项工作，厚植基层，久久为功，在新时代新征程中奉献出属于自己的“一分光”“一份热”。

立足岗位，多做实事

1980 年，我开始在原成都军区第十三军服役，经过三年的军旅生涯，从部队退伍后我来到了陕西航天时代导航设备有限公司，开始了自己的另一段人生旅途。在这个身份和岗位的转化过程中，我经历了从不舍到担忧再到憧憬的过程，对身边战友和部队生活的不舍，对自己未来何去何从的担忧，对投入全新工作岗位后未来的憧憬，这是一个无关时间概念的漫长过程。

有人会问我为什么选择铣工这个岗位？每当谈起当初的选择，我就会说：“保家卫国，不能敲边鼓。军人的本色让我拥有忠于事业的钢铁意志，只有冲在第一线，做航天事业发展的参与者，才能有所成就，无愧一生！”

近年来，我积极培育组员“山高我为峰”的争先意识、“五指拢重拳”的团队意识、“竞争求生存”的危机意识、“航天强国梦”的责任意识，打造特色鲜明的班组“狼群文化”。我们“狼群团队”，靠着团队协作精神，一次次地冲锋陷阵，在生产一线创造着一个又一个的奇迹。在公司历年急难险重的科研生产任务面前，没有一次掉过链子，每年交付零组件数控加工任务近百万件，成为公司和车间领导最放心的先锋号和突击队。

40多年的工作中，作为一个一线的技能操作者，虽然会经常遇到各种挫折，工作中，在最困难的时候，我总会想起“雄关漫道真如铁，而今迈过从头越”。航天事业造就了我，作为一名航天人，我始终把钻技术、传技能、带好人、出精品这12个字牢牢记在心里，用100%的产品向公司和国家交一份合格的答卷。

精益求精，勤思成事

“业精于勤荒于嬉，行成于思毁于随”。我们在工作中总会遇到一些“差不多先生”，组织上交办的工作虽然都能完成，但是质量不高，有的甚至存在错漏，留下后遗症，究其原因是其内心的懈怠情绪在作怪。要知道，懈怠是一种致命的“慢性病”，就像温水煮青蛙一样消磨人的意志。如果自己不加警惕，任由精神懈怠，长此以往就会滋生骄气、形成惰气、带来暮气、助长邪气。一个人失败的最大祸害，我认为就是养成了敷衍了事的习惯，而成功的最好方法就是把任何事情都做得精益求精、尽善尽美，让自己经手的每一件事，都贴上“精品”的标签。只有把工作当事业做，对每项工作要高标准要求，用心琢磨、用心付出，不仅把事办了，还能把事办好，这样才能越做越有味道，才会觉得有成就感。

多年来，我始终铭记师傅最初的教诲“没有 99.9% 的产品，只有 100% 的产品”。在别人眼中，我和我制造的产品是认真、执着、精细、完美的代言人。可在我看来还是不能满足自己行业现有的成绩，必须坚持从 99% 到 99.99% 的不断跃升。要取得这些成绩就必须要付出，有的时候在机床边上一站就是十几个小时，我曾多天不分昼夜连续工作，7 天、15 天，不断刷新着自己一个又一个连续工作时间的新纪录，这其中有夏日的炎热、有冬日的酷寒，有深夜的冷清，也有坚守的孤寂。正是由于这种精神，影响和带动着身边的员工更加努力的工作，增强了集体的凝聚力和战斗力。这也是我们团队创造一个又一个奇迹的法宝。

增长本领，能担难事

习近平总书记指出，星空浩瀚无比，探索永无止境，只有不断创新，中华民族才能更好走向未来。我认为青年人要多给自己压担子，在复杂的岗位、复杂的地方摔打自己，增长才干，提升本领。

一方面要勤于学习。学习应该成为一种生活方式和生活态度。读书最能让人的心静下来，也不失为一种排解压力的最好选择。曾经学到的知识、已有的知识结构远不能满足现实的需要，在工作中需要用到的新知识太多太多，遇到这样那样的工作难题不知如何解决也与学习不够、出现“知识恐慌”和“本领恐慌”有很大的关系，很多时候都会有“书到用时方恨少”的感慨，很多时候也会有新思路却找不到理论的依据和支撑，“心有余而力不足”。所以，我们必须要树立“坚持学习、终身学习”的理念，既向书本学，又向模范学，既向广大群众学，又向有经验的领导和同事学，做到“真学、善思、会用”，做到学思结合，适应形势，指导实践，推动工作。对此，青年同志们既要广泛学习工作方面的各种基础知识，成为业务工作上的“通才”，更要刻苦钻研岗位业务知识，成为能够独当一面、有看家本领的“专家型人才”。

另一方面，要敢于担责。大事小事都要敢于担当，推卸责任者，绝对不可能成就大事。批评也是一样的，大事你要扛得起，敢于上；批评你也要扛得住，不能一批评你，就说那不是我的事，不能见事不对，就推卸责任。敢于担当是多方面的，敢于担当是有作为的基本品质，大担当才有大作为。总之，谁有大局观念，谁有推动能力，谁有驾驭能力，谁有攻坚能力，谁就能抗得了重活，打得了硬仗。

结束语

2022 年 3 月 2 日，刘湘宾被评选为“大国工匠年度人物”。在颁奖仪式上，当屏幕上播出 2019 年国庆阅兵时火箭军方队出场的画面时，他忍不住流下了泪水。他说："我知道我的产品装载在哪里，那个时候我是最激动的，我们国家终于有大国重器了。"

刘湘宾曾经这样说："铣床是我最好的朋友，他能帮助我实现梦想！虽然我不扛枪了，但我还是能看到亲手打造的产品铸造卫国利器，保卫国家安全。"这就是一名铣工最质朴的话语。

"大国工匠"一个沉重的称号，他们是劳模精神、劳动精神、工匠精神的优秀传承者，正是凭着他们的专注、执着，甚至是痴迷，推动了中国社会主义经济的蓬勃发展，缔造了一个又一个"中国制造"的神话。刘湘宾作为众多航天技能人才的一个代表，在他们身上集中体现了航天人接力奋进、协同攻坚、不断超越的精神风貌。在今后的日子里，这群航天人将为加快推动世界一流航天企业集团建设，有效支撑世界一流军队建设，全面开启航天强国建设新征程作出更大的贡献！

撰稿：李钊、宋艳妮